国家社会科学基金项目成果
晋商文化研究基金项目成果

上海市"十四五"时期重点出版物出版专项规划项目
上海市促进文化创意产业发展财政扶持资金项目资助

中国经济专题史研究丛书（第二辑） 丛书主编 ◎ 燕红忠

上海百年地产风云

（1843－1949）

基于近代金融风险的视角

贾秀玲 ◎ 著

上海财经大学出版社
SHANGHAI UNIVERSITY OF FINANCE & ECONOMICS PRESS

上海学术·经济学出版中心

图书在版编目（CIP）数据

上海百年地产风云:1843—1949:基于近代金融风险的视角/贾秀玲著.

—上海:上海财经大学出版社,2024.2

（中国经济专题史研究丛书.第二辑）

ISBN 978-7-5642-4279-4/F·4279

Ⅰ.①上… Ⅱ.①贾… Ⅲ.①房地产业-经济史-上海-1843—1949

Ⅳ.①F299.29

中国国家版本馆 CIP 数据核字（2023）第 210723 号

□ 策划编辑 王永长
□ 责任编辑 温 涌
□ 封面设计 贺加贝

上海百年地产风云（1843—1949）
——基于近代金融风险的视角

贾秀玲 著

上海财经大学出版社出版发行
（上海市中山北一路 369 号 邮编 200083）
网 址:http://www.sufep.com
电子邮箱:webmaster@sufep.com
全国新华书店经销
江苏苏中印刷有限公司印刷装订
2024 年 2 月第 1 版 2024 年 2 月第 1 次印刷

710mm×1000mm 1/16 13.75 印张（插页:2） 198 千字
定价:88.00 元

中国经济专题史研究丛书(第二辑)

编 委 会

顾 问

杜恂诚　戴鞍钢　魏明孔

丛书主编

燕红忠

执行主编

王永长

编委会成员

总　序

经济史学学科具有引领经济学发展和创新以及传承历史文化的功能,同时也能够为我国当前经济社会转型发展提供必要的理论基础和历史经验。经济史学界在全球史视野和"计量史学"革命引领下,近年来已经取得了丰硕的学术成果。中国经济史学界的学术研究也在不断向纵深发展,在商业、货币、金融、财政和经济制度等领域不断涌现出新的研究成果。为了进一步推进对中国经济长期发展脉络的研究,深入理解经济发展思想与经济实践之间的关系,在各兄弟院校和研究机构的大力支持下,上海财经大学出版社与上海财经大学经济史学系合作,推出了"中国经济专题史研究丛书"。

本丛书的第一辑共计 7 册,从 2020 年开始陆续出版,预计至 2023 年可以全部出版完毕。我们现在推出本丛书的第二辑共计 8 册,将从 2023 年开始陆续出版。

第二辑的主题分为以下几类:一是关注中国历史上的宗族和移民文化。一方面,基于《中国家谱总目》和上海图书馆馆藏家谱,探讨明清至近代时期族谱、族产、族规与宗族社会网络的关系;另一方面,系统考察中华民族的迁移史,展示"中华民族"大家庭的历史渊源与真相以及复杂历程。二是聚焦于近代的金融及其相关问题,考察近代内汇市场和金融网络的层级体系、区域商人组织与经济社会治理,以及基于资本市场的视角考察近代中国轻工业的转型,并从金融风险的视角来考察上海百年地产的发展。三是通过对晋绥"边区"经济发展的系统研究,考察新民主主义革命时期中国共产党领导下的经济发展史。四是研究国民政府的禁烟与鸦片财政,考察国民政府的禁烟政策变革、烟毒生产运销和各地禁烟政策执行情况,以及由禁烟引发的军阀内斗和财源争夺问题。

"中国经济专题史研究丛书"的入选原则和特点为:

第一,在指导思想上,坚持以马克思主义历史观为指导,以现代学术研究方法吸收与传承中国经济史学的研究成果,突出中国经济史学研究的民族性和原创性,彰显中国主见,发出中国声音,挖掘并整理中国经济史料,回溯中国经济历史,为当代社会经济现实服务。

第二,在选题上采用经济专题史的形式,在时段上涵盖从古至今的长期研究或断代研究,在内容上则包括中国经济史和经济思想史学科各个不同的专题领域。凡入选本丛书的专题研究均由作者自主选题,惟以研究质量和创新性为准绳。

我们期待通过"中国经济专题史研究丛书"的持续出版为中国经济史学的研究做出新的贡献,并进一步凝聚经济史学学术共同体,推进经济史学学科的持续发展。

中国经济专题史研究丛书(第二辑)编委会

2022 年 11 月

前　言

从 1843 年上海开埠到 1949 年上海解放,一百多年的历史里,上海金融市场与房地产市场风云变幻、波诡云谲。

这一百多年,是近代中国金融市场和房地产市场蓬勃发展的年代,亦是投机和危机跬步不离、形影相随的年代。市场无序与政府管理无力,是近代中国金融市场和房地产市场百年未解决的困境。一百多年风雨飘摇的漫长岁月里,近代金融市场在无数血雨腥风的危机中千锤百炼,在与外国银行的裹血力战中削骨剜肉,在棘地荆天中磨砻淬励,奋然嬗变出近代银行体系。在近代上海房地产业市场的百年发展历程中,房地产始终是投资界宠儿,经过一次次残酷搏杀、弱肉强食,最终开出了"垄断"这样一朵罂粟花。

近代上海发生过多次房地产危机,战争和金融危机是最主要的两个因素。战争是一把"双刃剑":战火蔓延区,房屋被焚毁,人们大量逃离,房屋空置,房地产市场低迷;而在安全区,战争使人口大量涌入,房地产业兴盛。

金融危机与房地产危机是同向的,二者的效应亦会叠加。当金融危机遇到房地产危机,就像引风吹火、雪上加霜,对于经济的危害犹如沧海横流、贻害无穷。

金融危机与房地产危机联动,是近代上海经济危机的典型特征。危机所及,一溃千里;危机过后,满目疮痍。甚至危机比肩接踵、纷至沓来、祸结衅深,因此,危机复苏要经历漫长的时间。

近代中国人民生活在苦难中,已到了祸结兵连、避无可避的境地。1920—1922年北洋政府时代,北方五省大旱、南方水灾、东南沿海飓风、甘肃地震、东北鼠疫、内地天花盛行,更兼外国侵略、国内军阀混战,时局之危,已如倒悬之钟,不期犹有金融危机与房地产危机叠加之经济危机,是近代中国不能承受之重! 危机中最典型的表现就是流动性缺乏,然而无人去管理流动性问题,只能依靠市场慢慢复苏、慢慢调节。这是经济危机复苏极其缓慢的原因之一。

本书以近代上海历次金融危机为主线索,以房地产业危机为研究对象,以大量《申报》资料为基础,从金融风险的视角,深刻分析近代上海从开埠到1949年解放,历经晚清政府、北洋政府、蒋介石南京政府时期的金融危机及房地产危机,指出近代上海经济危机产生的根源。金融业与商业贸易经营中高杠杆率使风险无限放大,高利贷利率使企业债务负担沉重,金融与房地产业投机盛行使投资者充满赌博心理,妄图通过挣快钱致富,社会不再重视通过稳健的实业经营累积财富。房地产业成为国民最重要的资产和财富,地产押款过重,房屋地契成为一种主要的有价证券在经济中流通,从而具有"准货币"性,导致流动性缺乏。金融创新缺乏管理,创新很快被模仿,在传播过程中,各种势力纷纷扰扰群起加入谋利,导致金融创新被扭曲,成为一种危害,譬如近代银行这种新式金融机构。地方军阀、大官僚为敛财纷纷开设银行,导致银行林立,银行现银库存少却大量发行纸钞,因不能兑现而发生挤兑风潮。交易所、信托公司传入中国,社会各界群起开设,因没有交易产品,竟然开始炒自己的股票以及各交易所相互炒,扭曲变形到如此地步,竟然没有政府管制,直至酿成"信交风潮"这样的大危机。

市场无序与政府管理无力,是近代上海百年未解决的窘境。

上海是近代中国的金融中心,也是近代中国房地产业的龙头,上海经济是近代中国的经济缩影。回顾上海经济危机历史,不禁震惊于当时投资热潮的盲目和疯狂。大部分经济危机是由投机行为引发的。投机型经济危机的形成有明显路径:舆论造势吸引眼球→社会主流制造时尚话题→先驱者获利导引→跟风者羊群效应→大量社会投资涌入,泡沫形成→资金紧张,周转不灵者倒闭→骨牌效应,破产倒闭潮发生→泡沫破裂,银根抽紧,经济危机发生!这样的路径与现代经济危机路径基本相同。另外一种经济危机缘于货币大量超发,其路径非常简单:财政吃紧→大量发行纸钞→物价飞速上涨,抢购潮发生→新一轮纸钞发行,新一轮物价上涨→商品天价,纸币购买力极低→纸钞失去公信力,人们不愿持有纸钞→经济崩溃,危机产生。民国时期的中交风潮与金融券发行,就是纸钞超发引起经济危机的典型例证。北洋政府时期,各方军阀纷纷开设银行,取得纸钞发行权,大量发行纸钞。而当时发行的纸钞属于可兑换信用货币,银行没有充足的白银储备,导致纸钞不能兑现白银,银行只能停兑纸币,引发两次全国性的金融危机。近代一百多年,一个非常明显的现象就是政府管理形同虚设,金融机构开设过多,恶性竞争激烈,业务操作唯利是图、利欲熏心,为拉客户明争暗斗、不择手段,采用的方法常常犹如饮鸩止渴,只图眼前,从而埋下大祸根。蒋介石政府制造的金融券灾难,更是加速了昏聩无能政府的灭亡。更兼金融业与房地产业紧密相连,金融危机与房地产危机的联动,是近代上海百年难以摆脱的噩梦。

在漫长的一百多年发展史中,旧上海的房地产业经历了多次萧条和危机,每次危机都包含严重的金融危机。房地产危机与金融危机联动,是近代上海经济危机的典型特征,对经济的损害蔓延广泛而深刻。危机背后是交缠纠结成为一体而难以分割的金融业和房地产业,这种纠缠中隐藏着巨大的风险。旧上海的金融业和房地产业为什么缠绵悱恻、密不可分?因为特殊的金融体系和房地产业发展格局。金融体系是畸形的,房地产业在租界华界发展是不平衡的,房地产业繁荣时的暴利使房地产成为媒介各种交易的特殊商品,具有了"准货币性";而房地产的缺乏流动性,给这种"货币性"带来了流动性风险。金融体系放款时房地产资产的"重押""重贷",以及房地产业特殊的融投资体系,把金融业和房地产业紧密地捆绑在一起。金融业和房地产业这种畸形的体系是脆弱不堪的,自身孕育着巨大的风险。当经济运行到一定时刻,外界的一些诱因,如战争、资本主义国家的经济危机、国际金融危机传导等,会成为压垮这个体系的最后一根稻草。体系崩溃,风险爆发,危机来临,噩梦开始。本书将利用大量稀有广告史料,研究百年来近代上海金融业风险和房地产业风险联动的历史,以及这种风险叠加所产生的后果,追溯它的成因,并探究一些有益的启示。

目　录

第一章

❖❖❖❖

雪岩之殇

——晚清时期的地产风云（上）

晚清时期，是金融危机发生最多次的时期。基本每次都会有一批钱庄票号倒闭。胡雪岩金嘉记丝栈倒账，后续阜康票号倒闭，欠款达一千二百多万两，瓜连蔓引连累倒闭的钱庄商号层见叠出、指不胜偻，风波波及全国，直接引起中国经济大危机。贴票风潮倒掉上海半数以上的钱庄，剩下的钱庄，在橡皮股风潮中又倒掉一批。经济还没有从橡皮股风潮中复苏，1911年底的辛亥革命，对于金融业又是沉重打击。上海的房地产业，在每次金融危机中，毫无例外地形成房地产危机。

一、倒账风潮

倒账风潮是由胡雪岩破产引起，背景是由于法越战争引起的中法战争危机。风潮起始于1882年底，历时两年多，引起全国性的金融危机和经济危机。其后续影响极其广大、对全国经济之伤害深重，一直到5年后的1887年，市场还没有恢复过来。阜康票号倒闭引起设官银行号之议，以及对钱业与票号业的管理改革之议。

光绪八年（1882年）底，胡雪岩的金嘉记丝栈倒账，欠款五十多万两，牵连庄号三十八家。光绪九年（1883年）底，胡雪岩所开钱庄阜康钱庄倒闭，胡雪岩破产，外债欠款一千二百多万两，受此池鱼之祸的工商业遍及全国。上海的商业贸易萧条，市场疲敝，房地产价格一落千丈，经济危机席卷上海并逐渐蔓延各地。其风波蔓延全国,引发各地的商号、票号、钱庄大倒闭潮流。京城、苏州、汉口、杭州、天津、宁波等地,所有胡雪岩产业多的地方以及与胡雪岩生意往来的商号都大受影响。

《北华捷报》的一则消息评论阜康钱庄事件:阜康是上海的一家大银号,它在杭州、天津、宁波等地都开设有分号。它的主要东家是胡雪岩,近两个季度,他在丝上面的投机生意是很引人注意的。他的损失在一百万至一百二十五万两之间。中国人希望债权人可以获得全部清偿,有理由相信这种估计还是正确的,因为他的财富在此前有很大增加。他一直被当作上海和清江一带重要的土地投机者,并且是左宗棠在甘肃用兵时的理财官,从那时起,他还是负责谈判用关税收入借取外债的中间人之一。[①]

(一)金嘉记丝栈倒闭

上海市场每到年底总有倒闭庄号的事情发生,而 1882 年农历年末至 1883 年年初,上海庄号倒闭事件尤其巨大。北市是金嘉记丝栈,栈主胡雪岩是嘉兴人,被称为上海首富,开设已经很多年。公历 1883 年 1 月上旬突然倒闭,听闻亏欠五十多万两,钱庄被累及者共有四十家。南市是巨顺亨西号,在 1883 年农历正月初一倒闭,亏欠几万两。数日内两个巨大商号倒闭,以致银根骤紧,钱业经营大为减色,该年市面疲敝情形数倍于往年。[②]

金嘉记丝栈又名金元记丝栈,倒闭事件发生后,被倒的几十家钱庄即想方设法追踪胡雪岩的资产,希图能追偿损失,甚至私刑拷打金嘉记丝栈的通事和司账人,妄想找出更多的钱款财产。据广告史料记载,1883 年 1 月 20 日,有一个姓富的捕头至英租界公堂称:昨晚十点钟时,据金嘉记丝栈附近的洋人来函说,该栈倒账亏欠各钱庄银两,现在各钱庄将金嘉记分设在源号内的丝通事陈仁章,拖到金嘉记栈内,私自扣押,并动用私刑吊打,嘈杂喧哗,吵得邻居不能安睡。由于擅自押人用私刑吊打是违反禁令的,嘱咐捕头前往察看。英租界巡捕房派中西捕头包探等人前往叩门,里

---

① 北华捷报[N].1883—12—5.
② 申报馆.叠倒巨款[N].申报上海版,1883—1—12,3486(2/12).

面不肯开门,惟能听见号啕喊救之声以及呼喝之声,多次叩门才进入,只见陈仁章衣服被脱得只剩单衣,双手反绑,被打得两颊青肿、奄奄一息,倘若捕头等人去得稍微迟一会,恐怕性命难保。捕头随即询问陈仁章,是如何被拖到此处的? 据回答说,司账人张竹卿先被拖到此处,被这些人私刑吊打,并强行让其吃下屎尿,务必让他把金嘉记丝栈的产业及家财尽数说明。昨天陈去探望张,亦被这些人拿住,说陈用空源号的银两,而今源号亏欠钱庄银两,自应该让陈归还银两。陈说所欠是康家的银两,银两应该由东家来分配,因此惨遭毒打。巡捕房的人特地把陈带到捕房,当时已经凌晨一点钟。各庄家共有四十多人,一起聚集在公堂吵闹不休,声言定要把陈索回。到四点钟时,仍旧不肯散去,又派值班的巡捕把他们驱逐出去。现在陈仁章愿意在捕房待着,不敢出外。巡捕请求上级核办。当时英租界司副领事对陈太守说:金嘉记与源号即便是欠了各庄银两,亦不允许将该庄伙私刑吊打。请按照贵国的法律追罪。太守说:金嘉记丝栈共欠四十多家钱庄,银两达五十多万两,不知害了有多少人。然而,众庄号私刑殴打庄伙,不合道理。司副领事说:贵府既然说私刑不合道理,请一定追究罪责。且据捕头的话,假如再把人抬去,陈的性命就难保了,自应该以人命为主。太守说:陈长时间遭受毒打,肯定觉得嘈杂,不知谁是主使行凶者。姑且等本府验明陈的伤势,再行核办。①

金嘉记丝栈倒账事件发生后,胡雪岩出卖囤积的生丝、变卖商号店铺房地产等尽力弥补,又有左宗棠周旋支持,颓败之势依然如江河日下,倒账风潮的影响迅速蔓延开来,受牵连商号钱庄无不遭受灭顶之灾,各地经济像遭受狂风暴雨摧残后的田野,满地破败凋敝之象。

（二）倒账风潮的影响

胡雪岩开设有两家很大的典铺:公信典、公正典。这两典倒闭,牵连庄号三十八家。各庄号在千方百计追偿欠款时,难免会侵犯与胡雪岩合股的其他股东的合法权益,亦会遇到其他股东的反抗。例如,商号"耕记"主人江云泉,同治年间,在嘉兴与胡雪岩并股开设公信典号,同时在王店

①　申报馆.栈伙受辱[N].申报上海版,1883－1－20,3494(3/8).

镇并股开设公正典号。江云泉去世后,将典业留给家里的长媳和次子家柱经营,因为金嘉记丝栈及上海的钱庄倒闭,牵涉到嘉兴的公信、公正两典,各欠款庄号意图用这两号抵偿欠款。但江家长房说:他们孤儿寡妇全靠这两典的股本生活,还有四年的利息没有派发,亦是将这些钱存着,以备小儿子家柱成家立业。跟其他人没有关系,谁要是借别的江氏族中的人出头,强行干预这件事,如应允钱财等,他们一概不认,并且强硬地在《申报》登报声明他们的态度。①

1883 年 9 月 29 日,南汇邵敬华控告钮蔚椿勒索田单契据一案,钮蔚椿将田单契据抵押于上海英租界的金元记栈。经南汇县查明,金元记即金嘉记,邵敬华的田单契据价值一万零八百两,已经被延生钱庄收执。②邵敬华的地产本与金嘉记倒账案毫无干系,而钮蔚春私自拿邵的填单契据抵押于金嘉记丝栈,倒账案发生后,邵的田产被算作金嘉记的资产,被债权方延生钱庄抵作欠款,邵敬华无辜被牵连进金嘉记丝栈倒账案,失去自己的田产,无奈只能花钱打地产官司。

按照年例,每年正月初五,上海南北市的钱业开市,而各业的盛衰亦即视钱业为标准,皆因各业要凭借钱庄的资金流通。但是1883 年 2 月 12日上海钱业开市之期,计南市大小钱庄共有二十二家,北市共三十五家,较上一年南市约少了一半、北市只有三分之一。查询其原因,都是因为1882 年被金嘉记倒账太多,有因之而倒闭者。故南北钱业的各庄东,均欲清理账目,不敢冒昧从事。当时新闻说:倘若以后各庄东都束手不放款的话,今年的诸项生意一定多窒碍,上海本埠的市面肯定会发生变化。③

苏州汇划钱庄受到牵连。"阊门观前一带各铺,以汇划钱业为巨擘,每家总可获利七八千至一二千金不等,惟振裕庄以金嘉记牵掣收账……"④

金嘉记丝栈倒闭后,上海被欠款各钱庄到嘉兴,欲提金姓股本开设的当铺当本,不料金姓除股本外,还欠当铺内银两,故该当铺当即要按例结

---

①　申报馆.声明[N].申报上海版,1883－8－4,3703(4/12).
②　申报馆.南汇邵敬华控钮蔚椿勒索田单契据[N].申报上海版,1883－9－29,3759(3/12).
③　申报馆.钱业减色[N].申报上海版,1883－2－13,3511(3/12).
④　申报馆.吴门年景[N].申报上海版,1883－2－15,3513(2/15).

算,而各钱庄不允许,双方争讼公堂。①

各被欠款庄号追债不成,各种悲苦、满腔愤懑无处诉说,只好登报声明以发泄情绪。如下面一则报纸声明,标题为"吃尽金亏",落款为"吃尽金亏人启",大意如下:"上年(1882 年)冬季本埠金嘉记倒账五十余万两,拖至今年四月间,经人调停处理,将其在嘉兴的基业并搭伙开设的典股尽数抵偿,仅有欠款的五折。我等因东海、汝南拍胸而去,只得到典铺查典存之物,可恨大有典业竟然以典存系该店放账抵押品为由,把典存大肆拿走了。众庄家立即退回道衙申诉。令人疑惑的是,虽然当时有倒账之事牵连,但典业本不是放账之门,大家都不解其故。然而看这情形,即使是欠款的五折之数,亦成画饼了!"②

被倒账的各庄家,追偿欠款并不容易,即使是官衙公断五折偿还欠款,执行起来依旧困难重重。《申报》一则各庄家的报纸声明,可见其艰辛。其文大意如下:

> 公正典务向来由金蕴春调度各附股,坐收得利。典中所缺款项由金负责借付,多余的款项亦由金收存,俱用规银往来,并不提用股本资金。金嘉记光绪八年(1882 年)农历十一月倒账,欠延生等钱庄银款四十八万两。经中间人议定,归还欠款的五成,用股票、田房、酱园产业作抵,又以典股相抵。金蕴春亦有欠典铺款项,经官衙公断:既然金蕴春欠各庄庄银是以五成归还,那么欠典铺的款项亦以五成归还,除典铺把金蕴春股份内所欠款项抵并外,其余股本、官利、余利、架利皆是各庄的款项,各庄家只能答应,遵照执行。不想大有、公正两典附股股东相互连接,仗势欺人,不讲情理,坚决不肯付现,大有典的事有典业董事黄焕烟担承,暂时搁置。公正典上年(1883 年)冬天,司总到上海议定一万五千两,立有议据,不想今年(1884 年)又请中间人再复议,情恳典店停业亏损,希望再减去一千五百两。此事是被欠各庄家亏之又亏、让了又让,而附股中有二三股仍然狡辩不认,六

---

① 申报馆.倒账余闻[N].申报上海版,1883—7—2,3670(3/12).
② 申报馆.吃尽金亏[N].申报上海版,1883—7—15,3683(5/10).

月经嘉兴县衙提讯审案,请官衙按照协议公断,至今(1884 年 9
月 14 日)依然没有结案。众庄家客居嘉兴已经近二年,衣食住行
等开支极大,困苦异常,而公正典铺却以逸待劳。现在金蕴春倒
账后因为五折偿还欠款,而公正、大有典铺却总想吞吃。这样的
典商太无情理! 江浙两地公典林立,可将以上情形评论评论,自
见公道。昨天见上海报纸上刊登"典股受累"的一条新闻,说有
庄家贿赂公行,强行全数照提欠款等内容,今天仔细查悉新闻所
提到的典铺,必定是无情理股东的梦话! 各庄家不得不把账目
公布如下以辩论清楚:公正典十六股资本八万六千千文,金蕴春
名下八股资本二万八千千文零八百九十二文,每年官利金蕴春
名下五千六百千文,余利四千千文,金号名下派利二千千文,金
蕴春名下总共三万五千六百千文。公正放金嘉记银一万二千二
百多两,按一五作钱换算铜钱的话是一万八千三百多千文,照公
断归还庄款五成、归还典铺九千一百五十千文计算,各庄家共应
该收欠二万六千四百五十千文,贯利并没有算。沪北被累者三
十八庄公启。[①]

倒账欠款的五折,一直到1885 年仍未处理完毕。1885 年 11 月 15 日
《申报》刊登的一件案件,即系倒账案欠款追偿的后续。大意是说:之前有
延生庄及孙世馥等三十八家庄号存项,控诉被金嘉记丝号亏欠,金嘉记曾
将名典铺作抵偿,这其中就包括嘉兴的大有典铺。大有典铺的附股股东
谭谊卿,以及桐乡县乌镇的张友堂,曾经央请中人料理,却被谭的弟弟谭
月楼霸阻,为此,三十八庄诉讼到上海县衙,上海县衙特地派遣柴、赵两位
官差,率队去提传张、谭二人到案。官差到张友堂家,没提到张友堂,到谭
家时,差役遭到谭家合家男女及佣人的殴打,领队官差柴懰被扑跌在地,
副役杨二被咬伤手指。虽然谭家另外开设有同昌典,同昌典号与大有典
铺有业务往来,金嘉记倒账案发生时,大有典铺的大量库存典押物被转移
走,疑似存放到同昌典铺,同昌典铺为谭家独有,与金嘉记无关。[②] 这样,

---

① 申报馆.黑心图吞[N].申报上海版,1883—9—14,4103(5/8).
② 申报馆.派捕拘人续述[N].申报上海版,1883—11—15,4523(4/12).

大有典铺除房地产外,几乎是个空壳,被欠庄号无法追究同昌典铺。显然,谭家明显有侵占大有典铺财产的嫌疑,但各被欠庄号无法从谭家获得赔偿之资。

另一则消息则是报道该事件的后续,谭月楼被带到上海县衙后,县令开堂提审,三十八庄控诉称:从前金嘉记丝栈亏欠各庄银两,将几家典铺作抵偿,内有嘉兴的大有典铺,是金嘉记与谭谊卿合开。因为将谭姓合同作抵该丝号,又将各店另立抵据为凭。后来谭谊卿央中人调停,不想谭月楼强行阻碍,还把其兄长藏匿起来。县令让谭月楼交出他兄长谭谊卿,但谭月楼坚持说他与案情没有关系,拒不承认藏匿他兄长,让县衙自己去传提,让他交保出去找其兄长,以无人愿意给他作保为由拒不办理,县令只好把谭月楼管押。[1]

官府认为,倒账事件商人受牵累无数,市面因此日益衰落,许多存款户也指望着从被倒钱庄拿回自己的存款,以此度日,欠款关系到民生。但是,有些庄号却想趁机侵吞财产,这种行为一定要严惩,以示警诫。虽然官府一再发公文表示严办,但直到 1886 年 1 月 8 日,大有典铺的两个涉案股东谭谊卿、张藕塘依然没有传提到案。[2]

自 1883 年阜康票号歇业后,京外各钱铺纷纷荒闭,以致银价涨落不定,各行货物因此滞销,又兼法越战争,海面不靖,南方的货物转运艰难,商贩恐怕亏折资本,大多裹足不前,是以各地征收税收较以前更加短绌……[3]

1882 年底,经历倒账风潮后,上海市面情形如何呢?当年《申报》刊登的《综论本年上海市面情形》一文,给我们提供了宝贵的记录。该文大意如下:

> 今年市场上的生意,各业都未见起色。红茶生意则稍微商
> 路广阔一点,尚不至于有大亏折,绿茶生意则平水、徽州等帮均
> 大亏折,丝业初时平平,中间耗亏不少,眼下稍有转机,然而总共

---

[1]　申报馆.勒限交人[N].申报上海版,1883-11-17,4525(3/12).
[2]　申报馆.移提人证[N].申报上海版,1883-1-8,4577(3/12).
[3]　申报馆.光绪十年初一日京报全录[N].申报上海版,1884-10-27,4146(9/9).

合计下来,亦均不能获利,这是丝茶两业的情形。洋布帮则多亏耗,土业亦亏损,这是洋货各业的情形。广东帮如颜料、自来火等,亦均大亏。钱业本来稍有微利,但现在倒账既多,凡被拖累的钱庄,莫不大受其害。米业亦只是平平,糖业也不见佳,花布业则高低不一,惟有木行能稍微获利,是因为上海建造房屋者众多的缘故。至于倒账各家,选取倒账金额较大的列举出来如下:金嘉记源号丝栈倒账五十六万两,约能归还欠款四六折;尤景朱永盛丝栈倒账九万两,约还八折;广帮如晋丰祥倒账二万两,天成倒账一万两,馀安吉杂货行倒账一万二三千两,某铁业倒账四万多两,泰昌隆茶栈倒账八万两左右,信源糖行倒账二万二三千两,生昌杂货行倒二万两,巨盛亨沙船号家倒账十多万两,福记洋布倒账三万多两,万成隆布号倒账四万多两,坑砂栈亦倒账七八万两。其余还有亏损倒账的,但金额较小、情形较轻,不在统计之内。综计本年各业倒账约有一百五十万两,此是本年上海倒账的情形。然而,贸易情形既无起色,又遇接连亏损倒账之事,金额巨大,前所未有,市面的衰败不言而喻。并且各庄今年收束生意不比往年,今年早在十一月二十七日,已经将银洋结价,以至于市面倍觉暗中窘迫,各路的来洋不能换成白银行使,银根愈加拮据,无论大小店家,莫不大受暗亏,市面越变越坏,有江河日下的趋势。股份公司原本是西人公司开办形式,我国自招商局召集商股、首开股份公司制度以来,这种风气渐渐流行开来,有不少人跟着采用股份公司形式,据申报馆统计,当年有二十九家股份公司成立。但是,兴办股份公司的风气虽然流行起来,但市面情形却转为窘迫,这是为什么呢?探究原因,众说纷纭。一种观点认为:各股份公司所要投资的产业,以未来获取收益为主,或者是虽然创业但兴办还需一段时期,其利益尚未见到,而市面上各业,是因时损益的,收益可以随时看到。股份公司未来不确定,但现在投资就已经先亏损了一笔。另外一种观点认为:上海是个销金窟,经营中人本应该勤俭节约为主,然而现在上海各业中人对于勤俭二字毫无体会，花天酒地，讲究排场阔绰，一桌酒席花费几十两，一杯茶水花几百文，在烟馆、弹子房这些场所流连忘返。有些店东不知收敛检点，伙友亦纷纷效仿，所以耗尽店里的资财以至于亏倒。现在那些受债主逼迫的，皆是昔日扬扬得意、看起来是阔少的人。这样的市风，导致市面衰败。另外一种说法认为：今年市面不佳，一半是因为房租太贵。一间小小的屋子，月租金就几两，临街铺面的价格尤其昂贵，再加上一切的吃用等花销，就更加昂贵了。即使有利可赚，但开销实在巨大，故而折本。但是，在太平天国军队扰乱江浙时期，沦陷区的避难者纷纷逃往上海，以上海为世外桃源，那时的房价是现在的几倍高，为什么当时各商铺反而比现在更容易获利呢？总之，市场中不能有暗中把持之人，有这样的人则会操弄市面，犹如设陷阱以陷人，后果足以绝商贾的生计，一定要大力整顿并严惩这样的人，才能使市面逐渐兴盛……①

由上文可知，当时上海的经济非常萧条，各行各业的商铺绝大多数处于亏损状态，惟有木业略获薄利，原因是 1882 年上海建筑房屋较多。年底倒账风潮发生后，各钱庄早早收撤结束生意，市面银根抽紧，经济急转直下。时人有的认为是社会奢靡成风、不知节俭造成的，还有认为是房租太贵造成的，又有认为是有人把持操纵市场造成的。上述各种原因都有，最根本原因是外国资本对中国的经济侵略。当时外国资本势力对中国生丝及茶叶市场的倾轧争夺，使得中国商人失去丝茶出口贸易的控制权，中国丝茶出口逐渐衰落，英、美、法加大对中国的进口倾销，国内产品市场萎缩，中国的传统产业凋敝，失业人数骤增，大量贫困人口连最基本的消费能力都难以维持，市场如何兴盛？

二、倒账风潮时的房地产业危机

1882 年倒账风潮发生以前，上海的房地产业发展形势很好。地价上

---

① 申报馆.综论本年上海市面情形［N］.申报上海版，1883－1－30，3504（1/8）.

涨,房租、地租皆涨价,新造翻修改造增多,土地投资和投机热,地价上涨使该业更加有利可图,土地交易纠纷频出,房地产诉讼增多。

许多地方建造新屋或翻造旧房,或扩建房屋。例如,虹口新造房屋颇多,几无空隙之地,生意渐觉兴旺,居民亦很繁庶。听说美巡捕房拟在下海浦附近地势较高的地方购买地基,分设一处捕房,管理该地区的居民。[①] 上海县衙在县丞衙门后面新建房屋二十多间,名叫待质所,用以管押人犯。[②] 虹口西华路利森公司在上海四马路阆苑对面,翻造洋式市楼房数十幢。[③] 虹口同仁医院后面新建西式房屋病区,又在西面翻造楼房两幢,作为病房。[④] 新虹桥地方开筑马路可以直达里虹口前,因桥北有一块地,正当要道,地主居为奇货,听说已经被以合适的价格收购,用以筑路,将来此路修通,则给市区增色不少。[⑤]

1882年底,租界地方地价骤涨,因此侵盗田地的案子层见叠出。听说老闸西首姓苏某人,所住房屋系自己的产业,其亲戚戚某人,因苏某回苏州娶媳妇,偷偷将苏某的房屋绘图托人抵押,又捏造田单,正要成交,恰好苏某返回上海,风闻此事,立即向抵主说明真相,抵押之事才作罢。[⑥]

1882年,地价、房租都上涨。例如,法租界吉祥街基地,系马松记与公记在此租地造屋出租,租期满后,土地地价上涨,马松记与公记把原有房屋推倒重建,重建后的房屋租金上涨。原来每幢单进每月租金为银洋六元、双进九元,涨价后变为单进无披屋十四元、有披屋十五元,而双进则是二十元。第一次收租时租户抗议,纠集起来去县衙告状,希望县衙能够管制房东减少房租。结果县衙不管,让他们自行与房东商量,如果嫌贵,就搬迁出去。众房客说,如果迁到别的地方,需要再花钱装修房屋,吃亏太甚。太守说他们咎由自取。众房客屡次申诉,房东不允减租,众房客抗不交租,最后房东答应每月减洋一元。[⑦]

① 申报馆.分设捕房[N].申报上海版,1883—12—31,3852(3/10).
② 申报馆.新建待质所[N].申报上海版,1883—12—31,3852(3/10).
③ 申报馆.翻造新式市房[N].申报上海版,1883—5—2,3609(6/8).
④ 申报馆.新屋落成[N].申报上海版,1883—4—19,3596(3/10).
⑤ 申报馆.购地筑路[N].申报上海版,1883—4—23,3600(3/10).
⑥ 申报馆.侵盗用地[N].申报上海版,1882—12—30,3474(2/8).
⑦ 申报馆.租屋涉讼[N].申报上海版,1883—8—25,3346(2/12).

石世记向天主堂租用土地三亩,租期十年,每年地租二百五十两。石世纪在这块土地上建造房屋三十六幢,用于出租,即法租界安乐里房屋。不料天主堂突然要收回土地,争讼到公堂,石世纪最后不得不把房屋卖给天主堂。①

不独上海,其他开埠口岸的房地产业发展形势亦好,例如天津。天津的房屋租金本来就贵,1882 年 8 月紫竹地区房租更贵。该处附近的小村庄郭庄有民居一百三十多家,法租界扩充,整庄所有的房屋都被买走。房价结清,又给了搬迁费,卖掉房屋的老百姓苦无居处,争相在附近购地盖房,以致这个地方的地价骤然变贵,是以前的三倍,建造房子的声音不绝于耳。饱心门角这地方几乎没有空地,想租赁娼寮赌馆,租金比平常更贵十倍。原来荒烟衰草的地方,忽然变为莺歌燕舞的繁华之地……②

房地产投资热潮亦蔓延到国外。1883 年 3 月,香港《循环日报》刊登消息,据说马来西亚山打根港,近日各路商人接踵而至,争先恐后购买土地,拟建设房屋、开垦种植,不惜重价,务求如愿以偿。各国之人都坐船前往,深入内地探察土地情况,不知有多少人。有人买地达十万英亩。买地者一日多于一日,特将地价涨价,每亩银二圆,有一次于原定价值外近涨十二倍,又有一次大涨至十倍,现在西人尚在急欲得到地皮,并不吝惜,有人陆续禀请给地,以便经营。其沙蒲加牙河畔,均已经兴工伐树木建造房屋。常有小火轮船来往山打根,载运工匠役夫及探察地势的人。听闻投资种植者曾到河岸观察,据称该处土膏腴沃的地方,适宜种植烟叶。沙答公司在河畔买有土地四万英亩,准备垦荒种植。由此观之,沙答岛不久将成为通商大口岸。③

总之,在倒账风潮发生之前,国内各行各业市场情形普遍不好,惟有房地产业是一枝独秀、蓬勃发展,甚至带动国外的房地产投资热。但倒账风潮发生后,房地产业毫无意外受到巨大影响,房地产价格大跌,房地产滞销,房地产业危机到来! 商铺顶让转租大增,房屋闲置率上升,出租不

---

① 申报馆.索还租地[N].申报上海版,1882-9-29,3381(2/10).
② 申报馆.津门地贵[N].申报上海版,1882-8-1,3322(2/12).
③ 申报馆.沙答近信[N].申报上海版,1883-3-9,3555(2/8).

出去,最为引人注目的事件,是大地产商徐润经历了第一次破产。

(一)租赁业

从招租广告统计看,1882 年至 1883 年两年中,招租广告共六十多条,其中 1882 年与 1883 年基本各占一半。原因之一,是房地产业刚刚开始发展,还处于起步阶段,总量规模不太大。原因之二,是当时房地产交易更多找中人说合。可以看出,出租人中,有许多老牌的大地产商。如老沙逊洋行,在河南路恒德里、吉祥里、江西安里、福州路、松江路即三洋泾桥、四川路五昌里等处,皆有很多房屋、栈房、门面房出租。法别立司、高易公馆亦是老牌的地产商,庆记经租账房,在老闸西保康里北的博经里,新造市楼房六十多幢、石库门楼房四十余幢,后披屋俱全,租价起码每幢银洋二元五角,全部出租。华商大地产商徐润在倒账风潮中破产了,所有的几千亩土地及上千间房屋全部折价抵偿欠款。在广告中,可以看到徐润家族的宝源祥公司,亦在招租。① 从这些招租广告可以看出,大部分招租者有多处房产,且数量很多。这个时期,是上海开埠后第一代地产商垄断市场的时期。

除了这些地产商、洋行、公司、商号、个人等之外,还有官产出租。例如,1882 年 10 月 31 日,丝业会馆经理闵行救生局市产招租,房屋坐落于上海大东门外如意街,靠街排门上下门楼房两间,内石库门过路天井,第一进三楼三底两边厢,楼底天井一方,第二进三楼三底,前后中间俱用长窗,大天井一个,第三进平屋三间,后面石库门,井泉、坑厕俱全,前后通衢格式,可做钱庄客号间。②

轮船招商局金利源码头有栈房八所出租,其房坚固高爽,均系一层楼,惟大小不等,租价极其公道,整租、零租都可以,计开:二号栈房深一百二十尺、宽七十五尺,三号栈房深二百九十三尺、宽四十尺,四号栈房深六十二尺、宽六十三尺,五号栈房深九十五尺、宽七十五尺,六号栈房深九十五尺、宽九十尺,七号栈房深二十九尺、宽二百四十尺,八号栈房深一百二

---

① 申报馆.洋房招租[N].申报上海版,1882-10-9,3391(4/10).
② 申报馆.新造市房招租[N].申报上海版,1882-10-30,3413(5/12).

十尺、宽一百零二尺，九号栈房房深四十八尺、宽九十尺。[①]

表 1.1 为 1882—1883 年招租广告统计表。

表 1.1　　　　　　　　　　1882—1883 年招租广告统计表[②]

时　间	标　题	内　　容
1882—1—1	招租	三马路老人和后有洋行一，或长租或短租，另吉地一，毋论中外屋式，任客出其图样新造，合意者，请到悦生栈面议。
1882—1—1	栈房招租	本行今有大栈房一所减价出租，每月计租银余两，如各宝行欲意者，请来领看可也，此布，和顺洋行启。
1882—1—3	招租	兹在河南路恒德里内朝南石库门一所，计六楼六底两厢房，后连披屋、晒台、水井俱全；又福州路朝北门面三层楼一所，计上中下九间，后连披屋俱全；又一所计上中下间连披屋全；又江西安里内朝南栈房六间，如合意者，租价便宜，特此布闻，老沙逊经租房启。
1882—1—14	招租	兹有四川路宁波路交界，即前江裕昌所住处，经翻造新房，除造就已定去外，尚余数幢，并余有空地一所，任客图样可以照造，合意者速临本账房面议为盼，此布，英茂账房启。
1882—2—14	招租	本行有洋房店铺三所，在抛球场东首公道洋行隔壁，如合意者，请至大药房对门，晋丰里兆丰账房面议可也，此布，兆丰洋行特白。
1882—3—6	租卖均可	今有地一方计五亩有零，坐落在老闸新大桥南块汾河西首，即炒茶栈后面，现有招租牌在此处，欲租者，即至大英工部局写字房内，法别立司处面议可也，正月十五日。
1882—3—11	地基出租	今有基地出租，坐落老闸老大桥港北，西首出，约有四地，上有余平房三十余开，其房另作价卖均可，合意者，即来高易公馆账房面议可也。
1882—3—14	房屋招租	今有在老闸西、保康里北、博经里，新造市楼房六十余幢，石库门楼房四十余幢喜后披（屋）俱全，租价起码每幢洋二元五角，余者格外公道，倘欲租者，请至博经里庆记经租账房订租可也。
1882—4—22	栈房招租	启者：本行现造大栈房两所，坐落虹口公和祥码头后面，每间有一百十五尺之长，专为存放茶叶及各样干燥之物。如有愿租者，于西历五月一号即农历三月十四日可以租用，每月每所租价银八十两，请至大马路第五号门牌面议便是，长丰洋行启。

---

① 申报馆.栈房招租[N].申报上海版,1883—7—30,3698(5/12).
② 申报馆.申报[N].申报上海版,1882—1883 年全年.

续表

时　间	标　题	内　容
1882—5—18	房栈招租	清远里内有石库门一所,计十楼十底两麻后披俱全,并大栈房一间,合意请至元芳洋行账房面议,永业堂启。
1882—5—30	戏园招租	启者:今有全桂戏园一所,如合意者,请至锦名洋行账房面议。
1882—6—30	空地出租	兹外虹口朝东在老织布机器局之西面,有空地一块,南至浦边、北至马路,已经填高,约计二十亩,现欲出租,如堆木料,或堆铁器,及堆放柴炭煤等均可,倘合意者,祈驾临本馆面议是荷,此布,申报馆启。
1882—7—20	地基招租	兹本公馆有基地两段,一在法界大马路即新巡捕房对门,一在英租界五马路即格致书院西隔壁,如贵客欲租者,请至本账房面议可也,此布高易公馆告白。
1882—9—1	招租	四马路东合兴东首店面三间,或要二三进均可,又里内有石库门一所,又法界普安里内有石库门一所,租价相宜,如合意,请至二马路悦生栈定酌。
1882—9—11	减价招租	今有新造市楼房并石库门三间、两厢四间,两厢宅房坐落陈家木桥石路新开六马路等处,街道小菜摊成市、店铺生意属旺,租价格外公道,如欲租者,请至潮阳楼对门问公祥记经租账房面议。
1882—9—16	房屋招租	太仓城内大街有大楼房一所,共五十余间,可作公馆当房,倘绅商合意者,祈问太城南牌坊西源盛染坊可也,此布。
1882—9—16	华洋吉屋招租	四马路东永康里口朝南,新造外国式三层楼市店面四所,街内面南石库门八所,其屋系上下平顶三间,两厢后连披屋、晒台、公路天井一概宽敞,工料坚固并有井泉取水,业已完工出租,如有开张行号,可许合宜便利,欲租者,请问十六号四川路便是,孟吉礼经租启。
1882—10—3	招租	刻有北圫城桥西塊地二三亩,出进水陆极便,租期长短均可,价极公道,如贵客欲意者,请至本账房面议,魏同源梧记号启。
1882—10—5	地基招租	启者今有地基一块,约三亩,坐落英租界浙江路新桥下,如合意者,请至锦名洋行账房面议可也。
1882—10—7	房屋空地招租	兹有四马路沿浜地约三亩,上有房屋三十余幢并余地,现未完工,如改大马房极便;又法界东德铭里楼房十四幢连披,其地一亩零,或另行改造或欲租地;又徐家汇市东地皮四十余亩,三处一并招租,价极相宜,长短约可,合意者,请至大马路忆鑫里谨记账房面谈。

续表

时　间	标　题	内　容
1882－10－9	洋房招租	白大桥南堍德里第七号洋房一座,平屋数间,前租麻湖行,如合意者,请至本公司面议,租价公道,宝源祥公司启。
1882－10－14	地基出租	启者:本行有地基一方出租,坐落英租界大马路西,会审署后自来冰厂出滩空地约二亩,另倘贵客欲租者,请至四马路本行账房看图议价可也,此布,隆茂行启。
1882－10－15	栈房招租	今有新造湖丝杂货大栈房一所,坐落宁波路广群公所间壁德顺里内,如欲者,至新关后福德里账房面议,宝和祥启。
1882－10－19	招租	三马路口字林行对面新造店面四间,每间二进,厨房晒台全备;又衖内五楼五底大屋一所,如欲租者,至悦生栈面议可也。
1882－10－28	招租	启者:本行今有房子一所,在徐家汇地方,现系怡和洋行租赁期限已满,如有人欲租者,请至二马路第一号门牌本行内议便是,马利生启。
1882－10－31	新造市房招租	坐落上海大东门外如意街,靠街排门上下门楼房两间,内石库门过路天井,第一进三楼三底两边厢、楼底天井一方,第二进三楼三底,前后中间俱用长窗,大天井一个,第三进平屋三间,后面石库门,井泉、坑厕俱全,前后通衢格式,可做钱庄客号间,隔壁包仁和鞋店,领看合意者,请移玉至北市丝业会馆,该价面议可也,特此布闻,壬午九月丝业会馆经理闵行救生局市产白。
1882－10－31	吉屋招租	四马路东首永康里,新造工料坚固、中外式样石库门楼市房数所,业已竣工完备,如有各绅商居家开张,实谓便利,况租金亦相宜,倘合意者,请至本账房定妥可也,长乐里北孟吉礼行经租处启。
1882－11－27	招租	启者今有大洋房一所,坐落江西路第三十三号门牌,是房极其宽大,如仕宦租作公馆,或客商开设丝茶等栈,无不合宜。屋旁另有大栈房一所,内皆铺设地板,可供堆放。诸公合意者,两所并租及分租均无不可,欲租者请至元芳洋行与未斯当面议可也,十月十六日启。
1882－12－5	新造坚固栈房	本行在松江路即三洋泾桥楼栈两宅,可以寄存客货,其栈租格外公道,如各行号欲寄存者,请至本行经租账房面议,特此布闻,光绪八年十月,老沙逊经租账房启。
1882－12－15	催理房租	启者:鸿利烟馆在石路中天桂戏园口,本月初二该店主逃走,欠房洋七十一元五角,三天理楚,以后不理楚生财拍卖,特此告白。
1882－12－21	吉房招租	今有房屋两幢两披,坐东棋盘街,欲租者,请至本行面议,恒丰账房具。

续表

时　间	标　题	内　容
1882—12—25	招租	三马路太平坊新造石库门五楼五底一所，字林行对门新石库门五楼五底一所，又四马路合兴里石库门二所，租价格外相宜，如欲租，请至悦生栈。
1882—12—29	招租	二摆渡清远里有石库门一所，十楼十底，两厢后披俱全，大马路五福衖有楼房数间，租价相宜，欲租者，请至三马路元芳账房或就地经租账房均可。
1883—2—17	招租	有大栈房一所，坐落宁波路广肇公所间壁德顺里内，可堆零趸杂货，又石库门三楼两厢，四楼两厢，披屋俱全，欲租者，至天祥洋行均可，宝和祥账房。
1883—2—19	减价招租	第六马路同新街石路等处新造街房，并石库门宅房三间，两厢西间，两厢每宅做有过街茶厅、晒台、井水一应俱全，租价格外公道，如欲租者，请至同新街问公祥记经租账房面议。
1883—3—11	减价招盘	本栈在五马路洋房内开设有年，房屋宽绰，仕商往还称羡。今因栈东意图别业，愿将一切生财招盘，如合意者请至本栈面议可也，大方老栈启。
1883—3—14	欠房租声明	大马路第二百六十四号门牌源大仁记客寓，应欠本行房租洋十三元整，限三天内交清。若不交清，将生财招卖抵销房金，特此登报，德和洋行启。
1883—3—14	硖石蚕茧栈房招租招卖	启者：今有在硖石镇西市梢横河头，蚕茧大栈房一所，计前进楼房五间，后面两廊平房廿余间，栈内烘灶二座，单双烘簩五千余只，打蚕丝包机器一架，另备地龙铁条螺丝，并一切器用家伙俱全，倘蒙贵客商合意者，请至亨达利账房面议，或租或买或拆买家伙均可，特此布闻，光绪九年二月俞式淇特白。
1883—3—17	招租	三马路太平坊新造朝南石库门五楼五底一所，字林行对面朝南石库门五楼五底，又店面二万，法界普安里石库门二所，大机房一所，价相宜，欲租请至悦生栈问管门人领看。
1883—4—12	招租	兹有福州路同祥洋底子房两宅，楼栈平栈厨房水井俱全，又河南路恒德里内有朝南石库门一宅，计六楼六底两厢，后连披屋晒台，水井俱全，又四川路五昌里内有朝南石库门一宅，计六楼六底两厢，后连披屋晒台，水井俱全，其租价便宜。欲租者，至本账房面议，特此布闻三月，老沙逊经租账房启。
1883—5—2	戏园招租	启者今有戏园一所，选落石路中市，如合意者，请至锦名洋行账房面议可也。

续表

时 间	标 题	内 容
1883－5－8	招租	兹有四川路五昌里内,有朝南口库门一宅,计六楼六底二厢,后连披屋晒台水井俱全;又河南路吉祥里内有朝南石库门一宅,计六楼六底二厢,后连平屋三间,水井晒台俱全。欲租者,本账房面议,此布四月,老沙逊租账房启。
1883－5－12	招租	兹有北京路江西路角广记底洋房一宅,江西路栈房一宅,四川路栈房一宅,福州路老上海底子浮房一宅,欲意租者,至本账房面议,英茂账房启。
1883－5－17	招租	兹有河南路吉祥里内,朝南石库门一宅,计六楼六底二厢,被连平屋三间,水井晒台俱全。欲租者,本账房面议,此布,四月,老沙逊租账房启。
1883－6－13	地基出租	今有老闸西首出滩地一方,贵客欲租者,请至垃圾桥北块升记树行领看可也,义记行启。
1883－6－25	租店声明	合记在英界新新桥地方,开设望月楼茶馆、梅园浴堂、芳乐园烟馆,于五月十五止业,经租与别姓开张,上行往来是日为止,均已清楚,以后不关该租户,如有上行上落等情,不能将店中生财作抵,须自己谷承,相信不涉合记之事,特此声明,光绪九年五月十五日,合记主人吕友仁启。
1883－7－15	招租	兹有戏园一所在六马路,现系宜春茶园底子,今因期满拟欲另租,如有合意者,请至本账房面议可也,公祥记启。
1883－7－30	栈房招租	启者:本局金利源马头有栈房八所,出租其房坚固高爽,均系一层楼,惟大小不等,开列于后,倘有贵商欲租堆货者,租价极为半允,或趸租或零租,先向金利源领看,请至本局账房面议可也。计开:二号栈房深一百二十尺、阔七十五尺,三号栈房深二百九十三尺、阔四十尺,四号栈房深六十二尺、阔六十三尺,五号栈房深九十五尺、阔七十五尺,六号栈房深九十五尺、阔九十尺,七号栈房深二十九尺、阔二百四千尺,八号栈房深一百二十尺、阔一百零二尺,九号栈房深四十八尺、阔九十尺,轮船招商总局告白。
1883－8－18	减价招租	四马路新永庆楼房六幢两厢,每月洋四十五元;又三幢二厢,每月洋廿四元;亿镒里六幢四厢,每月廿元,天井披屋晒台一应全,合意者,闻大马路已镒里谨记账房面谈。
1883－9－7	招租	兹有洋房两所在外洋泾桥黄浦滩本行内,如欲租者,请到本行面谈可也,此布。泰来洋行告白。
1883－9－11	栈房招租	启者:本行间壁有栈房一所,如各宝号欲租者,租金格外公道,请来面议可也,此布,和顺洋行启。

时　间	标　题	内　容
1883—9—12	减价招租	今有新造楼房石库门九个,平房十间,其租格外便宜,合意者请至里虹桥北首朱家宅潮江里,本账房引看面议可也。
1883—9—15	将造房屋	启者:大马路旧会审衙门及广东路与河南之东北角上,两处均将翻造房屋,如有人愿租,或欲定造大店铺当典及浴堂等,可至黄浦滩第一号门牌德和洋行内面议便是。
1883—10—5	招租	今本行内有新造三层楼洋房二所,并有高大栈房及丝楼栈房,倘欲租,请至小行面议,再招做押款,利金栈租保险均格外相宜,栈房储货宽敞,赐顾者,请来小行账房面议,大马路口黄浦滩新沙逊启。
1883—10—6	戏园招租	今有戏园一所,在石路中即旧金桂轩底子园内,一应装修齐备,如合意租者,请至五马路锦名洋行账房面议可也,租金格外公道,特此布闻,锦名洋行告白。
1883—10—7	租契出拍	启者:今有典主托本行于礼拜五,即本月十九日下午两点钟,在大马路廿四号门牌本行内,出拍大英公馆挂号第一百零一号地一块,坐落金龙街,照工部局英租界图内系二百六十八号,今将该地租契出拍,如十九日以前有至本行面商租定者,则至日不复出拍,该地照工部局丈量,计有地一亩五分八厘九毫,于西历一千八百八十二年七月一号租出十五年,每年租银一千二百两,按四季先付此地,现有两楼两底房屋六所,建造不久,颇极坚固,又有行四间并住宅三所,统计每月房租共一百九十元,如有人合意并欲知详细情形,请至本行面议可也,九月初五日有恒洋行启。
1883—10—8	招租	老悦生南首源丰洋货店,准以十月初一日退出,今特招租,计三开间两进,后披俱全,如合意者,请来面议,悦生栈启。
1883—10—10	招租	启者:今有怡和洋行在河南路之西,所造店铺房屋数所,从二马路至三马路一带,现在招租,如有合意者,请至本行面议可也,本账房在三马路庆和里,玛礼孙洋行启。
1883—10—31	招租押款保险栈房	启者:本行有保险栈房一所,在西路第卅五号,其栈宽大高燥,倘货物本栈做押款亦可,栈租八折,格外公道,倘各宝号如合意者,请临小行账房领看可也,此布,茂盛洋行启。
1883—11—24	吉房招租	泰安坊内有高大库门两所,前时系开钱庄字号,其厅栈房间极为宽敞,并且吉利,而租金亦皆克己,如绅商合宜,请至长乐里北孟吉礼洋行,或德泰庄内谢家均可,再有老旗昌平安里石库门一所,四马路永康里向南石库门三所,三层楼外国式铺面三所,均系宽大豪畅,房租减收,如贵客合意者,即请移玉至本行经租处领看可也,孟吉礼行白。

（二）商铺盘顶转让

1982—1983 年,招顶广告有五十多条,大部分是各行各业商铺招顶转让,其中,有八家烟馆招顶,如下:小东门外宁波码头其卒园烟馆①,虹口巡捕房南首震泰烟馆②,广东潮州人蔡信诚开设的法兰西马路广泰来号烟馆③,二马路石路口的协和长号烟馆④,宝善街桂馨里永和祥烟馆⑤,法租界永安街惟吉烟馆⑥,陈茂兰开设在石路中的仁寿堂烟馆⑦,石路同庆里口同裕丰号公顺昌烟馆⑧。八家烟馆中,有七家开在租界,可见租界烟馆之兴盛。

招盘的商店主要集中在日食杂货等行业,与日常生活密切相关的衣服、粮食、药、饭店、家具、南货等。如英租界珊记码头东首的天和馆饭店,业已盘顶与谢阿羊,改为聚源馆。⑨ 在石路中市裕泰兜帽铺财零物,盘与泳泰祥为业开张。⑩ 大东门北吉祥衖里街,王竹溪涌源粮米行,凭中人说合盘顶受与永源诚记。⑪

亦有因为经营不善亏损,交不起房租逃走,房东把店内所留一切出顶抵偿房租的。例如,五马路赛香楼因欠德和洋行房租一个半月,计洋二十三元二角半,店主前月(1882 年 9 月)13 日夜逃逸,德和洋行将生财招盘抵销房金修理等项。⑫

表 1.2 为 1882—1883 年房地产招盘招顶广告统计表。

---

① 申报馆.栈房招租[N].申报上海版,1882－3－1,3169(4/8).
② 申报馆.烟馆招盘[N].申报上海版,1882－6－6,3266(4/10).
③ 申报馆.盘店声明[N].申报上海版,1882－6－6,3266(4/10).
④ 申报馆.盘店声明[N].申报上海版,1882－10－13,3395(4/10).
⑤ 申报馆.盘店声明[N].申报上海版,1883－3－19,3565(5/10).
⑥ 申报馆.盘店声明[N].申报上海版,1883－7－25,3693(7/12).
⑦ 申报馆.招盘[N].申报上海版,1883－7－30,3698(4/12).
⑧ 申报馆.减价招盘[N].申报上海版,1883－3－21,3567(4/8).
⑨ 申报馆.盘店声明[N].申报上海版,1882－6－25,3285(5/12).
⑩ 申报馆.盘店声明[N].申报上海版,1882－3－21,3189(4/9).
⑪ 申报馆.盘店声明[N].申报上海版,1882－3－21,3189(8/9).
⑫ 申报馆.声明招盘[N].申报上海版,1882－10－23,3405(4/10).

表 1. 2　　　　　　　　　　**1882—1883 年招盘招顶广告统计表**①

时　间	标　题	内　容
1882－3－1	招盘	小东门外宁波码头,其卒园烟馆招盘,今因店主出外,贸易乏人照应,欲将一切生财器具或租或盘,如合意,请至小店面议。
1882－3－5	酒店招盘	启者:所有徐家道外国酒店房产地基,并一应生财什物,现欲出售,欲知详细者,请至二摆渡奥暑面议可也,奥署启。
1882－3－21	盘店声明	启者:在石路中市裕泰兜帽铺财零物,今盘与泳泰祥为业开张,所有该前与各号往来账目等情,向前主自行理直,不涉泳泰祥之事,以免后论,此布,泳泰祥白。
1882－3－21	盘店声明	启者:大东门北吉祥衖里街涌源粮米行,凭中盘顷受与永源诚记,即日交易,卜吉开张,上前所有各埠揭项货项等情,俱归王竹溪自行清理,与承顶人无涉,特此声明,以免后论,谨启。
1882－6－6	烟馆招盘	启者:虹口巡捕房南首震泰烟馆,一切生财等物,今欲招盘,该价格外公道,合意者,请至本书议定可也,震泰王启。
1882－6－25	盘店声明	英租界珊记码头东首之天和馆饭店,业已盘顶与谢阿羊,改为聚源馆,择吉开张,所有前项一切往来,应向理明,与谢无涉,恐各宝号未得周知,为特声明。
1882－8－4	盘栈声明	今有棋盘街北面老甡记栈新号,向来冯慕伊开张,今情愿央中盘与刘记管业开张,倘有前账往来银钱一切等情,祈即向冯慕伊理直,与刘记无涉,特此预报,刘记启。
1882－9－4	盘店声明	所有张荣昌新店,今凭各债户盘与申泰昶号,倘有未了等事,概不干涉,恐未周知,合并声明,申泰昶号特白。
1882－9－11	招盘	本店开设上洋宝善街迄已多年,今因敝东物故,经手乏人,如合意者,请至本店面议,松风阁账房启。
1882－9－11	盘店声明	兹英大马路红庙西锦盛钉鞋席店,现改德昌,倘锦盛外面瓜葛一切,与德昌无涉,特此关照,目下货真价码公道,如贵客光顾,须认本号招牌是幸,德昌告白。
1882－9－12	盘店声明	兹有棋盘街北首元记吕宋票号,于七月秒将生财牌号统盘与名利全为业,当时银物两交清楚,倘有元记以前往来一切,概归前主自理,与本号无涉,此布,名利全启。

---

① 申报馆. 申报[N]. 申报上海版,1882—1883 年全年.

时　间	标　题	内　容
1882—9—22	盘店声明	兹有新街唐姓所开之德丰客栈,今盘与陈姓仍在原处开张,改号茂康桂记,于本月初六日凭中顶受,立契过割清楚,倘有前首唐姓在外揭借抵欠,以及往来各项账目,祈向前店主早为理直,不可自悮,嗣后与茂康无涉,勿为言之不预,特先声明布告,茂康告白。
1882—9—29	招盘	兹本店在上海虹口广东街中市,上月移至东首横街,今已收歇,店内生财并碙砂等招盘,如合意者,请至本店面议,八月十七日大丰米铺启。
1882—10—12	盘店声明	广东潮州人蔡信诚,盘到法兰西马路广泰来号烟馆,生财家伙等物件一概全盘,即日开张,各宝号与广泰往来账目宜早向他理楚,系与本号无涉,蔡信诚启。
1882—10—13	招盘	协和长号烟馆开设二马路石路口,今因股东回籍,欲将招牌什物招盘,如合意者,请来面议是荷。
1882—10—25	招盘	宝善街中市义大洋广京货店,所有生财器物一应招盘,如合意者,请至本店面议可也。
1882—12—5	盘店声明	启者:宝善街北首松茂祥烟纸店,向系虞培昌独开,今凭中盘与义记为业,所有松茂祥一应上欠该项,统由虞培昌清理,不涉义记之事,特此布闻,松茂义记主人启。
1882—12—12	烟馆生财招盘	在宝善街中市东桂馨里,头一座石库门内永和祥便是,要者问内即明。
1883—3—11	减价招盘	本栈在五马路洋房内开设有年,房屋宽绰,仕商往还称羡。今因栈东意图别业,愿将一切生财招盘,如合意者,请至本栈面议可也。大方老栈启。
1883—3—19	盘店声明	启者:宝善街桂馨里永和祥烟馆,生财装修全副今盘与寿泰开张,其洋当日付清,所有永和祥与各号往来欠项,速向原主理直,与本号无涉,寿泰告白。
1883—3—21	减价招盘	有烟馆一所,在于石路同庆里同裕丰号,生财装修一应俱全,租与西园年限已满,如合意者,请至公顺昌面议可也。
1883—3—31	声明盘店	兹严宝凤银楼因该庄款奉谕招盘,敨将生财货物凭中盘与宝丰银楼开张为业,所有严宝凤一切交涉之事,均与宝丰银楼毫无干,恐未周知,特此告白,宝丰银楼启。
1883—4—4	药店招盘	兹因东伙意见不同,将生财家伙货物招人盘顶,价愿克己,如有意者,请至正丰街益寿堂面议,益寿启。

续表

时　间	标　题	内　容
1883—4—11	盘店声明	启者:法界三茅阁桥第六十五号门面黄丰兴,自愿盘与陈纂,所有往来账目望各宝号自理清楚,与本店无涉,特此告白,复兴祥启。
1883—4—23	盘店声明	志德堂顶受棋盘街集祥号,全盘货物家私准三月廿日交易清楚,如有集祥号欠到各行号货会项及揭借等项,俱归旧人料理,与志德堂无涉,特此声明,免至后论,三月十六日志德堂启。
1883—5—11	盘店声明	启者:虹口西华路第六百七十七号门牌姚咏梅,今将粤隆号全盘生卅一应顶与顺成堂,准于本月十一日交易,如有粤隆欠各行账目并借等项,概归姚咏梅自理,与顺成堂无涉,特此告白。
1883—5—26	声明盘店	启者:抛球场北首广济堂药店,向系江韦陈三人合开,由来廿余载,现在股人等管业不便,乏人照料,于是月十四日,凭中立契,将店内生财什物贸料盘与洪明山先生为业,所有前后进出账目一切归得主自理,此后生意盈亏与前东不涉,恐未周知,特此奉闻,粤东江咏唐韦秀川陈松舟仝启。
1883—6—24	招盘	新闻马路新义恒南货油酒店,生财全副并租地自造朝南门面楼房两幢,后平房三间一厢,一直通江租地,年限尚有十五年之期,如合意者,请至英大马路一壶春楼上问吴调梅先生可也。
1883—6—25	盘店声明	今有大东门外丰茂南货店,于五月初七日,盘与丰茂和记新东开张,所有以前一切账目,均归旧主理直,与和记新东无涉,此布,丰茂和记具。
1883—7—11	盘店声明	启者:所有郑家木桥南块元太染坊,向系胡信述开设,今于四月间病故,将店盘与新东开张,改为源泰义记字号所有,以前一切账目辇辀,均归旧主理直,与义记新东无涉,诚恐各号未知,特北布闻,源泰义记告白。
1883—7—11	盘店声明	兹有江湾镇广和烟纸烛箔等货店,系杨式范兄独自开创,今于六月初二日,自愿将广和店分派五股与华克源为业,将生财货底一切援点明白改为广和惠记,所有各宝号往来账目以六月初二日为止,归杨式范兄自行理楚,与华克源惠记无涉,惟恐各宝号未曾周知,故为登报特此声明,此布,惠记华克源具。
1883—7—25	盘店声明	启者:今有法界永安街惟吉烟馆,原主梁祀卿开设,今盘与陈培杰开张,其价当即一并付清,所有前店往来一切龙目等,均归梁杞卿自行理直,与陈姓无涉,特此声明,以免后论,陈培杰谨启。

续表

时　间	标　题	内　　容
1883－7－29	盘店声明	今有老北门外南八仙桥同泰染坊,于六月廿三日盘与赵万顺仪记新开,一切以前账目与本坊无涉,赵万顺仪记启。
1883－7－30	招盘	本店开设在石路中,现因店主有家事,无暇管理店务,为此招盘,或租开亦可,如合意者,断请向太店主面识一切可也,仁寿堂烟馆主陈茂兰告白。
1883－7－30	招盘	三洋泾桥南块春源洽记栈内生财什物,全价亦公道,如合意者来栈面议,杨兰斋陈启丰赵湘涛叶安伯启。
1883－8－20	减价招盘	今有法大马路成章绸缎庄,一切生财杂物连装修店面,如欲承盘者,请至宝善街泰来栈内面议可也,经手人启。
1883－9－17	招盘	新北门外吊桥下塿一新楼茶室,只因乏人经管,特将生财什物招盘,如欲盘者,即向小东门内徐永盛皮箱店领看面议。
1883－10－1	招盘	法界吉祥街吉祥楼茶室,今将店内一切生财什物等招盘,贵客欲盘者,即向本店账房面议,此布,锦名洋行告白。
1883－11－2	招盘	本园开设新北门外永安街徽式面馆,今因东伙不投,无意开张,今将店内生财什物瓷锡木器等,或盘或购,如合意者,请至本园面议,此布,聚俊园启。

(三)房地产出售拍卖

　　1882—1883 年两年,房地产出售拍卖广告共二十多条。其中引人注目的有几件。其一,大地产商徐润的宝源祥公司买地事件。宝源祥公司在虹口之外虹桥地方,购买一块荒地,并拟盖造楼房。闻此地是奚姓业主出卖掉的,另有王姓坟地在奚姓地中间,宝源祥公司曾许给银,请其迁葬,王姓说祖宗埋骨之地,不能擅自出卖,不答应迁葬,该公司亦无可奈何。后宝源祥把两面楼房造好,将王姓祖坟坟茔留出,建筑为行走之路。[①]

　　其二,洋商巴朗身故之后遗产拍卖处理。洋商巴朗身故之后,其受托承办身后诸事之人,请鲁意师摩洋行代为拍卖贵重产业。1883 年中国阴历九月初九日下午,在该行内拍卖巴郎产业。共有地皮四块,计 11.788 3 亩,房屋 133 间,全部有人租住。[②]

---

① 申报馆.购地造屋[N].申报上海版,1882－12－9,3453(3/10).
② 申报馆.拍卖贵重产业[N].申报上海版,1883－9－27,3757(7/12).

　　其他的广告,有倒账风潮后出售自己多年老产业的。如洪泰油坊坊主有地皮一块,二百六十尺见方,回墙外尚有余地,欲售二千银洋,该地上有洪泰油坊所造楼房六幢外,平房四十余间,坐落加善东门。此基地是嘉道年间顺昌油车旧基,最宜开设缫丝厂,两边靠清水河官塘。①

　　教会出售地皮。传教士慕烈先生有地皮一块带地上所造房屋出售,坐落于四马路,现系旗昌洋行的布路乃先生所居。② 高易公馆有旧楼房一百余幢出卖,坐落于美租界。③

　　信交风潮半年后,汉口华记洋行出售汉口码头的黄金产业,该产业紧挨轮船招商局汉口营业处。有洋房一所,并栈房两所,其栈房一所系两层者、一所系一层者,坐落汉口西商租界外,房屋俱近河边,其河沿悉用石砌,在招商局隔壁,名曰老华记洋行,栈房均极其坚固。④

　　表 1.3 为 1882—1883 年房地产出售拍卖广告统计表。

表 1.3　　　　　　　　1882—1883 年房地产出售拍卖广告统计表⑤

时　间	标　题	内　　容
1882—1—1	出卖地基房屋	启者:有里虹口依仁里基地十亩零,内有平房四十余间,现欲出卖,如贵客欲意者,请至八桥魏梧记账房面议,此布,依仁里各东公具。
1882—2—5	购地设堂	美国教师到金陵开设教堂,业已数年,前因房屋湫隘,曾在中正街另购民房基地,拟即盖造教堂,旋由该处绅民公禀洋务局,商请另觅基地交换。近由洋务局偕同美国教师看定南门外报恩寺旧基一方,拟将该基交换,听其起造。该寺僧一得此信,登即知照附近绅董,央请粮食各行铺民户共一百余家,共同赴县跪香禀求另迁他处,江宁陆邑尊当照所禀,申详督宪候批遵行云。
1882—2—8	襄虹口吉地出售	启者:襄虹口桥内依仁里有楼房数十间,平房数十间,连余地共十余亩,现有无耻之徒意欲把持现钱盗售,为此邀集是内有份股主,议定招(售),如有合适应买者,请至铁马路桥下西椿信记木行内,与姚慎余堂面议价目为着宾,如有擅自卖者,即盗卖论,十一月十九日,姚慎余堂具乙。

---

① 申报馆.产业出售[N].申报上海版,1883—5—5,3612(4/8).
② 申报馆.产业出售[N].申报上海版,1883—4—5,3582(4/9).
③ 申报馆.招卖旧屋[N].申报上海版,1883—10—26,3726(4/10).
④ 申报馆.产业出售[N].申报上海版,1883—5—5,3612(4/8).
⑤ 申报馆.申报[N].申报上海版,1882—1883 年全年.

续表

时 间	标 题	内 容
1882—2—24	拍卖洋房地基	启者:今有卢家汇地方洋房一所,地基八亩五分,倘贵客先欲阻买者,请移玉本行面议,待至英三月七号,准于上午十一点钟,在本行拍卖,特此预布,鲁意师摩启。
1882—3—10	洋房地基发	本埠租界下海浦有地基约一百亩,上抵马路,下抵黄浦滩,左抵水公司地界,右抵威而见臣地界,昔日系织布局之业,今日尽归余名下也,有道印契纸为凭。在美领事衙门造册处第三百六十七号地基内,有洋楼五座、大栈房一栋、大厅三间、码头一架内外,内外墙数百丈,地面填土打桩已做,工程甚巨,尚有未用砖石等料亦复不少,现在地价日涨一日,该处码头水数丈,万泊轮船尤为难得,按照时价每亩总可值银五六百两,加之已做工程未用物料合而计之,足可值银七八万两。兹将以上基地楼房物料一概价仿制吕宋发财票,票售银洋七元,得彩者共有七百七十七号,此票外国销售最多,拟分寄新喜洋杏满、港澳门等处,约计两个月内可以全数销完。照英六月份吕宋票开彩,吕宋电报一到,吕宋头彩之号即为此票头彩之号,得头彩立将以上洋房地基物料全数取执契管业,毫无阻碍,如欲要,可抑银四万,其余得彩号数,悉照吕宋得彩号数,所有银两均归公裕、恒吉两庄,凡有红票可立时向该庄兑银,中外无欺。查吕宋英十二月份票,每票售洋十二元,头彩五万元。今票价只需七元,而头彩原得产业价值约在十万元,实为发财之券,愿得彩者速购勿迟,第二三四五六彩数亦不小,其余小彩不及细载,买票另有仿单。正月二十日上海河南路第三百二十九号,傍郎洋行启。
1882—3—17	地基出售	启者:今有地基一块,坐落大马路西新抛球场后面,即毫湾路与广西路之角上,在大英公馆挂号第一百五十一两(号),按照地契计有一亩,如有人要买,请至长利洋行面议可也,正月二十七日启。
1882—3—23	拍卖地基	启者:于本月初六日下午两点钟,在四马路第一号门牌本行内,拍卖地基一块,其地坐落大马路西新抛球场后面,即台湾路与上广西路之角上,在大英公绾挂号第一百五十一号,按照地契计有一亩,如有人要知其详细者,请至本行面议可也,二月初五日长利洋行启。
1882—4—20	换地盖堂	美国教堂前在金陵中正街购得民基一百余亩,将欲起造,嗣因有碍万寿宫举照,由官允定另购他处基地互换,嗣拟用南门外人报恩寺基地,又因民间不愿,遂致中止。近闻已购定旱西门内四根杆子地方民基一大方,与该教堂互换,该教堂业经在该基四至埋竖界石,惟工匠不善起造洋式房屋,须由上海另雇宁波匠,一俟工匠雇来,即当鸠工庀材,大兴土木也。

时　间	标　题	内　容
1882－5－4	招卖地皮	徐家汇市东、靠马路南北两岸地皮五十余亩,价廉出售,倘绅商置造缫丝栈或盖游玩避暑园亭楼台极妙,兼水陆路皆便,如合意者,请至大马路亿鑫里谨记账房面谈。
1882－7－29	声明卖地	声明人奚文华为自己名下水田一块,计十三亩,另除卖出六亩几分,所剩水田七亩;另坐落虹口乍浦路五堡头图知字圩三百八十三四号,于去年十二月间,经中绝卖与刘布公司永远为业,现闻有人在外市面招摇,捏名盗卖等情,诚恐洋商华贾受伊哄骗,缠累胡底,为此声明,切不可受彼欺弄,特此声明。客商台鉴奚文华告白。
1882－8－12	招卖	启者:兹有地基一方,及上有之体仁医院中外房屋一并出卖,其地坐落宁波路,计六分三厘八毫左右,如有意者,请到该院查看,并将愿出之价弥封送至虹口同仁医馆内文惠廉先生收。然是否卖与开价最高者,须凭地主酌核,不可强勉。此布,虹口同仁医馆启。
1882－12－9	购地造屋	虹口之外虹桥地方,向系荒地。现经宝源祥公司将此地购买,并拟盖造楼房。闻此地乃奚姓出卖者,另有王姓坟地在奚地中间,该公司曾许给银,令甘迁葬,王姓以祖宗遗骨之地,未便擅卖,是以不允。该公司亦无如之何,现在两面楼房俱曰造好,将王姓祖茔留出,筑为行走之路云。
1883－3－24	招人承买房屋示	工部局示为招人承办事,本工部局今愿收承办之书为开刊,以下事件本局现在拟出卖第一千三百零五号地内之中国房屋,如有承办者,可至三马路第二十三号门牌工部局管理工务写字房,向管理人未士葛拉克面议,除礼拜日每日早九点钟起,至下午一点钟止,可以往见,并向取承揽信式,用英文照式填明价目,信封左边角上填写承买旧屋书,送工部局收,以英三月三十日即礼拜五为止,价目一切本局自有权衡,其不收之信,所用去使费本局概不承管,此布。其屋以收信日之起,须在十四天内折去四址,北至南京路、南至九江路、东至下广东路、西至上广西路,上海工部局经理人韬朋布告,一八八三年三月二十日。
1883－4－5	产业出售	启者:今有地皮一块,并地上所造房屋,坐落四马路,现系旗昌洋行之布路乃先生所居,近拟出售,如有欲购者,请写信至教士慕烈先生处可也。
1883－5－5	产业出售	启者:今有地皮一块,二百六十尺见方,回墙外尚有余地欲售二千洋,是地上有洪秦油坊所造楼房六幢外,平房四十余间,坐落加善东门,屋价面议,格外公道,此基地嘉道年间顺昌油车旧基,最宜开设缫丝厂,两边靠清水河官塘,倘蒙中外仕商欲知详细,请至法马路利源茶号观看细册可也,李少记地,洪泰屋主告白。

续表

时　间	标　题	内　容
1883—5—5	产业出售	启者：本行今有洋房一所，并栈房两所，其栈房一所系两层者、一所系一层者，坐落汉口西商租界外，房屋俱近河边，其河沿悉用石砌，在招商局隔壁，名曰老华记洋行，栈房均极坚固，现有人租作酒馆，如有人欲买此产业及欲知一切细情，请至本行面议可也，汉口华记洋行启。
1883—9—27	拍卖贵重产业	启者：巴朗身故之后，其受托承办身后诸事之人，请本行代为拍卖贵重产业，兹定于华九月初九日下午两点半钟，在本行内拍卖第一百零一号地皮一块，其地坐落法国租界，北至大马路、南至天后宫桥城河浜、东至火轮磨坊街、西至陈家木桥街及一百零二与一百零三号地界，该地计三亩零九厘二毫，地上造有房屋五十间，全有人租住；又地皮一块，计三亩一分四厘，其地租出与人十三年；又一百二十八号地皮一块，北至法大马路、南至一百三十一号地界、东至一百二十九号地界、西至西马路新桥街，计地一亩二分三厘零八丝，地上造有房屋二十四间，全有人租住；又有一百七十五号地皮一块，北至法大马路、南至一百七十八号地界、东至西马路新桥街、西至一百七十四及一百七十六号地界，计地四亩三分二厘五毫五丝，地上造有房屋五十九间，全有人租住。如欲知其底细者，请至本行面询可也，八月廿一日，鲁意师摩谨启。
1883—10—26	招卖旧屋	本公馆有旧楼房一百余幢，坐落美租界，如合意者，请至本账房面议可也，高易公馆告白。

（四）欠租

1882—1883年这两年的欠租声明并不多，寥寥几条，从内容来看，欠租数额都不算大，都是房客逃走后，房东拍卖房客留下的东西器物抵偿房租。

上海大马路同安居由众位股东集股营业，因为亏耗太大，无法支持下去，以致生意不能继续，被迫停歇，共欠各户款项八千多元，其中最主要的部分就是房租。经理人钟安樵登报召集股东出面料理，不想通知发出很长一段时间，股东置之不理，钟安樵于是召集各债主开会商议，以三千六百元银洋，将同安居盘顶转让给承福堂，将所得款项摊派给各债主，剩下的债务开单报告各股东。①

---

① 申报馆.上海大马路同安居广告[N].申报上海版,1898—3—12,13680(13/32).

　　杨树浦路太和街内太和楼楼下一间门面房,原租给太和茶馆,租期五年,结果经营一年半后,即盘顶转租给云记。[①]

　　表 1.4 为 1882—1883 年欠租拍卖广告统计表。

表 1.4　　　　　　　　　　**1882—1883 年欠租拍卖广告统计表**[②]

时　间	标　题	内　容
1882－9－14	拍卖	兹有六马路老虎灶,因欠房租,将屋内生财准于廿五式点钟,在该店拍卖以归房租,至期祈贵客早临,此布,老沙逊洋行启。
1882－10－23	声明招盘	五马路赛香楼因欠房租一个半月,计洋廿三元二角半,店主前月十三夜逃逸,将生财招盘,十三日十一点钟招盘抵销房金修理等项,私债与房东无涉,德和洋行告白。
1882－12－15	催理房租	启者:鸿利烟馆在石路中天桂戏园口,本月初二该店主逃走,欠房租洋七十一元五角,三天理楚,以后不理楚生财拍卖,特此告白。
1883－3－14	欠房租声明	大马路第二百六十四号门牌源大仁记客寓,应欠本行房租洋十三元整,限三天内交清。若不交清,将生财招卖抵销房金,特此登报,德和洋行启。
1883－4－13	欠房租声明变卖	启者:久聚戏园欠本行租金二个月,旧底园主年底逃逸,至今未曾交清房租,今初六日起限十二日止,将戏园内各楼板台椅等项,限期变卖抵作房金,故特声明以免后论,倘欠私债,与房主无涉,三月初六日德和洋行告白。
1883－12－18	欠房租拍卖	东棋盘街双彩堂因欠本行房金一百五十元,限于本月廿一日由陈泰丰拍卖抵作房金,一切私债与房东无涉,德和洋行启。

　　上海埠行栈商铺倒歇很多,其中最为出名的就是金嘉记丝栈,而诸钱业受牵累的不少。倒账风潮后,出现在钱业公会的从业者,南市不及三分之一,北市仅为原来的一半之数,因为市场形势如铜山西崩、洛钟东应,相互牵制,牵一发而动全局,颓势一起,如洪水一泻千里,直至不可收拾。本来经营货物贸易的货商与钱业,应该是截然不同的两条道路,从理论上说,货物是商业的根本,资金是货物的源泉,源远就流长,资金充足货物就丰富。末梢大了肯定会折本,而货物太多亦能使钱财荡尽。资本和货物

---

　　① 申报馆.声明租契作废[N].申报上海版,1898－11－20,13932(8/28).
　　② 申报馆.申报[N].申报上海版,1882—1883 年全年.

之间一定要有合适的比例，钱业的资本与放款之间亦要有合适的比例，如果贸然打破这种比例，以利益轻重、数量多寡衡量生意，用操纵投机手段游走市场，岂能不失败呢？然而还不仅仅于此，无端生了贪婪之心，有了投机的心，有了冒险的心，相互倾轧，不斗个两败俱伤而不止。商家投资成本从事商业，如果盈亏虚耗消长都清清楚楚、了然于心，必然会本厚利亦厚。长袖善舞多钱善贾，沉稳、循序渐进地通有无、知人善任，生意才会稳健。货物流动需要资金支持，而钱业经营的恰好就是资金，两者天然相吸，就像磁石吸引铁一样。如果某商人觉得他的货物奇货可居，必然能盈利，有恃无恐，贪多务得，利令智昏，而钱庄的人贪图拆息厚利，不管多少金额，都敢应承，本庄没有，则到处腾挪转拆，务要争下这大好生意。看似完美喜人，形势一片大好，实际已漏洞百出、处处都是破绽，局面早已危若累卵、千钧一发。假如有商场敌手，那就是太阿倒持、授人以柄。倘若有投机心理，更是无法言喻局面将会成什么样子。凡是开设行栈的人，资本还没顾得上筹集，就要现招聘当手，所谓的当手，就是替人担当一切，筹谋机宜弄手段机巧，成败得失利益都由当手做决定，不去虚心延访，郑重以聘请才德俱全的能人，更不考察是否精明干练、是否有才能，而是看能为通庄垫付多少款项，所垫款项以千两白银作为计算单位，甲三乙四则舍甲而选乙，丙五丁六则去丙而取丁，比较其银数，惟多是从。而当时经手的推荐人往往会说"某某庄是他亲戚""某某庄是他师友"等，吸引行栈主人。平时这些狐鼠伎俩，如果没有任何凭证，说的舌敝唇焦也没有人信，可是一旦行栈主人上当，聘请他们，犹如引群狼入室，他们有了行栈钱庄作靠山，巧舌如簧，游走于各庄之间，腾挪转移，到处放款拆息，生怕别人不借他的钱，从中获利无穷。而一旦事败，给东家遗祸无穷。上海市场风云变幻、波诡云谲，商业盈亏利难定，辛辛苦苦经营一年，所入未必能敷所出。吸收的官款放款拆息所得，应酬花销、官员私项好处去掉一部分，诸伙计的透支去掉一部分，支付存款利息去掉一部分，还剩多少利益可言？可以说，从一开始就埋伏下了外强中干之势。当日新月盛的时候，因为局面一直扩张，今天一行得利，明天数行，由数行而十，由十而数十，由数十而百，当有十行获利时，人人趋之若鹜，争先恐后投资，泡沫迅速膨大，而资源开始紧张,这时,千方百计拉存款,竞相高利拉取,你高我也高,竞相提息,甚至比放款利息还要高。相互倾轧之下,无有得利者。一旦资源枯竭,资金流断裂,一家倒闭,牵连数家数十家倒闭,直至市面崩颓之势一发不可收。而亏折倒闭之后,所欠款项,无论官断私断论,都是四五折赔偿,这其中,又是肥了什么人呢?[①]

　　倒账风潮使市面疲敝到了极点!中国倒账风潮的时候,恰恰外国亦是经济危机时刻,市场亏损,贸易市场商人们视为畏途,裹足不前。上海自金嘉记倒闭以来,著名殷实大庄巨号莫不连排崩溃,如决堤之水一扫千里,如火之烈一炬万间。泰来钱庄倒账亏欠数目犹小,阜康雪记在中国巨商中首屈一指,不但中国人羡慕,即使外国人亦震惊,忽然倒闭,无可弥缝。其他如谦吉升等票号,素来驰名远近、牌号卓著超越寻常。初次听闻其有亏欠倒闭的消息,人们犹不敢信,疑为诽谤之词。直至后来其倒闭之事昭然若揭,即使爱之者亦替它辩护不了!山西票号历来殷实,且诚信素著,而犹有这样的事情,则其他之交易怎么能不望而却步呢?外国各报纸亦经常载有倒账等信息,即如近来所刊登的丽如银行停付的信息,就可以知道外国市场市面亦有萧条的时候。丽如银行历年已久,前几年就听说有亏损,听说已经亏损资本一半,然而还妄想着失之东隅、收之桑榆,企图挽回亏损,力图善后。直到伦敦总行来电,令各路分行一律停付,于是才知道其实在是难以支持。由此可以推出中外市面银根都紧,所以才至于此。主要是现银不多、银根太紧的原因。银根之所以如此之紧,外国的原因不知道,但中国的原因有几个。有人认为是丝茶消费市场近年来太疲软,此两项原本是我国贸易的最大宗,大宗生意已经减色,市面亦随之而减疲;有人认为是股份公司风气盛行于中国,而变的愈来愈厉害。不仅仅涉及风气,买卖股票不啻钱庄做空盘,有人专门作股票投机为业,期望能把各钱行各捎客经手的股票交易一网打尽,谁知棋差一着,只看到其利益,没看到其害处。筹集巨资投机股票,以为自己是天下第一聪明者,看涨看跌,沉迷其中,期望能顷刻之间,谋得巨利。谁知股市变化莫测,起落

---

　　①　申报馆.市面可望转机说[N].申报上海版,1883—5—17,3983(1/12).

之间,大有出入。买了股票后,进退两难。公司股票跌价者多,增长者少。而红利时代一去不返,因此市面难以松动。又有人说是因为中国兴办实业,购买机器开矿缫丝等事情导致的。开办公司,其前景好坏还不能确定,而必须先雇用洋工匠、购买机器等,资本流向外国。假如购一台机器需先付定银若干,日后到期公司尚未开办,或者竟然不再举办,而不再取货,定银没了,像这样统计的人,亦有不少,都是因为银两短缺。以上几种理论,固然有道理,然而,法越战争是主要的原因。中法之间的紧张之势,是和谈还是发动战争,态势未定,人心惶惶,无暇专注于贸易。胆小的商人早就将现银陆续收进,谨慎深藏,即使明明有贸易的机会,害怕中法战争一起,兵连祸结、害及商民。故即使大贸易商,亦都纷纷裹足不前、袖手观望,不敢有所作为。何况招商局在越南开埠通商,而法国人有异心,竟然毁掉招商局的码头,占据房屋,截留招商局船只,劫夺船上装载的粮食,如此凶横的情形,令众商股胆寒心怯,亦不能怪大钱商不肯轻易放款。即如徐州的利国铁矿业已经开始出产煤,中外人们皆赞不绝口,但是直到现在都没有招齐股本。云南铜矿历来美名甲天下,而今召集股本,改用洋法开采,其效果事半功倍,肯定能坐收利润,然而,迄今投资该矿股票的人并不兴旺。或者有人会说,都是因为银根太紧的缘故,而不知银根之所以紧,原因实在是由于法越战争、中法战争局势所致。前年法越之事没有这么紧急,虽然有白土思南等矿毫无眉目这样的事,投资股票的人像水流向沟壑,没有几天就招满了。1882 年越南战事紧急,虽然有利国、东川这样特别好的公司招股,但问津者寥寥无几。这种局面一直持续到 1883 年年初。直到 1883 年春局面有了转机,中法和谈五项条款内容向社会公开,条约之外,又听说法国愿意赔偿中国招商局六十多万两白银,故而招商局、济和的股价开始略涨。此外,各公司的股份逐渐起色。又兼 1883 年春季茶叶开市、生丝上市,战争危机解除后,从事贸易的商人开始抓住机会做生意,市场逐渐转机。[①]

---

① 冯守之.保全财货说[N].申报上海版,1883－3－6,3552(1/8).

第二章

贴票血泪

——晚清时期的地产风云(中)

　　贴票风潮发生于 1897 年(清光绪二十三年),潮州帮郑姓商人开设的协和钱庄为吸收存款,首创贴票方法。即吸收存款后,开立远期庄票给存户,存户存八九十元,远期庄票到期日,可以从钱庄拿到一百元,其实类似于现代银行的贴现业务。一开始只是几个钱庄采用,贴息率也比较低,在二分(20%)以内,这个利率还是可以盈利的,因为当时钱庄放款的拆息很高,高于二分(20%)是普遍的事,钱庄拉到存款后高利放出去,还是有赚头的。但是,贴票的方法很快被投机家利用,滥发贴票,贴息越来越高,直至 40%～50%,大量平民尤其是家庭妇女参与进来,成为一种热潮。终于钱庄纷纷兑换不了贴票,挤兑风潮发生,大批钱庄倒闭,投资者血本无归。[①] 贴票风潮的危害人群,最主要是生活在社会底层的广大人民,尤其是底层妇女。许多人把仅有的积蓄,甚至首饰衣物等典当换成钱去投资,结果贴票成为一张废纸,对于本就穷苦贫困的平民来说,是灾难性的打击。许多妇女为此自杀,相比于经济灾难,贴票风潮造成的社会灾难更沉重、更具有毁灭性。

　　贴票风潮使房地产业产生危机。从贴票风潮后,1898 年的房地产广告统计数字来看,房地产出售拍卖广告 54 则,招租广告 77 则,欠租广告

---

① 贾秀玲.上海房地产业发展史(1843—1937)[M].上海:上海财经大学出版社,2001:208.

82 则,商店盘顶广告 196 则。出售大宗房地产者中有许多社会名流、房地产大亨以及老牌洋行;出租房屋空置期延长、大量商店倒闭盘顶,许多押款因亏损倒闭,所抵押房产商店被拍卖抵债,甚至一些人因交不起租金而逃跑藏匿。一则广告刊登的时间很长,久久不能成交。大量条件优渥、价格低廉的房屋难以出租出去。商店倒闭,拖欠房租几个月交不上,最后逃逸,房东只好拍卖店内留存的东西抵偿。出售的地产少有人问津,房地产市场非常低迷。

市场衰败,民不聊生,各种不法之徒浑水摸鱼,采用各种手段捏造契据、冒充地保,串连勾结,骗取田产押款,或私自售卖他人田产。或者有些从业多年的地皮捐客,强势勒掯,强买强卖别人田地。

张生记有祖遗田产二亩,坐落于美租界二十五保二图,被骗子韩根生私自卖给又新公司,得定银五百两,又冒名捏写定银收据,被张生记发现,诉讼至县衙。①

上海民妇王金氏,托邻居程福田给她去官府核对田单,事后屡次向程索取田单,程福田谎称说田单在会丈局中,却不料程福田在永安街大烟馆内,串通俞锡生、杨秋涛、朱济云、顾耀庭等六七人,假冒地保,捏造涂改田单,向洋人柏礼才抵押借款八百两。直到柏礼才到法总领事署诉讼几人,把几人捕押审讯,王金氏才得知此事。②

1898 年 3 月 24 日,有地皮捐客杨守逸、张介去须谨深家里购买他家田地,谈好条件,当时支付田主人须谨深定金四百元,立好定票,订明三日内付款交地,逾期合同作罢。然而杨、张二人迟迟不付款,因此须谨深退还其定金,表明合同作罢。谁知二个地皮捐客收银后,定票竟然强行不交,要挟勒索田主卖地。须谨深被逼无奈,只好登报声明该定票作废。③

1898 年 12 月,谢似亭用坐落于新唐家弄的祖遗田产八亩作抵押,向陆道生借银四百两,后来要求赎回田产,不想发现陆道生竟然勾结地保,捏造假契,说他的土地只有五亩,不肯让赎回。为此,谢似亭诉讼公堂。④

---

①　申报馆.声明[N].申报上海版,1898-12-27,9234(7/12).

②　申报馆.研讯串捏田契案[N].申报上海版,1898-2-9,8913(9/10).

③　申报馆.声明[N].申报上海版,1898-4-28,8991(6/12).

④　申报馆.声明图吞[N].申报上海版,1898-12-20,9227(5/12).

一、贴票风潮下的房地产租赁业危机

从招租广告来看,出租的有工厂、行栈堆栈、洋房公馆公寓等。老牌的大地产商依然是招租的重要力量。如老沙逊经租房,依然在租赁市场相当活跃,还有兆丰洋行、德和洋行、新沙逊洋行等。但是,新生的力量更多,华商公司与商号也十分活跃。如业广公司成为房地产公司新生力量。①

例如,大丰丝厂前临马路、后通河埠,内有厂房两座,住宅账房十四幢,栈房、捡丝房、丝间、烘笼一切从屋,丝车三百部,锅炉、引擎、烟通地轴,水柜、水池及生财物料,自来水、火俱全,全部出租。②

有八家栈房出租。例如,业广公司有虹口外大桥下塃、吴淞路转角石库门一座,三开间双进,后余地及平房就是福昌号房,全部出租。③ 另外,业广公司在老旗昌东面萃庆里内有栈房一所出租④;四川路老旗昌背后,泰安坊内有大栈房一所出租,业主森元丝栈⑤;等等。

房屋出租更多。如三洋泾桥北首、五马路口长清里内润记号,有公馆房屋一所出租,房屋系六马路老级升栈底子,共有厅楼堂楼房屋共四进。⑥ 顾庸记经租账房出租大厦,坐落于新署后天津路朝南石库门内,有大楼厅五幢、厢楼四幢、西首灶房三间……⑦在此不一一列举。

上海各租界的房子逐渐增加,房租亦随之一再增长,比较其五六年前,何止翻倍上升! 富商巨贾尚可以竭力支撑,然而贫苦老百姓、人力车夫等出卖体力吃饭的人,生活苦不堪言。洋泾浜北区,工部局各董事生怕房租上涨与市面生死攸关,曾经开会决议,想劝令中西业主酌情量减租金,让商业力量稍有喘息空间,特别告示减租,但成效并不明显。⑧

---

① 申报馆.声明图吞[N].申报上海版,1898—12—20,9227(5/12).
② 申报馆.丝厂招租[N].申报上海版,1898—3—5,8937(6/12).
③ 申报馆.号房出租[N].申报上海版,1898—1—6,8883(7/9).
④ 申报馆.栈房出租[N].申报上海版,1898—2—15,8919(10/19).
⑤ 申报馆.栈房招租[N].申报上海版,1898—2—13,8917(8/12).
⑥ 申报馆.公馆房屋出租[N].申报上海版,1898—9—21,9137(6/14).
⑦ 申报馆.大厦招租[N].申报上海版,1898—12—22,9229(6/12).
⑧ 申报馆.议减屋租[N].申报上海版,1898—5—16,9009(3/12).

表 2.1 为 1898 年招租广告统计表。

表 2.1 **1898 年招租广告统计表**[①]

时 间	标 题	内 容
1898—1—3	招租	今有栈房二间在二摆渡地方,干洁贮货合宜,倘合适,请至北京路协和洋行,带看面议。
1898—1—3	吉房招租	今有四马路尚仁里内石库门半所,楼上楼下数间,庄客号家极宜合适。如合意者,请向门牌四百十一号内领看可也。
1898—1—6	号房出租	今有虹口外大桥下堍、吴淞路转角石库门一座,三开间双进,后余地及平房即福昌号房便是,欲意者请至本行租定可也,此布,业广公司启。
1898—1—26	洋房招租	兹有洋房一宅,坐落英界泗泾路第四号门牌,自来水等一应俱全,如合意者,请至本账房面议可也,此布,德和洋行启。
1898—1—29	欲租房屋	启者:今欲常租外国式中国式房屋,须坐落英大马路。如有出租者,请写明房屋坐落处所并租价等,送申报馆转交可也,此布。
1898—2—2	吉房招租	老闸唐家弄鑫顺里内有沿马路石库门六幢,两厢双进;公馆房两宅两幢厢者,两宅后连披屋露台,自来水俱全,装修精雅,租价克己,如合意者,请向本行经租账房面议,此布,地亚士洋行启。
1898—2—12	招租招盘	同裕酒店今在宁波会馆朝南,荣昌自来火房南首,全副生财或租或盘,情愿减价出售,同裕主人启。
1898—2—12	吉地招租	今有坐落南市万聚码头外滩地基一方,阔六丈、深十一丈,如贵客意欲造何等样房屋,本坊可遵意营造,请临万聚码头周新昌冶坊,面议可也。
1898—2—13	栈房招租	四川路老旗昌背后,泰安坊内有大栈房一所,如合意欲租者,请至本里森元丝栈领看,面议可也,此布。
1898—2—14	告白	百老汇路雄昌铺底经已拍卖,除房租外尚有银余,如雄昌倘有揭到各友银两之凭据单,准限本月廿五日一点钟,携揭单派到三元宫议派,限自愃,德和行启。
1898—2—14	新造吉房招租	下海浦隆庆里内有库门五幢,两厢又三幢,二厢又两幢,一厢又单幢,另有新造高大典当屋一宅,又杨树浦宽大洋栈五宅,有余地廿余亩,有铁马路宝庆里内楼平栈各一宅,又观音阁码头楼栈,又新闸陈家浜库门五幢,两厢又三幢,两厢均后连披屋、晒台、自来水,全屋价格外公道,如欲租者,请至本账房面议,此布,沙逊经租账房启。

---

① 申报馆.申报[N].申报上海版,1898 年全年.

时　间	标　题	内　容
1898-2-15	洋房招租	兹有坐落四马路第十七号大洋房一所,如贵客合意者,即请至本行账房面议可也,此布,兆丰行白。
1898-2-15	栈房出租	兹有老旗昌东面莘庆里,内有栈房一所出租,如欲意者,请至小行栈房领看可也,业广公司启。
1898-3-3	告白	在四马路中市祥春里东首,有坚固洋房一所,上下大小房间十四,披屋一带上下大小八间,又花园一个,地大一亩四分三厘,道契图样俱全,今欲出售,倘仕商欲意者,请移玉至本宅经理人伊君面谈价值。除礼拜,每日上午十点钟至十二点为度,过时不候,或诸翁有余地在英界静落处,对换亦可,特此声明,四马路三十三号门牌伊种德启。
1898-3-5	丝厂招租	大丰丝厂前临马路、后通河埠,内有厂房两座,住宅账房十四幢,栈房拣茧房丝间烘灶一切从屋,丝车三百部,锅炉引擎烟通地轴,水柜水池及生财物料,自来水、火俱全,如有贵商租办,请向极板厂一号洋房领看面议。
1898-3-12	大屋招租	新式楼房两进计六幢,外有下房,坐落川虹浜,在钱业会馆西首第三库门北首,如合意者,请到英大马路亲仁里时和号面议。
1898-3-18	招客堆货	现有极大栈房一所,在浦东四马路对过,上下水便捷,能贮货三万包,栈租公道,兼可代理火险,如欲统租论月论年均可面议,请移至四川路三井洋行,此布。
1898-3-23	新屋招租	老闸徐家花园前面鑫顺里有石库门三幢,两厢二幢,一厢暨三间,双进六幢,两厢等数宅后连拣屋晒台,自来水俱全,如合意者,请向经租账房领看面议,租价格外公道,此布,地亚士洋行启,美商新发洋行告白。
1898-3-24	招租	兹有宝善街朝南店面三幢,进即开杨庆和底,内连止屋五幢,两厢统租分租均可,如合意者,请至望平街地亚士租账房面议可也。
1898-3-24	公馆房屋招租	六马路有公馆屋一所出租,现开老级升栈廿有四,进第一进门楼三幢,第二进厅楼三间两厢,三进楼三间两厢,第四进厨房三间靠公弄,要租者请至三洋泾桥北首,五马路口长清里内润记号面议此。
1898-3-28	招租	洋径浜德庆里朝东库门市楼房一所,朝南五开间两厢房,计上下十四间,又披屋五间,如合意者,请至胡家宅东定源里陈与昌辂记账房面议可也。

续表

时 间	标 题	内 容
1898—3—28	招租	启者:虹口汉璧礼路朱家木桥业华里内,有石库门洋式楼房数幢,自来水晒台俱全,价亦相宜,如合意者,至外虹桥孙复泰经租处面议可也,才福章告白乙。
1898—4—8	房屋出租	城内庙前馆驿桥东堍沿浜新造高大朝南石库门楼房,三幢两厢共四宅,披屋、晒台、井俱全,合意者问老北门内西、穿心街陆公馆可也。
1898—4—13	招租	坐落虹口小菜场北蜜喇路寿椿里内,有三幢二厢房二宅、二幢一厢房三宅,如合意者,请至道胜账房面议。
1898—4—14	水厂招租	浦东杨家渡顺记瓦厂两座,今归陈成兴出租,刻下此厂租期已逾,如欲接租,速来面议;另有宝山靶子路草厂两座,倘合意欲租者,均请驾至法大马路东首陈成兴洋广货号面谈可也,陈成章启。
1898—4—17	保险事务	启者:本行经理以上四保险公司事务,现可代客保房屋栈房及各屋内所存衣服生财货物等,保费格外公道,本行更设经理处在宁波、镇江、芜湖、九江、汉口、宜昌、苏州、杭州、沙市、烟台、天津、牛庄等处,贵客欲保者,请临面议可也,特此布告。
1898—4—18	新屋招租	老闸徐园间壁鑫顺里有六幢、四幢、三幢、双幢各一宅,开间宽大,装式精雅,披屋、晒台、自来水俱全,租价克己,欲租者,至本马路账房领看,此布,地亚士洋行启。
1898—4—20	租店	英大马路罗鸿宽所开大丰烟店,今归魏卫卿开张,倘外面往来及会项私债等情,均归罗姓自理,与魏卫卿隆记无涉,特此声明,隆记告白。
1898—4—28	招租	坐落美界钱业会馆西首长春里,新造楼房石库门四十余幢,厨房、天井、晒架、自来水一应俱全,每幢房租四元半,倘如合意,请至本账房面议可也,业兴公司经租。
1898—4—30	吉房招租	坐落英大马路后逢吉里内五间四厢楼房一(幢),披屋、自来水、晒台一应俱全,如欲意者,租金格外从廉,请移玉至本行面议可也,新沙逊洋行启。
1898—5—6	地基出售	启者:今有地一方,坐落新闸之南,约计四亩半,其地建造房屋最为便利。欲知详细情形者,请至四马路第六号门牌,向经理地基之锦名洋行询问可也,此布。
1898—5—21	招租	新署后街朝南库前进门楼第二进大楼厅五幢,楼厢四幢,后面茶楼亭、西灶房三间,倘合意,请至顾庸记经租账。
1898—5—31	栈房招租	英界铁路桥南堍福兴里,沿河大栈房两所,有码头起落货物均便,合意者请至震泰丝栈刘贵记面议可也,顺记经租。

续表

时　间	标　题	内　容
1898—6—3	租店声明	兹因小东门外野荸荠仁记茶食店主盛本初等,因乏力照管,今租与郑裕山开张,所有前途存项私债庄款一切均归盛姓理楚,概与郑姓不涉,特此布闻,郑裕山启。
1898—6—4	招寻店房	今有大东欲租如英房子一所,楼上二间、楼下二间,如多少数间不妨,如有者,房主到本公司面议可也,须在英大马路四马路、三马路或在法兰西大马路均可,余者莫要,此布此屋系开行之用,孔雀牌纸烟发客北京路村井纸烟公司。
1898—6—6	翻屋招租	启者:泗泾路七号翻造房屋,租客合意行号住宅新式等样均可,欲意者请至二洋泾桥北堍四川路四号半本行面议,此布,德和洋行启。
1898—6—8	招收房租	南市万裕码头北首镒记庆和隆,向租朱姓房屋十年之数,历年丝毫无欠,去年冬新收租人秦渠生索费不遂,怀恨勒扣租折不肯收租,今年二月初,将房租钱如数送至房东宅内,推租折在秦渠生处,将租钱送交秦处,屡次持刁勒扣租折不收,是以登报,望朱房东另派收租人,将租折向四马路宝大洋行内收取,租钱或向本行收取租金亦可,务勿自悞。
1898—7—1	吉房减价招租	老闸徐园南邻鑫顺里有二幢一厢,三幢两厢,又双进六幢,两厢四幢,一厢等数宅,晒台、自来水俱全,如合意者,请向经租账房面议,租价格外公道,此布,地亚士行启。
1898—7—2	翻造新屋出租	坐落英界广东路江西路朝东南角子,计五楼五底,又泗泾路第七号洋房底子,中西房屋随绅商欲意如何造法,或茶馆行号等均可,即移玉至二洋泾桥北堍本行面议,此布,德和洋行告白。
1898—7—5	洋房招租	坐落二洋泾桥北堍四川路高爽宽敞大洋房,并内连大洋栈一所,如合意者,请至如意里三衖朱信泰面议。
1898—7—9	房租声明	兹法界后新街德兴里第廿一号门牌楼下,转租与大生咸货店为栈,不(期)该店主前月(逃)道,尚欠房金洋二月五元,所有栈内种种烂货破物等件,望各宝行速来看取,准限本月内为止,如仍弗来收取,将其废物变卖以抵房金,恐不周知,故特登报,协兴洋行启。
1898—7—9	招租	现有楼房四幢,周围余地亩许,坐落垃圾桥南堍,开张木号煤炭号极为合宜,现因利亨木行退租,恐未周知,特此布告,惕易经租账房钱和记白。
1898—7—18	吉房招租	兹有新闸广肇山庄对面裕慎丝厂后首,同昌里内新造石库楼房数十幢,每幢内均有披屋、大天井、自来水等俱全,房租极巧,如合意欲租者,请至英大马路望平街口同和昌东西洋绸缎号,面议可也,同和昌白。

续表

时 间	标 题	内 容
1898－7－23	新屋招租	今有英租界北石路致远街口,新造朝南库门厅式住宅一所,内连花厅门房,并后面库门楼房三间两厢,均属精雅宽敞、工料顶真,前后统租分租均可随意,自来水、晒台一应完备,其地三面通达马路,进出甚便;又靠石路阳台街房数幢,一律将次竣工,即可租住;再有盆汤弄西首北新街造成朝南库门号房三间,两厢两间,一厢并一楼一底,统待出租,以上租金均属从廉,如欲租者,就近至致远街口陈开泰木器店,全友领看后再向经租处定议可也。
1898－7－27	地基招租	在杨树浦路顺泰木行隔壁并对面,有大地基二块,如欲租者,请至二马路外滩宝顺洋行面议。
1898－8－13	招租	兹有楼房五幢,厢房一间,厨房一所,中堂公用,晒台、自来水俱全,自来水桥恒安里第一弄第一石库门内,欲租者请至本宅面议。
1898－8－14	招租	兹有南泥城桥西马福里,顶好店面楼房及石库门,每幢租洋五元,后堆号房每幢租洋四元,自来水晒衣架俱全,合意者请至二洋泾桥北塅,本行账房面议此布,德和洋行启。
1898－8－18	吉房招租	钱江会馆西首中巷弄内,有石库门楼屋三间,两厢披屋俱全,如合意者,请至后马路早安里何公馆内,面议可也。
1898－8－20	新屋招租	兹有坐落虹口川洪浜广雅医院东首,新造三楼三底,两厢房两楼两底,一厢房一楼一底,石库门自来水、晒台俱全,如合意者,请至小行面议,高易公馆启。
1898－8－23	洋栈招租	兹有三层楼洋栈二进,约阔七丈、深十一丈,坐落在自来火灯行对河码头水口极便,如欲长租短租均可,合意者,请至南顺记面议可也。
1898－8－25	声明	法大马路西润生钱庄,一应生财租与同德庄开张,所有润生一切往来欠项,均向前东理直与,同德钱庄无涉,恐未周知,特此预告。
1898－8－29	招租	谨启者:新闸路酱园西首和乐里内,有新造石库门一楼一底十余幢,两楼两底一厢房数宅,三楼三底两厢房数宅,露台灶披天井格外宽敞,且傍有井几口,深洁异常、汲引甚便,租价亦相宜,如欲租者,请至致远街后谢家桥本公司账房面定可也,有益公司启。
1898－9－10	招租	今有里虹口宝昌丝厂,贴后楼平房共三十七间,天井内装有天井,倘做厂屋栈房翻沙作等,均可适用,如欲租者,请至里虹口南浔路,天主堂经租账房面议,本账房启。

时　间	标　题	内　　容
1898—9—3	吉房招租	本号内有洋房四楼四底,装修齐备,另有厅屋公用灶间及自来水俱全,如合意者,移玉面议可也,此简垃圾桥北堍震昌仁号具。
1898—9—17	招租者鉴	刻要租虹口美界内宽大中国住房一所,须临大街,约有房间五个,乃合有出租者,请至汇丰银行问曹承业可也。
1898—9—18	洋栈招租	启者:本行内有洋栈二所出租,各宝号如合意者,请来面议可也,此布,五马路华昌洋行启。
1898—9—21	公馆房屋出租	六马路老级升栈底子,共有厅楼堂楼房屋共四进,要者请至三洋泾桥北首,五马路口长清里内润记号面议。
1898—9—23	让屋声明	大马路即南京路抛球场东首、朝北门面转角三层洋房,本号原住房屋两间,当向惟勤公司租定,其租金已于初五日付齐所有,前杏林轩商恳小号出让与彼当,虽有定银七十五两,刻下洋房竣工,未见将让费付来,今限八月初十为止,如再不来理楚,将前付定银七十五两以作罚款,为特登报,以免两惧,此布,天来生谨白。
1898—10—2	房屋出租	启者:因有南京路晋丰里内P字第十号大房屋一所,房廊宽大轩昂,前皆丝茶号所居,其价亦公道,欲租请来经租账房面议可也,长利洋行。
1898—10—3	吉地招卖	宝界横浜桥西老铁路填好基地,阔十一丈五尺、深廿九丈,起造住宅花园最为合宜,欲意者,至垃圾桥同昌木行领看。
1898—10—26	吉房招租	新闸新马路眉寿里西隔壁,有顶市吉房九楼九底四厢共有两所,如欲租者,请至老旗昌北首泰安坊森元丝栈面议。
1898—11—5	招租	兹有在覇子路安庆里新造楼房四十幢,内有号房两宅,每计三间两明轩,余皆民房,倘蒙诸翁欲意光顾,租金请至穿虹浜本宅面议,此布,曹协顺启。
1898—11—6	告白	虹吾老菜市街广裕昌十栈,于九月十五日起租与李颂记开张,所有各宝号以后往来,须向颂记广裕昌理楚,与前店主无涉,特此声明,广裕昌颂记仝启。
1898—11—14	招造衙署房屋	会审公廨现已勘定地亩,另造公堂花厅各一座及余屋等,如欲承办者,请至二马路一号惇信洋行对面通和行,看明承揽图样,除礼拜日每日十点钟始下午五点钟止,信式用英文照式填明价目,信封左边角上填写承造人姓名,送交本行查收,以英十一月廿二号华十月初九即礼拜二为止,价目一切本行自有权衡,其信资使费本行概不承管,择定者须觅得实保人具保,此布。

续表

时　间	标　题	内　　容
1898—11—18	洋房出租	今有宝善街中市坐北朝南门面高大洋房一所,工部局二百另四号,装修俱全,如欲租者,请至靖远街本账房面议可也,祥利洋行启。
1898—11—27	新屋招租	兹有坐落北川洪浜广肇医院东首崇善里,新造三楼三底、两楼两底、一楼一底石库门楼房,晒台、自来水俱全,租价相宜,如合意者,请至本行面议,此布,高易公馆启。
1898—12—18	栈房招租	本行有栈房一所,极其宽大高燥,在四马路平和洋行隔壁,现拟出租,如欲租者,请至本行账房面订可也,拔维晏告白。
1898—12—20	租地声明	今租到姚妙发处在上邑廿五保四图圩内地六分七厘九毫,凭中议明租期十五周,倘有别人瓜葛等情,祈向原人是问,与租主无涉,先此声明,以免后论,庄子昭告白。
1898—12—22	大厦招租	新署后天津路朝南石库门内大楼厅五幢、厢楼四幢、西首灶房三间,如欲租者,请至东首顾庸记经租账房面议可也。
1898—12—24	地基招租	本行有基地一方计十亩,在厦门路大英牢监西首新造桥塆,于明年五月廿四即英七月一号起可以出租,如欲租地造屋最宜,即请至二马路东口宝买洋行面议,此布。

　　房地产市场出租广告特别多,说明经济萧条时期,房地产市场凋敝。尽管房屋空置率骤然上升,出租艰难,但人们还是不愿意出售,选择持有。原因之一,是经济危机时期,房地产价格下跌,房产滞销;原因之二,是房地产在上海已经成为最优质的资产,从长期趋势来看,上海房地产价格一直在上涨,已翻到几十倍甚至几百几千倍,在经济萧条期会有所下跌,但这种下跌幅度相比上涨幅度小得多,而且最后一定会反弹,价格上升到更高水平。房地产这种长期性的价格上涨,使人们趋之若鹜,购买后长期持有。

二、贴票风潮下的商铺盘顶转让危机

　　1898 年全年招盘招顶广告达两百余条,都是商铺经营不下去,或者亏损严重,希望盘顶给别家经营。说明商业实在不景气。各行各业的商铺都有,很难说哪个行业更多一些、哪个行业更少一些。每个行业都不景气。自 1897 年贴票风潮后,市场疲软,消费不足,所以商铺经营销售不旺,因而亏损。看广告内容分析,因为闭歇招盘转让的钱庄有 9 家,分别是:和丰钱庄、德裕钱庄、信泰恒钱庄、西润生钱庄、宏昌钱庄、协和钱庄、通顺钱庄、恒裕钱庄、慎大钱庄。在贴票风潮发生后,当时倒闭的钱庄有 24 家,分别是:协大、恒德、王万泰、德隆、益生、益康、征康、慎余、裕大、德丰、锦康、阜丰、长康、恒康、汇康、震元、生康、万丰、德大、锦源、元丰、太和、三元、宝康。[①] 1898 年,钱庄倒闭还在持续发生,上述 9 家钱庄的倒闭充分说明了这次危机对经济损害的严重程度。

　　下面是招顶招盘转让的各个商号,只挑选出不同的行业作为代表。它们分别是:生泰肉庄、德隆昌布店、德昌成酒店、义丰油酒店、恒丰烛号、源成银楼、成泰铜锡铺、正和祥报关行栈、万宝楼茶楼、同生祥熟货店、三元栈茂记、瑞和木号、同泰祥铜店、万生生药铺、阜康申烟纸号、广悦隆杂货店、上洋怡顺和记绸缎抄庄、承茂昌记南北拆货店、天生药铺、震巽阳南货店、恒生丰号咸货金铺、张顺和洋广货号、万裕烟纸店、同德泰协记鞋铺、永昌恒印花染坊、协兴衣庄、德大昌参店、首义泰米店、信和祥钟表铺、保泰烧砖厂、恒升昌腌腊金腿鱼鳖号、广恒丰土店、厉同兴槽坊、同源昇铜铁丝颜料号、同昌协记客栈、大昌源糖食店、野荸荠茶食店、陆稿荐协记酱肉店、永隆铁洋箱铜铁杂货铺、协顺外国木器嫁妆号。上述 40 个商号代表 40 个行业,如此多的行业不景气,可想而知市场萧条到什么程度。

　　表 2.2 是 1898 年招盘招顶广告统计表。

表 2.2　　　　　　　　　　**1898 年招盘招顶广告统计表**[②]

时　间	标　题	内　容
1898—2—1	生财招盘	本店万宝茶楼生财烟间,生财一应全副,如有贵客欲意要盘干,请至宝善街万宝楼本账房面议可也,万宝楼主人白。
1898—2—4	盘店声明	启者:英界三洋泾桥和丰庄,现将本店及生财等盘与朱姓开弘,以前和丰存欠往来账目,均归前主理直,与宏余无涉,特此声明,宏余庄告白。

　　① 贾秀玲.上海房地产业发展史(1843—1937)[M].上海:上海财经大学出版社,2001:209.
　　② 申报馆.申报[N].申报上海版,1898 年全年.

续表

时　间	标　题	内　容
1898-2-5	盘店声明	英界六马路生泰肉庄,业已由肇隆猪行盘与润大开张,所有前途往来,请向生泰经手秦阿土理直,与润大无涉,诚恐各宝号未得周知,特此登报申明。
1898-2-5	盘店声明	启者:老闸大桥德隆昌布店,现将该店生财一切盘与鼎和开张,所有德隆昌往来账目,均归前主理涉,特此声明,鼎和告白。
1898-2-6	声明拍卖	吴淞路河字第四百五十、四百五十一号之德元馆,因积欠房租逾限不来清理,兹于十七日拍卖抵偿欠租,特白,瑞记洋行经租账房启。
1898-2-6	盘店声明	上海法租界西新桥南首,德昌成酒店主另有别就,将生财盘与复泰为业,倘有别主往来向德昌成理楚,与复泰无涉,特此预闻,复泰告白。
1898-2-7	盘店声明	启者:虹口义丰油酒店,现将该店生财货底一切盘与庆记开张,所有义丰往来账目,均归前主自理,与后主无涉,特此声明,义丰庆记告白。
1898-2-9	盘店声明	四马路福临里口恒丰烛号,今盘与祥隆为业,倘有各号往来银钱等,仍向恒丰自理嗣后,与祥隆不涉,特此登报告知。
1898-2-12	招租招盘	同裕酒店今在宁波会馆朝南,荣昌自来火房南首,全副生财或租或盘,情愿减价出售,同裕主人启。
1898-2-12	盘店声明	兹有美租界中虹桥源成银楼,生财什物店基盘与永记,倘有源成往来即向前东理直,与源成永记无涉,恐未知,特此登报声明,周永记告白。
1898-2-12	盘店声明	永安街昌伦烟纸店,今凭中盘与久记开设,有账外往来向昌伦收取,与久记无涉,此布,昌伦久记告白。
1898-2-14	盘店声明	大东门外直街大码头里成泰铜锡铺,今已凭中将店内各货及生财等全数一切,盘归朱姓改牌开张,所有成泰往来账目以及房分瓜葛,统由成泰方沈氏承理,与受业朱姓无涉,尤恐众未周知,特此登报声明。
1898-2-18	盘栈声明	法界永兴里正和祥报关行栈,系李姓等所开,今因另图别业,情愿出盘与发记为业,栈中放出各账归发记经收,倘有前东该欠客款存项等情,各向前东理处,概与发记无涉,嗣后栈中生意盈亏亦与前东无干,恐未周知,特此布告。
1898-2-18	盘店声明	美界中虹桥直街同生祥熟货店,系董蒋丁姓股开,近因各东另图别业,央中盘与周姓业,仍原号开张,前后放出账目,亦归后主经理嗣后生意盈亏与前东无涉,倘有存项及钱庄等款,均向前东理楚,与后主无涉,恐未周知,特此登报布闻。

时　间	标　题	内　容
1898—2—18	盘栈声明	三马路昼锦里三元栈茂记,今盘与阿得所开,倘有茂记名下一切账目,均归原主理清,与得记无涉,特此声明。本栈于二月初一开张,重备装式华丽床铺,又新膳美精细,房伙格外克己,招呼周到,会客厅宽敞,凡仕宦客商以及坐庄等常临均便,贵客如欲赐顾者,认明牌记庶不致悮,此布,得记启。
1898—2—21	盘店声明	兹元康生财盘与厚生所,前首账目归元康丰楚,与厚生无涉,恐未周知,特此布告,厚生启。
1898—2—21	凭众招盘	法界郑家木桥东首,坐南朝北门面瑞和木号,凭中暨各同行钱庄将存货生财、应收账目共同估价,盘与顺和开张,所有瑞和未完该款,仍归自行理直,不与招盘者之事,恐未周知,为此登报声明,顺和木号告白。
1898—2—21	盘店声明	启者:今有新北门内同泰祥铜店,底货生财、家伙什物等三面言明,计盘价洋三千三百元。去岁亏欠姓茂庄银,即将店内货物等抵与庄款,今该庄盘与正康顺记号受业,其盘价照数划付庄款,所有各往来之账即向前主清理,与后承受无涉,恐后不周,先此声明,已免后论,正康顺记告白。
1898—2—21	盘店声明	谨启者:沪北美租界北福建路采山堂,与万生生药铺两爿,今于元月廿二日起出盘与恒记为业,所有前股东议单,并一切存项欠款票据等情,各向前东理处,概与恒记无涉,恐未周知,特此布告,本主人自盘之后整顿一切货物,剔选道地正药,务要精益求精,以求实济同登仁寿,采山堂恒记告白。
1898—2—25	茶馆招盘	坐落英界北泥城桥春江物华茶楼,因店主别图良业,欲将全副生财招顶,倘有人就此者,请至本楼议价可耳,本主白。
1898—2—26	盘店声明	启者:四马路金陵复兴园全副生财,已凭中立契出卖与聚和园,选吉开张,所有复兴园各行欠项自行清理,与聚和园不涉,此布,聚和园主人白。
1898—2—26	盘店声明	兹小东门外阜康申烟纸号,今盘与巽记开张,倘有往来私债会项等情,仍向前东理处,与得主无涉,恐未周至,特此布告,阜康巽特白。
1898—2—28	盘店声明	启者:四马路会春园全副生财,已凭中立契出卖与三阁园,选吉开张,所有会春园各行欠项自行清理,与三阁园不涉,此布,三阁园主白。
1898—3—2	盘店声明	英大马路载阳裕记槽坊,向系李姓所设,今将招牌生财装修一切绝卖与应姓等开张,改为载阳洽记,所有裕记前该上行等各款,均由李姓清还,与洽记无涉,恐未周知,特此布闻,载阳洽记启。

续表

时　间	标　题	内　容
1898－3－2	盘店声明	广悦隆告白:铁大桥南首广悦隆杂货店,现因各股友意见不合,司事人陈衡石、赵卓庭等志图别业,所有揭借各宝号货款会项银两等,限本月十五以前,即与陈衡石赵卓庭等理明,二月初八日广悦隆启。
1898－3－3	上洋怡顺和记绸缎抄庄	本号开设英大马路中市天保栈对门,已历数十年,今因九章盘丰大,各色时花纱罗绸缎均归本号代售,价目:各色头号杭宁缎四钱六分,各色时花绉四钱,定价划一,减价售现,格外克己,承蒙仕商赐顾,请认明本庄招牌,庶不至悮,特此告白。
1898－3－3	盘店声明	启者:正康闭歇已久,货物生财盘与恒丰管业,前东往来款项,与后主无涉,恐未周知,特此声明,恒丰启。
1898－3－4	盘店声明	法界菜市街慎大钱庄,本年二月另收庄主开设,加泳记二字,所有慎大以前往来各户,及一应银钱进出,仍归慎大可主自行清理,与泳记无涉,恐未周知,特此声明,慎大泳记主人告白。
1898－3－4	盘店声明	启者:南市大码头南首承茂昌记南北拆货店,向系严伯记独自开设,现在伯记自愿中将店内存货生财杂物招牌、内外批发各路客账,一应推盘与葛发记管业,开设银已交清楚,三面议定,所有各路客账归发记自行向收,应还各欠统由严伯记自理清还,与发记无涉,恐未周知,故特登报声明,葛发记。
1898－3－6	声明	倪全记袜号盘与清记开张,倘有债欠账目等情,望向倪一桂清理,与清记无涉,自盘之后,倪全记生意与一桂无涉,清记白。
1898－3－9	盛店声明	老北门外新街泰和丰酒号,前东宓姓另谋别业,将全副生财一应盘与同和丰号开张生理,倘有前项银钱往来、会务及烛票酒票一切,均向前东宓姓理喧,后东同和丰号不涉,恐未周知,特此声明,同和丰号主人白。
1898－3－9	盘店声明	启者:城内太平街天生药铺,生财货账底经中盘与德记开张,倘有往来与德记无涉,天生德记告白。
1898－3－9	推店声明	大东门内太平街吴姓所开天生堂乐店,于前月出盘与叶姓为业,以后一切往来及盈亏等情,均归叶姓自理,不涉吴姓之事,特此布闻,吴姓白。
1898－3－9	盘店声明	兹者今有胡茂春茶叶店,现已生财货物一应盘与裕元泰茶号接手,倘有前途各户往来账目,均归胡茂春理直,与本店无涉,恐未周知,特此声明,裕泰店主人谨白。

续表

时　间	标　题	内　容
1898－3－9	盘店声明	盆汤衖北恒丰祥烟间一切生财装修,今盘与中洽盛管业,与前恒丰祥往来各项等账及存款庄票,恒丰祥理楚,与中洽盛无涉,恐各月未及周知,特此登报声明,中洽盛号告白。
1898－3－10	盘店声明	启者:老闸中市震巽阳南货店,所有生财货底一切,已经央中盘与生阳号管业,倘有以前往来账目,概归前主自理,与生阳号无涉,特此声明,生阳号告白。
1898－3－12	盘店声明	启者:美界中虹桥东马路恒升丰号咸货金铺,所存生财各货及未收账目等,挽中出盘与余姓开设无阻,该价钱常时凭中付讫,倘有零星该欠不涉昌记之事,前东各存议概作废纸,恐未周知,特此布闻。
1898－3－12	盘店声明	美界西华德鄞天祥银楼现图别业,不欲开张,情愿凭中盘与三星管业,所有天祥瓜葛天祥自理,概与三星无涉,三星白。
1898－3－14	盘店声明	兹者北四川路占春茶楼一切生财,现盘与董姓开设无阻,倘有来往账目归前东理直,不涉董姓之事,恐未周知,特此布闻,董姓白。
1898－3－17	盘店声明	英界四马路张顺和洋广货号,今盘与利泰祥号为业,所有张顺和一切往来欠款均向前主理楚,与利泰祥无涉,此布。
1898－3－18	药房招盘	兹因各东意见不合,另就别业,愿将生财装修一切药物等件,照本减价,欲盘者请移玉四马路望平街转角惠济药房内面议,各股东启。
1898－3－21	盘店声明	美界仁智里口宝安洋广杂货店,现图别业,凭中盘与绍昌为业,所有宝安瓜葛一切归宝安自理,概与绍昌无涉,此布。
1898－3－22	盘店声明	兹有法界大马路同茂昌报关行生财,凭中盘与通聚泰为主,倘有同茂昌往来存欠,即向前东理楚,与通聚泰无涉,特此声明,通聚泰告白。
1898－3－23	盘店声明	法大马路裕丰钱庄现已盘顶改换德丰所有,行丰以前往来各账仍向裕丰清理,与德丰无涉,特此声明,德丰主人告白。
1898－3－23	盘店声明	启者:石路口震元庄生财装修一切,凭徐锅记作主总盘与万成祥承受,银契两交,倘前途如有来子一切等项祈向锦详自(理),与小号无涉,永无后论,特此周知,张洪仁启。
1898－3－26	盘店声明	申中八仙桥万裕烟纸店,今盘与浙绍姚周生更万裕丰记,倘各号往来未了等情,不涉万裕丰记之事,恐不周知,登报声明,万裕丰记谨白。
1898－3－26	盘店声明	英界红庙弄裕兴木器店,凭中盘与协记为业,倘有瓜葛,一切向前主理直,与协记无涉,特此告白。

时　间	标　题	内　　容
1898－3－28	盘店声明	宝善街同德泰协记鞋铺,因魏姓无力,今盘与椿记开张,所有同德泰协记本票一切账目往来,一概与椿记不涉,此布。
1898－3－29	盘店声明	宝善街爱吾卢茶馆,凭中盘与源记为业,倘有瓜葛均向前主理直,与源记不涉,各客所欠茶钱均是堂倌垫出,仍归原手结算,特此告白。
1898－4－2	盘店声明	小南门外永昌恒印花染坊,因欠合利森记货价,以将一切生财抵偿,今合利森记又将生财转售与泰昌恒,前首永昌恒或有账款轇轕等情,与泰昌恒无涉,特此声明。
1898－4－5	盘店声明	宝善街中市瑞丰祥鞋店,盘与王姓为业,如有前店往来,与王姓无干,特周知。
1898－4－5	盘店声明	今有四马路中市惠济药房生财一切底货,于三月十三日凭中盘与兴号承受,银契两交,以后各无异言,以前一切往来并股单该项,一概归与洪锡九理楚,与后主兴号不涉,特此登报声明,以免后论,三月十三日惠济兴号告白。
1898－4－7	盘店声明	宝源馆主陈振宝今因各项欠款甚巨,债户逼索店内,乏囊无力倒闭,愿将生财什物一应如数盘与申和馆主之董宝书开张,是前外有往来,向陈振宝理清,分文不涉新张之事,以后交易盈亏无关陈振宝之事,恐未周知,特此登报布明,董宝书告白。
1898－4－11	盘栈声明	启者:宝善街天宝栈锦记主马荫廷,因栈内亏欠,愿将生财什物一应盘与胡炳荣开张,倘有各宝号往来及贵客存押物件,均归马荫廷清理,与胡姓无涉,特此登报,天宝栈炳记主胡炳荣告白。
1898－4－14	生财招盘	本堂在里虹口小菜场东首,为因房屋今归教堂经管,即欲出屋全副生财,或盘或租另件拆售均可,合意者面议可也,清芬新号白。
1898－4－15	声明盘卖	本庄闭歇以来招盘生财迄已三月,今凭中盘卖与生源衣庄为业,其洋当日收足,缴付房金,以前本庄往来与生源无涉,此布,协兴衣庄主人白。
1898－4－16	盘店声明	今因抛球场内角裕泰洋广号,今盘与太昌祥执业所有,前东出诸事,无论银钱货物等情一概向裕泰店主清理,与太昌祥无涉,恐后枝生口舌,特此预为登报申明。
1898－4－16	声明盘店	南石路协兴衣庄,生财已凭中与本盘承受,银契两交,以前往来概归协兴自理,与本庄无涉,此布,生源衣庄告白。
1898－4－18	生财招盘	今有英界北泥城桥干泰祥烟间碧露春茶楼,生财一切俱全,共价格外公道,如合意者,向本店面议可也,本主人启。

时　间	标　题	内　容
1898—4—19	盘店声明	兹者里虹口宝顺堂药店,系汪宝臣所开,今因无力开张,央中盘与王姓管业,所有前项往来,一切欠款等向汪姓理直,与王姓不涉,此布,王泰和。
1898—4—19	盘店声明	启者:上海抛球场德大昌参店,因连年亏损,乏力开张,今于三月初六日为止,盘与德泰号开张,所有德大昌名下应归上行及各来往票款等情,均归德大昌经手,潘静安自行理楚,不涉德泰号之事,恐未周知,特此布告,德泰参号启。
1898—4—26	盘店声明	兹里虹口裕真烟纸店,今盘与王姓管业,一切往来存款会项等情,向张宏生自理,与东无涉,特此布,王姓告。
1898—4—27	声明	美界武昌路公泰号,家私铺底全盘退与源兴承受,如有往来会揭各项统归公泰自理清楚,嗣后概与源兴无涉,特此告白。
1898—4—27	声明	兹将福建路第一百卅一号门牌大丰字号,生财各物全盘退与大丰合记承受,如有借揭各项,均归滕邦产自理清楚,概与大丰合记无涉,特此告白。
1898—4—29	盘得茶馆声明	正丰街申江万花楼旧东另有高就,凭中盘与万仙楼为业,所有万花楼各项借欠曾务等情,速向前东理直,与万仙楼概不干涉,特此字布。
1898—5—1	谦吉顺花厂启	启者:今本厂盘得隆茂恒花厂,牌子机器生财一应俱全,其盘价银两,当日如数付清,另自交易,所有从前往来账目均归隆茂恒自理,与本厂无涉,特此声明。
1898—5—4	盘店声明	启者小东门外陆家石桥南首义泰米店,生财盘与协康号开张,惟义泰旧股存项及一切往来均向前途理楚,与协康不涉,恐未周知,特此布白。
1898—5—5	盘栈声明	兹在三马路三元茂记栈,今盘与合记管业,一切往来存款等项,向茂记自理,与后东合记无涉,特布告,三元合记告白。
1898—5—6	招盘	今有南货店一爿门设在头坝吴淞路嘴角内,另有别图,难以照管,是以出盘,如合意者,请至本店面议可也,恒泰告白。
1898—5—8	招盘	虹口头坝万阳楼茶烟馆,全副生财一切装修,因股东另有别业,难以照管,是以出盘,如合意者,请至本楼可也,万阳楼告白。
1898—5—9	倚园招盘	兹启者:今因店东另有别就,不克照顾,故将烟馆生财全副招盘,其价格外克己,如合意者,请至打狗桥北塥本店面议或并股合股,亦可告白。

续表

时　间	标　题	内　容
1898—5—11	招盘	今有正昌泰布店双间,门面开设老闸,在桥南首,是以出盘生财俱全,倘诸公欲意,请至裕昌泰布店面议可也,正昌泰告白。
1898—5—13	盘店声明	兹有棋盘街金隆里内鸿兴土栈主,因有别图,愿将生财一切盘店与序记生理,倘有鸿兴往来账目等情均归原主,与序记无涉,恐未周知,特此声明,鸿兴序记启。
1898—5—19	声明	英界大马路信和祥钟表铺,向系陆姓开设,十有余年,去秋凭中保租与钟姓加记开张,于今四月归还原主,倘各客修理钟表并各项等均向钟姓理直,与陆姓无涉,恐未周知,特此告白,陆姓启。
1898—5—20	声明	申老北门内大街老锦泰熟货店,并中盘与协生泰管业,所有往来欠款,统归前途理楚。
1898—5—20	声明合同	启者:太古辉福记生意于光绪廿三年终清算结止,以前所立合同一概作废,由廿四年元月起,盘与复记,重订新章,日后生意概与福记无涉,特此声明,太古辉复记启。
1898—5—21	生财招盘	兹有虹口新三官堂烟茶馆生财,因各东无意于此,故将招盘,如欲意者,请至本店面议,特此布闻,风声竹啸楼启。
1898—5—21	盘店声明	兹有四马路麦家圈,杏香锦记店愿将生财一切盘与赐记号开张,倘有杏香锦记往来账目揭项等情,俱归旧人理楚,与赐记无涉,恐未周知,特此声明,杏香赐记号启。
1898—5—25	盘店声明	虹口里虹桥西首天兴酒店,盘顶与徐应姓开账,改换万牲牌号,倘有天兴来往账目交涉等情,与万牲无涉,恐未周知,特此声明,万牲主告白。
1898—5—25	明月楼声明	启者:四马路碧露春茶店,生财一切向房主出价盘顶,改名明月楼,所有碧露春各欠向前主理索,与明月楼无涉,此启。
1898—5—25	盘店声明	启者:上海小东门内马姚弄底庄宝源主庄子卿,因店亏本,央中保向罗姓告借英洋七百元,将生财抵与罗姓,不料闰三月廿四日将店闭歇,庄子卿今不知去向,其亲族朋友恳于罗姓,将生财盘与收管,再贴洋一百五十元,凭罗另立开张,改换罗澄源牌号,所有庄宝源子卿往来存项欠款会等,于罗姓无涉,恐未周知,特此声明,罗澄源告白。
1898—5—25	奉谕招盘	今启者在菜视街第一百六十三号门牌,天茂小酒店主马夫阿宝,于上月廿九夜逃走,被欠房金三个月,内有旧生财以抵房金,外有往来等情,自向阿宝处理,与房东无涉,特此布告,豫新经租账房启。

续表

时　间	标　题	内　容
1898－5－30	盘店声明	兹有元泰亨广货号内底货及生财一切等物,今同行汇议盘小号为业,倘有前项往来欠款,均向前东自理,与小号无涉,特此声明,成大昌启。
1898－5－31	盘店声明	兹有西门外寿昌里口同裕酒店,向系邵姓所开,今因另就别业,盘与沈姓,外有一切往来银钱,与同裕宝记无涉,特白。
1898－6－2	盘店声明	英界北泥城桥云华茶楼,今盘与锦华楼开张,倘有账会项往来等,概向前主自理,于锦华楼无涉,锦华茶楼启。
1898－6－3	盘店声明	虹口头坝万阳楼烟茶馆,因前主另图别业,将一应生财店业统盘与协记承受,所有以前往来概由前主理直,与协记不涉,此布,万阳楼协记启。
1898－6－3	盘店声明	兹者中虹桥万成烟庄,今有生财什物已盘与沈姓为业,外有往来银钱向前东自理,与万成顺记无涉,特白。
1898－6－5	盘店声明	诸家桥厉同兴槽坊,今盘与同泰号开张,倘同兴名下一切往来及酒票会务押包等,向同兴自理,与同泰不涉,恐未周知,特此登报。同泰号主白。
1898－6－5	收店声明	所有公兴东洋庄于丙申年开设,兴圣街后因各股东意见不合,故于丁酉年正月收歇,将存货生财卖见英洋六百有零元,本应早日声明分拆,为因股东传君在长崎,一时不能来申,至今日不能再缓,限至四月底为止,将卖见洋照股分派,各股东议单概作废纸,故特登报申明,股东李子垣席培成陈祖香邵松润全具。
1898－6－11	盘店声明	武昌路新兴里口广兴昌杂货店,今将生财货什物一概顶与广益和,限四月廿四日交易,如有欠各号友来往账目揭项等,一概归与广兴昌支结清楚,不干广益和无涉,特此声明,以免后论。
1898－6－13	买盘砖厂声明	杨树浦迤北保泰烧砖厂,连基地方屋、烧砖所用机器及一应什物车料等件,均归华洋大药房黄姓承买,立契价银一逐交割清楚,倘有基地軥轕及保泰各项往来,均向前主理直,与黄姓不涉,日本邮船会社。
1898－6－23	盘店声明	启者:闸北唐家弄底久大洋货店系冯君所开,今原主另有别就,自愿将生财货物,央中保盘与沈姓开张,倘有前途往来账目等,务请速向冯君理直,特此先行告白,以免后论,此布,沈万顺启。
1898－6－27	盘店声明	启者:德裕钱庄闭歇,今将店底生财皆推盘与恒丰庄执业开张,所有德裕一切往来存欠账目等项,皆归德裕理楚,与恒丰庄无涉,特此布告。

时　间	标　题	内　容
1898－6－30	槽坊招盘	本号在浦东烂泥渡中市,双间门面,房屋深大,租金相宜,因股东另图别业,拟将生财出盘,合意者速来面谈,周信昌启。
1898－7－9	盘店声明	兹恒升昌腌腊金腿鱼鳖号,今盘改兴泰号,所有前东往来并执事该欠,与兴泰无涉,向前东理取,恐未周知,特此声明,中虹桥东兴泰主人告白。
1898－7－10	盘栈声明	兹协森板木栈今盘与泰丰号,所有前东往来并执事该欠,与泰丰号无涉,恐未周知,特此声明,中虹桥源坊路,奉丰启。
1898－7－10	盘店声明	启者:上洋集水街同源升铜铁丝颜料号闭歇,将生财底货盘与昌记为业,以前如有往来账目,向单正庆正庠自行理直,不涉后主之事,特此布告,同源升昌记启。
1898－7－10	客栈招盘	东棋盘街同昌协记客栈,积欠房租三个月,今自愿将一切生财招盘抵债,如有欲意者,请即驾临明园盆汤面议可也。
1898－7－10	告白	虹口赵郁洲所造广万源杂货店,今合成堂将全盘生财与他顶受,交易清楚,至广万源所欠会项揭项各项,均归赵郁洲自行理清,与合成堂无涉,特此声明,广泰兴白。
1898－7－11	盘店声明	胡家宅新清和坊口大昌烟纸烛号,全盘与德记开张,倘有陈福泉一切银钱票据往来,向原主理直,与德记与涉,特此布闻,大昌德记主人告白。
1898－7－11	盘店声明	兹者文记路大昌源糖食店,一切盘头尽盘与隆大开张,当日交付明白,两无反悔,以前大昌源来往账目,与隆大无涉。
1898－7－13	盘店声明	美租界崇明路五十三号门牌悦来祥油酒杂货店,系叶姓开设,今因不愿开张,央中将生财货底盘与陈宝大受业,倘有上行往来一切账款,与陈宝大无涉,恐未周知,特此声明,陈宝大启。
1898－7－14	盘店声明	上洋老闸仪丰布号闭歇,将生财底货盘与丰泰为业,以前往来账目仍向原主理直,不涉受主之事,特此布告,隆泰启。
1898－7－14	盘店声明	三洋泾桥英界信泰恒钱庄闭歇,将生财盘与祥森庄为业,以前往来各款账目向原主理直,不涉受主之事,此布,祥森启。
1898－7－15	生财出卖	吴淞路河字第四百五十三号野荸荠茶食店,亏欠房租,逾限不来理清,今由本行将该店生财出卖,以抵欠租,如要者到账房面议可也,瑞记洋行经租账。
1898－7－18	盘店声明	兹者老闸大街义兴钟表店,五月廿七日生财盘与顺源,前途来往账目客货等情向义兴理直,与顺源无涉,特此登报,免得后论,顺源告白。

时　间	标　题	内　容
1898－7－19	盘店声明	兹因盆汤衖桥北首八十一号门牌广源泰烟间,盘卖与邓姓为业,改换得兴保记,倘有各宝号一切往来向前途理直,与本号无涉,恐未周知,特此布闻,本店主人告白。
1898－7－19	盘店声明	启者:英大马路北石路口广恒丰土店,今盘与和记开张,所有以前往来以及存欠等项,均归前东理楚,与和记无涉,恐未周知,特此登报声明,和记告白。
1898－7－20	盘店声明	兹石路中市陆稿荐协记酱肉店主胡云福,因亏本走避,该欠各行货款甚巨存案外,今众行作主将其店内家伙等件,经中时值估价全盘与嘉记开张,其银洋由众行按照欠数大小公摊,倘有前东协记名下往来别项轇轕,概归众行理直,与受主一应不涉,特此布告,陆荐嘉白。
1898－7－23	盘店声明	启者:英界正丰街广顺隆烟号,今盘与广兴隆号开张,所有以前往来账目等项,均归广顺隆号自理,与广兴隆号无涉,恐未周知,特此声明,广兴隆号启。
1898－7－25	盘店声明	二摆渡广兆昌包店,其旧东另图别业,今将生意货物全盘顶与广兆昌祥记接手,倘有欠各账及揭项等未清,均归广兆昌旧东理楚,与广兆昌祥记无涉,特此声明,广兆昌祥记谨启。
1898－7－28	盘店声明	南市新码头里角嘴留憩阁茶馆,全盘与四海汇源楼闻张,倘前有款均归留憩阁前东理楚,与本楼无涉,特此声明,四海汇源楼启。
1898－8－2	盘店声明	北市新北门外永隆铁洋箱铜铁杂货铺,全盘与泰隆号开张,倘前有外面往来等情,自六月十二日之前均归前东理楚,概与泰隆无涉,特此声明,泰隆号启。
1898－8－5	盘店声明	上洋麦家圈增泰昌烟店,一应生财已盘与同昌庄,如有以上往来等事,仍归旧主清理,与同昌无涉,特此声明。
1898－8－11	盘店声明	自来水桥北首天潼路宝康里口,祥和顺杂货店,忽于端午倒闭亏欠,私债及各上行为数浩大,一时竟无把提故延搁日久况,店主避匿不见,今凭中以各上行招盘出盘与万生泰为业,其价凭中公行分派,倘再有私欠会户,公议均向前主自理,不涉受主之事,此布并照,万生泰告白。
1898－8－12	盘店声明	兹有大马路泥城桥堍,协顺外国木器嫁妆号并洋货等,近因无力支持,业已另招新东,改号协顺裕记,如有以前该号外一切往来本票等项,均向前东理取,与裕记无涉,恐未周知,特此声明,协顺裕记启。
1898－8－12	生财招盘	新闸状元楼股东意见不合,另图别业,将烟间茶楼生财招盘,如合意者,至本账房面议或至四马路德茂生烟店亦可。

续表

时　间	标　题	内　容
1898－8－14	盘店声明	今因法租界大马路方隆泰酒店,自从正月廿四日盘与倪仁普阿震二人开张,另加源记字号,一应欠项来往账目房租一切等情,统行归与源记自行理涉,各宝号如有来往账目等情,与方隆泰无涉,特此声明,光绪廿四年六月廿六日,方阿喜启。
1898－8－15	盘店声明	三茅阁桥福合龙洋货店,今盘与杨姓开张,倘前店主有进出往来账款,均归前东自行理清,与杨姓无涉,特此登报声明告白,杨福泉仝启。
1898－8－23	声明盘店	余源泰记煤炭店,因店主亏空走失,该上行货款甚巨,各上行将店底剩货账目一切盘与裕泰为业,所有干记钱选记存折两个,此折向店主自行理直,与经手人无涉,特此登报。
1898－8－24	上行招盘声明	惟余源泰记煤炭店开设,宝善街因店主亏空逃避,无踪亏欠各上行货款洋四百四十元,另各上行邀请同业董事公议,将店底剩货账目生财一切等时值,估见计实洋二百另五元,出盘与裕泰号为业,将盘洋各上行除收过亏欠之洋访查店再行追究,特此声明,各上行公启。
1898－8－25	声明	法大马路西润生钱庄,一应生财租与同德庄开张,所有润生一切往来欠项,均向前东理直,与同德钱庄无涉,恐未周知,特此预告。
1898－8－29	盘店声明	启者:浙江路坐东朝西何森茂烟纸号,向系何积才所开,近因何某别有良图,情愿凭中将该店生财货物店基盘与郁姓为业,森茂名下倘有欠款票据等情,向何某自行理直,不涉得业者之事,恐未周知,特此登报声明,协新主人告白。
1898－8－30	盘店声明	今因袁氏原主另谋别业,自愿将宝善街宁波分店袁宝綦靴鞋店,生财货物并袁宝綦招牌一概盘与新生为业,外有存欠等项,仍旧袁氏自理,限七月十五日止,以后不涉新主之事,恐有异言,特此登报,奉闻,新主告白。
1898－9－3	招盘	本号向业广洋杂货开设五马路中市,现因司事人返粤,而店主本有事业,颇难兼理,故欲将生财家私货物全盘招顶,或要合股亦可商量,号内各物尚属新净,而装修尤为精美,有志贸易者,请至二摆渡腾凤里口,安昌铁店面议,价当克己,永顺祥启。
1898－9－5	顶店声明	南翔镇张天成线庄,于七月中将原房店内货物及一切生财让与参义兴接受开张,顶价兑楚,如有天成图章票据于外往来等情,俱归上界张姓自行理直,与胡姓无干,特此告白。

续表

时　间	标　题	内　容
1898-9-7	盘店声明	兹有铁马路鸿茂泰森记酒号,生财盘与鸿茂泰义记开张,倘各宝号与森记该存往来押包酒票地匀,向前东自当理直,与义记无涉,恐未周知,特此布告,鸿茂泰义记谨白。
1898-9-10	盘店声明	无锡厚丰土栈已于七月上浣,将生财家伙盘与他人,今改为厚丰裕记牌号,以示区别。所有从前来往存欠账目,自有厚丰经手人理直,与厚丰裕记不相干涉,恐未周知,特此声明。
1898-9-10	烟间招盘	虹口中虹桥塊沁芳园仁记烟间,因各股东另图别业,愿将店中一切生财出盘,合意向本园面议可也,特此登报,店主告白。
1898-9-11	盘店声明	美界青云里口广安号蔡华生,凭中盘与裕兴堂承受,准于七月廿六日交易,倘有广安号蔡华生往来账目,与裕兴堂无涉,此布。
1898-9-13	茶馆招盘	虹口江兴楼茶馆近因各股东另就别业,愿将一切生财出盘,如合意者,请至本楼面议可也,江兴楼主告白。
1898-9-14	盘行声明	泰顺米行于月初盘定,将行中生财等物作价,其银当日一并交清,行号加源记字样,以清界限,所有以前往来概与泰顺源记无涉,特此声明,执事黄悦耕告白。
1898-9-18	盘店声明	荣顺号今盘并小号续开,凡有各宝号与荣顺往来银钱货物会项借款,一切均归庄。
1898-9-20	盘店声明	虹口五同兴咸货店今盘与新主为业,加公记,凡有各宝号与五同兴往来欠借一切,与后五同兴公记无涉,特此登报,主人告白。
1898-9-20	盘店声明	毛家衖南严广茂今盘与成裕号开张,所有店内底货生财内外栈房装修顶首各路本街放出限目一切等,均盘结已交成裕收管,当将盘成银两如数付讫,并严广茂该各宝庄号及各存款等情仍向严氏自己归取,英成裕无涉,恐未周知,特此登报声明,成裕告白。
1898-9-23	盘店声明	启者:法界杨树弄永昌祥庆记烟店内,一应生财家伙并中全出盘与南盛太号为业,倘有永昌祥往来欠项押包等情,均向出主理直,与后主无涉,特此预闻,南盛太白。
1898-9-25	盘店声明	今据玛礼孙经租账房云:白大桥下厚益庄因欠账房租洋六十元,该庄自愿将一切生财招盘抵偿,故盘与万昌管业,盘价当交玛礼孙账房收清,凡有各宝号往来账目,向厚益理取,与万昌无涉,万昌告白。

时　间	标　题	内　容
1898－9－27	盘店声明	今有虹口广东街顺昌协记面包铺,今日止出盘与升昌开张,倘有以前往来该款等项及面包票等,望诸人均向前东理楚,一概不涉升昌号之事,恐未周知,特此登报声明,升昌启。
1898－9－28	盘店声明	法大马路同顺里烟馆同乐楼茶馆现已盘顶,改换新顺昌聚乐楼牌号,所有前途往来一切账项,均向前馆主理算,与本店无涉,兹择于本月十四日开市,特此布闻,本楼主人启。
1898－9－29	苏州华利机器砖瓦厂招盘	厂在胥门外枣市桥西首基地,几及四十亩,沿胥江码头位十余丈,洋房及中国房共七十间左右,头等德国机器,又铁路泥勃房、外国青红窑及泥车砖车煤车并一切零星物件,洋木红木家伙各色俱全,不胜备载,近因东人意见龃龉,欲拆股减价招盘,有欲得者请至本账房领看可也,此白。
1898－9－29	顶店声明	五马路德馨烟号今顶与林世昌开张,所有德馨在外来往债项,均归德馨理直,与林世昌无涉,特此周知,林世昌启。
1898－9－30	盘店声明	有江西路隆盛兴外国木器号,今盘与马炜记开张,所有各宝号往来一切账目等款,均归前主自理,与马炜记无涉。
1898－10－1	盘店声明	上洋洞庭山码头吴淡源澧炽记,今盘与源丰盛开张,发售蔴料紫胶,格外克己,至以前往来一切账项,向炽记理算,与本店无涉,恐未周知,特白。
1898－10－2	盘店声明	兹有三马路画锦里刘豫康酒店,原系刘王氏所开,现因乏人照管,自愿挽中将店内生财一切账目盘与沈姓,改为豫康祥号所有,豫康往来各账,望向刘豫康理直,不涉沈姓店之事,特此布闻,豫康祥告白。
1898－10－5	接店声明	永安街口稻香村,原系郭静渊开设,刻因另图别就,自愿央中周德孚将店中一切盘与陈翰章执业,该价如数缴清,倘有郭姓往来私债经手等事,概向原手自理,不涉后主事,恐未周知,特此布闻,稻香村主陈翰章白。
1898－10－5	接店声明	宝善街中稻香村,原系郭静渊开设,刻因另图别就,自愿央中李增裕将店中一切盘与张琢成执业,该价如数缴清,倘有郭姓往来私债经手等事概向原手自理,不涉张姓之事,恐未周知,用特声明,稻香村主张琢成。
1898－10－6	盘店声明	新闸北顺泰煤油号生财底货全盘与顺泰象为业,倘有各行往来银钱货物等,向北顺泰自理,与顺泰象无涉,恐未周知,特此登报,顺泰象告白。
1898－10－7	盘店声明	启者:今虹口百老汇路同发昌记藤椅生财全盘顶与普泽堂承受,择于本月廿六日交易,倘有揭借会货等项,祈早日声明,以免后论,特此周知,廿四年八月廿一日,普泽堂谨白。

续表

时　间	标　题	内　容
1898－10－9	盘店声明	盆汤衖新桥下同德昌京货店盘与王姓为业，所有外面未了欠项、往来银钱等情，俱归周姓理直，与王姓无涉，恐未周知，特此布闻，同德昌和记启。
1898－10－11	盘店声明	启者：石路中市锦祥斋帽铺一切生财等盘与虞姓为业，所有外面欠项往来银钱等，俱归前途理直，与虞姓无涉，恐未周知，特此布闻，虞永和启。
1898－10－13	盘店声明	新码头泰隆押店今盘与时泰为业，所有外面往来，仍向泰隆原主理直，与时泰无涉，恐未避知，特此布闻，时泰启。
1898－10－13	盘店声明	法界宏昌钱庄因庄主另有别就，将店业生财抵押与永记号开设，另加义记二字以区别，所有宏昌往来，仍向前主清理，与义记无涉，特此声明，永记告白。
1898－10－13	盘店声明	启者：宝善街清异三阳楼生财盘归集贤园，择吉开张，倘该楼外欠等项，归伊自理，与集贤园无涉，特此声明，本园谨白。
1898－10－14	盘店声明	今有法界永安街福泰昌绍酒店，于八月廿六止挽中盘与茂记为业，倘有一切往来账目酒票等情，向前主理直，与后主茂记无涉，恐未周知，特此登报，福泰昌茂记启。
1898－10－16	盘店声明	兹有里虹口同福泰南货油酒店，今盘与同福泰甡记开张，倘有前主往来上顶酒烛票等情，向前主涉，与同福泰甡记无涉，恐未周知，特此盘店声明，同福泰甡记启。
1898－10－17	声明盘店	上洋老北门外大街源记杂货铺，一切生财盘与怡盛源记为业，所有前欠往来账目会洋等款，向前主清理，与怡盛源记无涉，恐未周知，特此告白。
1898－10－19	盘店声明	画锦里翁隆顺烟馆已盘顶与广昌悦记开张，一切往来账目均归翁姓自理，以后一切账目归广昌悦记，经理特白。
1898－10－20	招盘	五马路宝善街同珍茶居全盘装修生财货物等件，欲盘顶与人，如有合意者，至本店面议可也，此布。
1898－10－28	盘店声明	宁郡贯桥头立太恒记冷膏，现兑店于中秋后盘进修葺，今择十月初旬开张，以前慎记德记倘有往来票据，概与恒记无涉，恒记主人郑渠告白。
1898－10－30	盘店声明	棋盘街嘴角德泰昌广货号，今盘与太昌祥执业，倘有前主往来银钱票据定货，均归前主理直，概与太昌祥不涉，恐未周知，特此布告，太昌祥白。

时　间	标　题	内　　容
1898—11—1	盘店声明	启者:镇江小码头广丰协记牛骨栈,系李氏所开,今盘与新东改号恒记,倘有协记名下轇轕等情,与恒记无涉,特此布闻,恒记主人告白。
1898—11—1	铁厂招盘	兹有外虹桥东首叶洽记铁厂,生财机器、车床零件家伙一应出盘,或另卖亦可,合意者请至本厂面议,此布,叶洽记启。
1898—11—1	盘店声明	棋盘街嘴角德泰昌广货号,今盘与太昌祥执业,倘有前主往来银钱票据定货,均归前主理直,概与太昌祥不涉,恐未周知,特此布告,太昌祥白。
1898—11—4	盘店声明	启者:县桥西首侯泰祥酒烛店,应侯姓另度别业,将生财货底全盘与恒昌号,所侯姓往者,请本厂面议,此布,叶洽记启。
1898—11—4	盘店声明	兹有虹口吴淞路隆昌、篷路隆昌、广东街顺昌三处面包铺,今盘与阜昌号为业,所有隆昌、顺昌三店各项往来账目轇轕等情,均向前主自理,与新主阜昌无涉,恐未周知,特此登报,阜昌号。
1898—11—6	客栈招盘	虹口吴淞路门鸡场同福来栈,全副生财被褥招盘或零卖亦可,合意者,请至本栈或问宝兴外国成衣铺面议,此布。
1898—11—6	告白	虹吾老菜市街广裕昌十栈,于九月十五日起租与李颂记开张,所有各宝号以后往来,须向颂记广裕昌理楚,与前店主无涉,特此声明,广裕昌颂记仝启。
1898—11—10	盘店声明	兹有英大马路邵万生斜对过,裕园烟室韩姓另图别业,央中将店内一切生财盘替与汪姓执业,改牌明园,择日开张,以前裕园在外往来银钱账目统归韩姓自理,与得业汪姓明园无涉,特此声明布告,明园告白。
1898—11—11	盘店声明	上海法大马路王恒丰云记、王萃丰两烟袋号招牌、货物、生财一并,自愿凭中盘与万源记名下承受,原牌加添源号二字开贸,银货两清,另据言明九月廿五日以前往来账目,归前东自理,与源号无涉,恐未周知,特登日报以供众览,九月廿五日法大马路云记源号谨白。
1898—11—15	盘店声明	兹宏泰亏闭后,经同人公议,将底货生财顶与翁姓,得洋四百七十六元二角半,应摊各户两相允洽悉登细账,当由得主出立期票,届时照付,自顶之后任凭改号一切往来与得主无涉,翁姓特白。
1898—11—21	盘店声明	兹有四海鹤阳楼金记茶馆,本系徐姓所开,今已于本月初四日为始,出盘与怡记管业,如有往来银钱一切,均向徐姓自理,不涉怡和之事。恐未周知,特此声明,徐姓白。

时　间	标　题	内　容
1898—11—22	盘店声明	启者:今广东街云乐居号生财什物,盘与义合堂承受,准以十月十一日交易,所有揭项长项,仰祈早日声明,归云乐居理楚,日后数目不明,与义合堂无涉,谨此告明,以免后论,义合堂告白。
1898—11—24	盘店声明	虹口外虹桥协和庄,今盘与慎昌庄开张,当日生财银洋如数两交,所有前项往来银钱账目鳌辖一切,归前途理直,与本庄无涉,恐未周知,特此登报声明,慎昌庄告白。
1898—11—27	盘店声明	永安街通顺庄,今盘与通源庄开张,当日生财银行如数交清,所有前项往来、银洋期票等情鳌辖,一切归与前途经理,与本庄无涉,恐未周知,特此登报声明,通源庄告白。
1898—11—28	盘店声明	兹有新闸祥利祥余烟纸京货店,系沈姓包开,今已全店盘与金姓为业,倘以前如有各项欠款等,向沈姓理直,于金姓无涉,恐未周知,特此布闻。
1898—11—28	盘店声明	法界兴圣街北口恒裕钱庄,今盘与通源庄开张,当日生财银洋如数两交,所有恒裕往来银钱、账目鳌辖,一切归前途理直,与本庄无涉,恐未周知,故特登报声明,通源庄告白。
1898—12—4	盘店声明	今有陈瑞昌盘与悦来开张,如各宝号有往来等项,向前途理直,与本号无干,恐未周知,故特登报,悦来告白。
1898—12—4	盘店声明	法界南褚家桥东首同泰糟坊生财什物,凭中盘兴敦大开张,所有前首往来账目等情,向同泰理直,与敦大不涉,特此登报,敦大告白。
1898—12—7	盘店声明	英界仁济堂北恒丰和烟烛店,今盘与新瑞生开张,倘有私债票据各户往来,一切归前主理涉,与后主不涉,特此登报。
1898—12—11	盘店声明	今有中虹口济和酒栈生财什物盘与浚记开张,倘各宝号有往来银钱等项,向前途理直,与浚记不涉,恐未周知,特此声明,以免后论,浚记告白。
1898—12—12	盘栈声明	启者:吉庆公栈于十月廿五,丁品记将栈盘与王蔼记开张,倘有丁品记往来及钱债等项,均归丁姓自理,不与王蔼记干涉,恐未周知,特此声明,本栈主人王蔼记告白。
1898—12—13	盘店声明	今有上洋兴圣街顾源生亨记,煤炭瓷器东洋庄货底生财,凭中盘与源丰顺号为业,倘有源生亨各项往来,向顾氏自理,与源丰顺号不涉,恐未周知,特此登报声明,以免后论,源丰顺号谨启。
1898—12—14	盘店声明	兹有虹口广东街安昌号生财什物,全盘顶与怡和堂承受,订于十一月初四交易,倘有各项欠款,问经手理明,自后与怡和堂无涉,恐未周知,特此布闻。

续表

时 间	标 题	内 容
1898—12—17	盘店声明	兹有虹口天潼路角利泰马车行,今盘与履泰顺记公司,择吉开张,所有以前各宝号一应来往账目,与履泰顺记公司无涉,恐未周知,特此布闻。
1898—12—20	盘店声明	棋盘街中同昌利广货号,今盘与太昌祥执业,倘有前主往来银钱票据定货,均归前主理楚,概与太昌祥不涉,恐未周知,特此声明,太昌祥白。
1898—12—20	盘店声明	四马路石路中王万兴旧货店,盘与协记开张,所有前主一切往来账目,均与王万兴自理,与协记无涉,协记白。
1898—12—20	盘行声明	启者汉镇李万润木行,上年系先父李汉荣开设,去年先父去世,至今年正月盘与家叔汉文为业,前手各处账目均已理给清楚,兹后各户进出银钱账目等事,一概归家叔自理,与李炳奎无涉,特此告布,李炳奎谨启。
1898—12—25	盘店声明	兹有二摆渡腾凤里口福昌盛记油酒杂货店,生财货物一应均已盘与永康号为业,所有福昌店事一切往来欠款等情,均归福昌号理直,与永康无涉,特此声明,永康告白。
1898—12—27	声明	兹有棋盘街永昌洋广店生财货物一切,今盘与谢德顺为业,是盘之后,所有往来银钱定货等,不涉谢德顺之事,特此声明此布,谢德顺启。

三、贴票风潮下的房地产出售拍卖

1898 年,房地产出售拍卖的广告不多,有五十多条,说明人们还是不愿意抛售地产,想持有房地产等待升值。贴票风潮会加重人们对房地产这种实体资产的偏好。

从广告内容看,大部分是因经营不善出售房地产抵偿债务,或破产拍卖;另外有一部分是政府修建铁路占地,或者租界华界修筑道路或基础设施用地。例如,1898 年农历二月二十三日锦名洋行拍卖的土地,这些土地皆在上海美总领事署挂号。共四块地,计 7.268 26 亩,土地皆坐落于虹口,将造铁路站,相近从前打靶处之旁,极合建造住房之用。①

1898 年 10 月 20 日,大地产商徐润的住宅愚园招卖,由高易公馆经

---

① 申报馆.拍卖贵重产业[N].申报上海版,1898—3—6,8938(6/14).

理此事。沪北愚园全座房屋生财、假山树木花草,另有园傍洋房一所,以及全园地基一应在内,全部出卖。[①]

　　表 2.3 为 1898 年房地产出售拍卖广告统计表。

表 2.3　　　　　　　　　　　　**1898 年房地产出售拍卖广告统计表[②]**

时　间	标　题	内　容
1898—1—28	出卖贵重值钱产业基地	兹有曹家渡地方新造就之棉纱厂房一所,计地五十亩,前通马路、后靠苏州河,经用硬木打桩,内填安置机器,二万锭子之谱,其欲出卖;又另在宝山县界新打靶子隔壁有地皮六十亩,其订正月廿四日即英二月十四号拍卖,如欲观地图,可移玉本行面议,法界二洋泾桥南首三号门牌,壳件洋行启。
1898—2—24	礼拜四拍卖地皮	兹于初四日两点半钟,在本行拍卖:坐落宝山县界新打靶子隔壁,有地皮六十亩,贵客欲意者,届时请至本行写字楼面拍是荷,壳件启。
1898—2—24	预告拍卖	启者:今有地一方坐落吴淞,照契量见十七亩,现欲拍卖,倘有人预先买去,即停止不拍;无人来买,则迟至西历今年约二月底拍去,欲知各种情形者,请至四马路第六号门牌面问可也,此布,锦名洋行启。
1898—3—3	上洋怡顺和记绸缎抄庄	本号开设英大马路中市天保栈对门,已历数十年,今因九章盘丰大,各色时花纱罗绸缎均归本号代售。价目:各色头号杭宁缎四钱六分,各色时花绉四钱,定价划一,减价售现,格外克己,承蒙仕商赐顾,请认明本庄招牌,庶不至惧,特此告白。
1898—3—3	告白	在四马路中市祥春里东首,有坚固洋房一所,上下大小房间十四,披屋一带上下大小八间,又花园一个,地大一亩四分三厘,道契图样俱全今欲出售,倘仕商欲意者,请移玉至本宅经理人伊君面谈价值。除礼拜每日上午十点钟至十二点为度,过时不候,或诸翁有余地在英界静落处,对换亦可,特此声明,四马路三十三号门牌伊稏德启。

---

①　申报馆.名园招卖[N].申报上海版,1898—10—20,9166(6/14).
②　申报馆.申报[N].申报上海版,1898 年全年.

续表

时　间	标　题	内　容
1898－3－6	拍卖贵重产业 1	启者:定于礼拜二即华二月二十三日下午二点半钟,在四马路第六号门牌本行内,拍卖贵重产业,皆在上海美总领事署挂号。计开:地一方挂号第五百九十号,工部局图样第二百八十一号,照道契量见一亩九分零四毫二六;又地一方挂号第六百卅号,工部局图样第二百七十八 A 号及二百八十 A 号,照道契量见二亩一分九厘八毫,以地一方挂号第六百卅四号,工部局图样第二百七十八号,照道契量见一亩六分九厘,以地一方挂号第六百卅八号,工部局图样第三千三百五十三号,照道契量见九分七厘七毫,又地一方挂号六百卅九号,工部局图样第二百七十六 B 号,照道契量见四分九厘九毫。地皆坐虹口,将造铁路站,相近从前打靶处之旁,极合建造住房之用。倘预期有人买定,到期不拍,欲知一切详细情形者,请至本行面开可也,此布。光绪二十四年二月十四日,锦名洋行启。
1898－3－6	拍卖贵重地基 2	启者:今定于礼拜二即华二月二十三日下午二点半钟,在四马路第六号门牌本行内,拍卖坐落吴淞贵重地基一方,其地靠黄浦,照契共十一亩,倘预期有人买定,则到期不拍;又是日须另拍地一方,坐落杨树浦之西虹口迮家浜之旁,在英总领事署挂号第一千九百四十八号,工部局图样第一千三百卅五号,照道契量见一亩九分六厘三毫,又地一方,在英总领事署挂号第一千一百卅九号,工部局图样第八十三号,照道契量见一亩一分八厘二毫,其地坐落虹口北河南路,四至北至周浦路南至未挂号之地蚨至,工部局图样第八十二号地,西至第八十四号地,上有屋二十幢,皆已出租与人,欲知详细情形,请至本行面问可也,此布。光绪二十四年二月十四日,锦名洋行启。
1898－3－9	丈量马路	本邑十六铺桥迤南旧马路,向用石块铺砌,兹者新马路告成后,江海关道蔡和甫观察申请两江总督刘岘帅,拟照新马路之式一律填以黄沙,俾王道荡平如砥如矢,日前上海县黄爱棠大令照会绅董曹寄耘,定于今日午刻,督带亭耆文手会同工程局员,前往丈量。
1898－3－9	杏花楼	启者:兹本楼翻造一新,择于本月十三日开市,备办大菜、包办酒席,专制中外茶点,各色糖果罐头食物、广东腊味、天津各色美酒一应俱全,士商赐顾,请祈惠临乃盼,乃盼四马路杏花楼启。
1898－3－10	拍卖声明	启者:今定于礼拜一即西历三月十五即华历二月二十三日,午后二点半钟在四马路第六号门牌,本行内拍卖贵重地甚一方,坐落吴淞口近水处,照地契量见十七亩之多,倘先期有人买去,则停止不拍,欲知一切详细情形,请至本行面询可也,此布,锦名洋行启。

续表

时 间	标 题	内 容
1898-3-11	拍卖便宜产业	今有地皮四十亩坐落北新泾地方,价值便宜,今欲拍卖出售,如要者请至格物院路大义国领事公馆面议可也,此布,二月十八日告白。
1898-3-19	房启拍卖地基	启者:坐落虹口打巴子处即河南北路地基一方,工部局图样第七十四号 A 字号,有首契量见计七亩八分五厘二毫,东首均沿马路,定于华三月初一日下午二点半钟在本行拍卖,欲知详细情形,请来行看图面议,此布,光绪二十四年二月廿七日,祥利洋行启。
1898-3-23	拍卖便宜产业	今有地皮四十亩,坐落北新泾地方,价值便宜,今欲拍卖出售,如要者请至格物院路大义国领事公馆面议可也,此布二月十八告白。
1898-3-28	拍卖	准于初八日二点钟在六马路中市拍卖中客栈生财,全副被褥等一应俱全,倘若合意,即请面拍后现银出货,(此)布,银记代启。
1898-3-30	产业出售	启者:今有贵重地一方,坐落福州山东二路之西南角,照英界工部局图上第四百廿九号具地,一面傍福州路长三百八十五尺,傍山东路者长一百卅二尺,在英总领事署挂号第八百十五号,地契上第八百零七号,四址北至福州路、南至麦家圈、东至山东路、西至德国弹子房,照契量见七亩六分四厘五毫,如欲另知详细情形,请向本行面问可也,此布,光绪二十四年三月初八日,通和洋行启。
1898-4-8	典业公议告白	吾典业于三月十五日在公所集议,因提庄衣业隔年写定典业满货,故意延宕不来出货,今同人议定闰三月初十日以前,须来出货,如若过期不印,即将定洋罚去以贴典业搁货之耗,所写定货另行招卖,除另行关照外,特此预白。
1898-4-12	分铺声明	本铺开设上洋后马路兴慎里对门,修理钟表机器脚踏车一切泰西异样玩物,迄今数载,中外驰名,现因生意日广,房屋不敷供用,今由房东处叫卖,右邻甘德兴钟表铺闭逃,生财物件由本号开设分铺,如甘德兴有前项鳌辖之事,一概不涉,如蒙诸公赐顾生意,与老铺一律承办,特此声明,史维记钟表老铺告白。
1898-4-23	拍卖	准初五日二点钟在棋盘街拍卖叙宝楼茶馆生财全副四间,生财、榻床、老枪、铜器一应杂物不计,合意者面拍可也,松记启。
1898-5-6	地基出售	启者:今有地一方,坐落新闸之南,约计四亩半,其地建造房屋最为便利,欲知详细情形者,请至四马路第六号门牌,向经理地基之锦名洋行询问可也,此布。

时　间	标　题	内　容
1898-5-12	地基出售	启者:今有地五方约二十亩大,内有树木及篱笆,坐落静安寺路、工部局新坟山间壁,其地通西边大马路,现欲出售,如有人合意欲知详细情形者,请至四川路三十六号门,向戈登面议可也。
1898-5-13	出卖产业	现有值钱产业一方,坐落在福州路山东路之西南角上,照英租界图样系四百十九号,有大英公馆道契第八百零七号,其头号系八百十五号,共计道契地七亩六分四厘五毫,如愿购者请来本行还价,以礼拜四日中即西历六月廿六号华四月初七日十二点钟为止,九江路第一号门牌通和洋行具。
1898-5-28	卖地声明	启者:敝处屋地产业一方,在法工部地契一百四十号便是,于丁酉年四月初二日卖与王姓,当收定银一千两整,至今年余不给产价,屡催屡约,不胜其累,故此登报预告,祈请限三天内速赐确音,若仍不理,准将定银定单等罢论作废,另登详细告白以众周知,此布,陈姓启。
1898-5-31	吴淞美利公司经手买田亩告白寓吴淞四明公所	启者:淞口开筑马路,市面日旺,田地买卖亦日烦,惟实邑田亩并无方单,旧契未税者多仅以卖契执业,外来置产者深以未悉根由为憾,本公司代人经手买卖田地,均经查勘明确,现有待售各地,大半坐落繁盛之区,愿置买者,请至本公司阅看图样,面商成交,可代印税过粮诸臻妥备,如有将地出售者,请绘准图并开四址交至本公司代为销售亦可。
1898-6-5	地基出售	兹有地基一方,坐落在新闸广肇山庄南面肇庆里内,道契第三号,计地一亩二分,如合意者,问山家园桥东首劳合路南仁庆里张宅面议可也。
1898-6-8	地基出售	启者:今有地二十亩,坐落静安寺畔,围以篱笆,内种树甚多,今欲全行出售,合意者,请至四川路第卅六号门牌,与戈登面议可也,此布。
1898-6-13	买盘砖厂声明	杨树浦迤北保泰烧砖厂,连基地方屋,烧砖所用机器及一应什物车料等件,均归华洋大药房黄姓承买,立契价银一迳交割清楚,倘有基地轇輵及保泰各项往来,均向前主理直,与黄姓不涉,日本邮船会社。
1898-6-17	亚喇时保火险公司	启者:本行承保各家房产生财楼房货物等件,其保费格外公道,遇有赔款极其迅速,欲保者诸至本行面议可也,天祥洋行告白。
1898-7-3	声明买产限期	所有陈长福与王公记卖买产业一事,写明价格一万九千两整,应限期已满,愿将定单作废,定银罢论,卖主另招受主,恐后再生枝节,特此布众周知,原中启。

时　间	标　题	内　容
1898－7－5	贸易之难	兹有康秋棠今欠客货款不理,于节前走避,又欠房金洋四十三元二角,今客不得代为应付,只得藏伊台榑木器等,暂时搬寄景伦堂公所,候至本户底,秋棠若不出来了理,即将木器等拍卖,尝归客账五户余待速来清理为盼,纸客五户全启。
1898－7－12	产业出卖	刻有坐落在英界福州路坐南朝北山东路转角,英租界之图样系四百十九号,公馆之契八百十五号,道契三百零七号,计地七亩六分四厘五毫,如有贵客欲买者,请至大马路三十二号面议。
1898－7－19	产业出售	启者:有上等洋房三座,坐落虹口兆丰路,今欲出售与人,如欲知价目及一切详细情形者,请至四川路第卅六号门牌。向戈登面询可也,此布。
1898－8－11	礼拜一拍卖值钱产业	兹有值钱产业一方坐落在福州路山东路西南角,照英租界图样系四百十九号,又大英公馆道契第八百零七号,其头号系八百十五号,共计道契地七亩六分四厘五毫,如贵商欲购者,请至本行面议,详细情形未拍之前先行定夺,于六月廿八日二点钟,在本行拍卖,特此布闻,壳件行启。
1898－9－6	产业出售	启者:今有洋房八幢,坐落于靶子路,其房均有善价,租金可收周回,共计地四亩,如欲知详细情形者,请问新瑞和行可也,此布。
1898－9－11	产业出售	兹启者坐落于英租界四川路三井洋行底子洋房一所,基地五亩九分三厘四毫,英工部局册子一百零四号地皮如许,价合宜,即可出售,倘绅商欲问详细,至二洋泾桥北块四号半本行面谈可也,道达洋行启。
1898－9－11	工部局出租洗衣作	第一千二百九十二号谕:本局欲将虹口靶子路上洗衣作出租,如欲租者,须将每月愿给租金若干,及洗衣每百件要洗资最多若干,函知本会办,以西九月十七号即华八月初二日午时为止,其详细情形可至三马路本局七务写字房,向管理人梅恩先生询问一切可也,此布西一千八百九十八年九月六号,工部局会办兰佛森示。
1898－9－21	地基出售	启者:今有地数方,小者二亩半,大者二十亩,坐落老靶子路,欲买者请至四川路三十六号门牌,与戈登面议可也,此布。
1898－9－23	让屋声明	大马路即南京路抛球场东首、朝北门面转角三层洋房,本号原住房屋两间,当向惟勤公司租定,其租金已于初五日付齐所有,前杏林轩商恳小号出让与彼当,虽有定银七十五两,刻下洋房竣工,未见将让费付来,今限八月初十为止,如再不来理楚,将前付定银七十五两以作罚款,为特登报,以免两悮,此布,天来生谨白。

续表

时　间	标　题	内　容
1898-9-26	催赎田单逾限拍卖盛丰预白	有上海县田单系二十二保六区五十图发字圩第一千卅六号,户名沈承白,田一亩五分;又第一千五十四号,户名奚邦士,田一亩;以上二田单前在本行押去银洋,言明暂时抵借刻,逾限已久,屡催不理,人亦不面,为此登报,请速来赎去,不能再延,今限两礼拜内即中国八月廿二日为止,如再不来理楚,即将此田拍卖。如有短缺,仍向原手找取,先此声明,以免后论,万勿自悮,上海四马路盛丰洋行白。
1898-10-3	吉地招卖	宝界横浜桥西老铁路填好基地,阔十一丈五尺、深廿九丈,起造住宅花园最为合宜,欲意者,至垃圾桥同昌木行领看。
1898-10-20	名园招卖	启者:沪北愚园全座房屋生财、假山树木花草,另有园傍洋房一所,以及全园地基一应在内,均欲出卖,如合意者,请至本行写字房面议可也,此布,高易公馆启。
1898-10-21	声明受业	兹有虹口朱家木桥范锡英名下住宅并连基地,凭中绝卖与瞿永裕堂管业,当日银契两清,倘另有抵押等事,望向范姓理直,与瞿姓无涉,恐未周知,特此声明,瞿成记启。
1898-11-11	产业出售	启者:今有朝南头等产业一大座,坐落老靶子路,或全买或分买均可,欲知一切详细情形,请至四川路三十六号门牌问戈登可也,此布。
1898-11-30	全店拍卖	十八日二点半钟在三马路吴家宅,拍卖洋广京货店一应生财货物,丝线布匹全店,一庄拍卖当付定银,此布,震记代拍。
1898-12-3	生财出售	今有上等洋广货生财出售,在棋盘街同芳居间第六十二号门牌内便是,如合用者,请至法大马路大昌祥面议。
1898-12-12	声明	今有徐太太仝子金生,向王文记抵借洋二百元,愿将自产楼房一幢作押,立有笔据,约明年二月清还,逾期缴屋,特此声明。

四、贴票风潮下的欠租逃逸

　　1898 年全年欠租广告有八十多条,比较多,在贴票风潮中,市场凋敝,商业萧条,商人经营风险增加,在经营亏损后,多数失信跑路,逃避债务。金融危机使市场信用制度遭到破坏,人们违约风险增加,失信率上升。

　　例如,1897 年 12 月,小东门万里春茶馆楼下租户耿源兴,结欠房租洋五十一元,又代赊米账十元八角,在 29 日夜潜行逃逸,房东将屋内生财物件开单呈报捕房,将生财拍卖作抵。[①]

　　上海大马路同安居由众位股东集股营业,因为亏耗太大,无法支持下去,以致生意不能继续,被迫停歇,共欠各户款项八千多元,其中最主要的部分就是房租。经理人钟安樵登报召集股东出面料理,不想通知发出很长一段时间,股东置之不理,钟安樵于是召集各债主开会商议,以三千六百元银洋,将同安居盘顶转让给承福堂,将所得款项摊派给各债主,剩下的债务开单报告各股东。[②]

　　各行各业因经营亏损倒闭,最后不得已盘顶店铺的事例比比皆是。欠租逃跑屡见不鲜,被欠房东大多拍卖房中所留器物了事,即使拍卖金额不足以抵偿,亦无任何办法。

　　表 2.4 为 1898 年欠租广告统计表。

表 2.4　　　　　　　　　　**1898 年欠租广告统计表**[③]

时　间	标　题	内　容
1898－1－2	欠租限期拍卖	石路中聚和饭馆欠少房租,潜于本月初八徙避,屋内搬取一空,惟剩破旧桌凳,所值得无几。兹于十日为限,逾期不理即行拍卖抵租。地亚士经租账房告白。
1898－1－9	欠租拍卖	小东门万里春茶馆楼下租户耿源兴,结欠房租洋五十一元,又代赊米账十元八角,于上月廿九夜潜行逃逸,将屋内生财物件开单呈报捕房,如二日内不来清理,将生财拍卖作抵,先此布闻。登楼万里春告白。
1898－1－27	预告拍卖	启者:今有地一方,坐落吴淞,照契量见十七亩。现欲拍卖,倘有人预先买去,即停止不拍;无人来买,则迟至西历今年约二月底拍去。欲知各种情形者,请至四马路第六号门牌面问可也,此布。锦名洋行启。
1898－1－31	拍卖生财	铁大桥南堍杏芳居,杠欠房租共洋二百三十九元二角五分,至今逾限已久,应将该号生财杂物尽行拍卖以抵房租,如抵偿未敷,仍向该号东主追足,倘有其余私债一切不得预闻,所封钉物件准于初十三点钟拍卖,登报特知,天来生告白,全记代拍。

　　① 申报馆.欠租拍卖[N].申报上海版,1898－1－9,8886(5/10).
　　② 申报馆.上海大马路同安居广告[N].申报上海版,1898－3－12,13680(13/32).
　　③ 申报馆.申报[N].申报上海版,1898 年全年.

续表

时　间	标　题	内　容
1898—1—31	声明拍卖	鸿发栈拖欠本行房租一百八十两,于去腊避匿,迄今不来理楚,今限至正月十五日止,若再不来理明,即将屋内生财等物拍卖作抵。倘若不敷租数,再行追究。锦名行启。
1898—2—6	声明拍卖	吴淞路河字第四百五十五十一号之德元馆,因积欠房租逾限不来清理,兹于十七日拍卖抵偿欠租,特白,瑞记洋行经租账房启。
1898—2—10	欠租声明	今有朱姓租英大马路中朝北房屋半间,开剃头店,欠房租巡捕捐洋八元,另于十三日,巡捕捐钉门重限一礼拜,取赎逾限,将生财拍卖,特此声明,房主老裕白。
1898—2—12	招租招盘	同裕酒店今在宁波会馆朝南,荣昌自来火房南首,全副生财或租或盘,情愿减价出售,同裕主人启。
1898—2—13	拍卖声明	虹口天潼路第六百九十四号门牌,太安水果店房客,去冬逃匿,积欠本行房租四十元,所剩零物限至廿五日二点钟,准行拍卖抵租,特此预闻,有恒洋行启,银记代拍。
1898—2—14	告白	百老汇路雄昌铺底经已拍卖,除房租外尚有银余,如雄昌倘有揭到各友银两之凭据单,准限本月廿五日一点钟,携揭单派到三元宫议派,限自惧,德和行启。
1898—2—19	欠租声明	棋盘街同昌客栈主董姓,积欠房租七十二元,置不理,今再限月底不来理楚,定将生财盘拍抵偿,如有在外一切账目,向董姓理直,与经租处不涉,明园白。
1898—2—20	限期拍卖	英界正丰街黄万泰店主去冬避匿,积欠房租三月,限本月底止速来理楚,倘逾期不理,准二月初一日二点钟,将生财拍卖以抵租金,如有短少,再行追究,此布,鸿运楼启。
1898—3—6	声明	倪全记袜号盘与清记开张,倘有债欠账目等情,望向倪一桂清理,与清记无涉,自盘之后,倪全记生意与一桂无涉,清记白。
1898—3—8	拍卖偿租	兹有三马路石路中协兴祥记衣庄,上年岁底关闭,货物搬空,人亦走脱,两月租金无处向收悉,该庄经手沈某住在城内,曾函问两次置之不理,故特登报声明,限一礼拜,如再勿来理直,拍卖生财抵偿房租,此布,惇利经租账房告白。
1898—3—9	欠租拍卖	房客去去逃避,至今不来理楚,所剩荒伙拍卖偿租,贵客行意得,面拍可也,在盆汤弄桥堍,十七日二点钟拍,公记扁启。

时　间	标　题	内　容
1898—3—23	拍卖偿租	兹有浙江路即新清和里隔壁工部局码一百廿二号房一幢,所租恒泰酒店;又福州路即四马路新清和里隔壁街房一幢,工部局码三百廿二号,所租阜丰钱庄,各欠租金不付,不料各租客新匿不理,当将房屋封闭,迄今数月毫无音信,但本公司心存忠厚,再限十天如不理清,将各店内一切器具生财拍卖抵租,特此告白,光绪廿四年三月初一日,成记公司谨启。
1898—3—24	拍卖偿租	兹因福州路即四马路新清和里内工部局码二百廿四号住房一宅,不料正月间租客避匿,本公司当将房屋封闭,迄今租客未见出来理清,然本公司心存厚道,再限十天如不理明,即将屋内器血什物等拍卖抵租,特此告白光绪廿四年三月初一日,成记公司谨启。
1898—3—28	欠租拍卖	准于初九日十点钟,在三马路石路口第六百三十五号门牌永昌祥新衣店,房客于去冬避匿,因将房屋封闭,欠租金数月不来理楚,限期已满数次,今将屋内伙物生财一应拍卖以抵还租金,倘若缺少,向原主理楚,特此告白,高易公馆启。
1898—3—30	声明欠租	今由法租界大马路口典当街房客正阳馆逃走,结欠房租甚巨,禀明公堂,蒙中西官允准,一切租债等与房主无涉,恐未周知,特此布告杨泰记。
1898—3—31	欠租拍卖	初十日十点半钟在四马路西首阜丰钱庄内,拍卖银箱椐木生财不计,并南首恒泰酒店生财不计,合意面拍可也,当日出清,此布,竺金记代拍。
1898—3—31	欠租拍卖	十一日二点钟在四马路西新清和里三百二十四号内,拍卖妓院家用什物零星不计,面拍可也,现银出清,竺金记。
1898—4—1	奉谕拍卖	法马路德大征康小钱庄渍欠房租甚巨,今已禀明公堂,蒙谕登报三天,再不来理,准将生财拍卖抵租,此布,锦名行启。
1898—4—3	欠租拍卖	兹有二马路恩庆里口第一百七十四号,人有轿车生财车料物件,准限十六日二点钟拍卖,此布,老沙逊经租账房启。
1898—4—5	奉谕拍卖	法界大马路德大征康两钱庄亏欠各款,涉讼公堂,迄今封闭日久,兹订于十五日十点钟,拍卖生财各物,又正阳馆饭店欠租逃逸,同日十二点钟一并拍卖,特此布闻,经理人吴全记告白。
1898—4—5	今日拍卖	今由法租界大马路口,工部第二百六十九号、二百七十一号正阳馆房客逃走,结欠房租甚巨,禀明公堂,准于今日十二点钟,将该店生财什物拍卖,以抵房金,恐未周知,特此布告,杨泰记具启。

续表

时　间	标　题	内　容
1898—4—13	奉谕拍卖	启者:汕头路梅春里第八十六七号房客,于前月逃避无踪,结欠房租二月,计洋卅元整,禀明公堂奉谕拍卖,特此登报声明,玛礼孙洋行告白。
1898—4—20	拍卖	北山西路第一千四百八十二号房客,亏欠房租,于廿六日钉门将生财物件限下月初二日止,到期不取,即将生财等拍卖抵租,恐未周知,特此声明,集全楼主人启。
1898—4—24	拍卖声明	兹有会香里第三百七十四号积欠房租,房客避匿,所剩破碎什物限期数次,今再限一礼拜,仍不来理楚,将屋内所有拍卖抵租,此布,德和行启。
1898—4—28	声明	美界南浔路春园老虎灶,将半间门面转租三兴剃头店开张,于二月底走脱,今出报通知,限月半为止,将另物发卖抵四个月房金,此布,春园启。
1898—4—30	声明拍卖	启者:西棋盘街一百十八号房客避匿不来理楚,限初十日不来理处,将生财拍卖以抵房租外,有一切私借,均与房东无涉,锦名洋行告白。
1898—4—30	奉谕拍卖	兹奉会审公堂谕,委本行将泥城桥下奇园内,油画脚踏车跑场一切装潢以及房屋等,准于四月初一日在该处拍卖,惟时候及一切细情容届期再行登报,此布,瑞和洋行启。
1898—5—11	告白	四马路高升楼所欠房租四个月零,计洋三百余元,兹再限至本月廿五日为止,如不理清,定将生财拍卖抵偿,特此声明,厚德协记启。
1898—5—12	声明拍卖	法马路升平里三百八十八号泰丰客栈,亏欠房租三十六元,于三月廿八日逃走,当已告明捕房,已蒙讯断,如不速来理楚,准将屋内生财拍卖抵作租金,此布,升昌经租账房告白。
1898—5—12	声明拍卖	启者:宝和里十号及五十六号两户欠租逃走,延不清理,兹限廿五日为止,速来理楚,过期准将屋内生财什物拍卖抵租,特此预布,新沙逊告白。
1898—5—13	出卖产业	现有值钱产业一方,坐落在福州路山东路之西南角上,照英租界图样系四百十九号,有大英公馆道契第八百零七号,其头号系八百十五号,共计道契地七亩六分四厘五毫,如愿购者请来本行还价,以礼拜四日中,即西历六月廿六号华四月初七日十二点钟为止,九江路第一号门牌通和洋行具。

时　间	标　题	内　容
1898－5－30	示准拍卖	陈树森前在泥城桥西首租地起造奇园,曾亏欠美日各商及地租等银,为数甚巨,因是涉讼于英界公堂,经中西官会讯后,判将奇园拍卖公摊,嗣有锦名黏贴告白声称尚有租银未清,不得擅拍,以致迁延至今,后由美日领事讼致谳员张赓三直刺,请传谕锦名,以租银亦出公摊之例,何得从中阻挠?直刺遂发单传谕,并给发告示往贴奇园门首,定期再行拍卖。
1898－6－19	奉谕拍卖	今由法租界大马路干昌仁零剪店房客逃匿,结欠本行房租英洋七十元,禀明公堂,蒙中西官允准,将店内衣服生财杂件,准于五月初二日十点钟拍卖以抵房金,一切私债与房东无涉,恐未周知,特此布告,玛礼孙洋行。
1898－6－20	声明亏欠房金	法界菜市街大生咸鱼店,该主邵永水向某租住,今欠房租洋九元未曾清楚,现已逃走,候今未到。是已投报捕房,今登报三天,如不来理楚,将生财什物拍卖作房租,特此关照,徐宏玉启。
1898－6－28	声明	兹因兆富里十二号门牌欠租钉门,稽延日久不来理楚,今由本行作主,是端节后招盘与钱阿春开张,前欠往来店账及票款私债等情,均向盛阿狗清理,与新租主钱阿春无涉,特此布闻,新沙逊造白。
1898－7－2	限期拍卖	兹有五马路同芳居后面第廿五号房客,积欠房租,屡次催索延不交付,现因人逃匿不面,限于礼拜一不投本行理楚,准将屋内所剩破什物等拍卖以抵租金,所该一切会款欠项与本行无涉,此布,德和洋行告白。
1898－7－9	房租声明	兹法界后新街德兴里第廿一号门牌楼下,转租与大生咸货店为栈,不料该店主前月(逃)遁,尚欠房金羊二月五元,所有栈内计种烂货破物等件,望各宝行速来看取,准限本月内为止,如仍弗来收取,将其废物变卖以抵房金,恐未周知,特此声明,中虹桥东兴泰主人告白。
1898－7－10	欠租拍卖	准于廿二日二点钟在三马路荟芳里,拍卖妓寓房间、灶间瓷器什物不计,此布,拍下之货,当面现银出清,公平洋行启。
1898－7－11	欠租拍卖	六马路第八百十三号门牌新衣店,该店自行逃走,限期多日,今准限本月廿五日下午四点钟,将生财什物拍卖以抵租金,如不敷,仍向原人追讨,此布,老沙逊洋行启。
1898－7－15	生财出卖	吴淞路河字第四百五十三号野荸荠茶食店,亏欠房租,逾限不来理清,今由本行将该店生财出卖,以抵欠租,如要者到账房面议可也,瑞记洋行经租账。

时　间	标　题	内　容
1898－7－22	欠租拍卖	准限本月初五日两点钟,在东棋盘街明园楼上同昌客栈主,欠租逃往,今将生财拍卖之银以作租金,倘有短少,后仍向原主理论,特此声明,本园告白。
1898－8－21	欠租拍卖	兹有浙江路新德仁第五百九十一号天兴栈,积欠房租,因房客避匿不面,今限于礼拜日二点钟,将屋内生财什物拍卖抵租,倘不敷,仍向该房客追究,此布,德和洋行启。
1898－8－29	声明欠租	启者:新闸酱园衖口瑞余永轧花厂房,租自本年正月起,延约至今,已积欠租金八个月,分文未付,今与言明,限至七月半为止,如再不付租,即将生财如数扣卖以抵租金,倘若不敷,仍向原租主理认,特此布告,源昌洋行启。
1898－9－4	马裕贵兄鉴	前承租用敝号房屋开设金波茶楼并干康烟间,已于前月闭歇,所有内中生财,约值洋二三百元。因尊该巨款为时已久,屡催未来料理,是以扣留用,特登限五日内祈来取赎,倘过期不赎,当将该处生财拍卖作抵外,不敷尚巨,延期已久再不清理,定当控追,非请言之不预也,震昌仁号启。
1898－9－7	声明拍卖	新马路眉寿里十三号冯姓,积欠租金,曾将木器暂抵,今已两月望来清理,如再不理,准于七月底拍卖,特先预知,丰财经租启。
1898－9－8	声明	天潼路第二百八十九号卢姓,欠租洋廿一元,避面不见,倘不出为理妥,准于七月底招卖抵租,如不够,向卢追讨文。
1898－9－10	声明拍卖	启者:大兴里八号老五房肉店及廿六七号仁记烟间二户,钉门日久,所欠租金延不清理,兹限廿七日为止速来理楚,逾期不到,准将屋内生财拉卖抵租,如不敷者仍向原租主追究,特此布闻,新沙逊洋行告白。
1898－9－14	特此声明	英界河南路即棋盘街本行第十四号房屋,欠租封门至今,时隔多日仍未理楚,今限七月卅日为止,如不即来理楚,将屋内生财定于八月初一日拍卖抵租,倘有缺少房金,仍向原主理楚,七月廿七日新沙逊洋行告白。
1898－9－16	催付租款	启者:大马路即南京路之转角三层洋房刻已竣工,各宝号预定之房屋虽有定银,理应照例先付租金后住,今有杏林轩、大来、利亨三号只有定银未曾付租,今限期于八月初五日止,如再不付租价,祈得另招别户承租,前付定银一概作为罚款,且本公司曾经通知数次,诚恐该号事冗不及周知,故特再行登报声明,免得两悮公平,维勒公司启。

时　间	标　题	内　容
1898—9—18	欠租拍卖	兹者江西路第二百四十九二百五十号房客隆盛兴木器店,结欠房租为数甚巨,如再不来料理,准限于八月初五日为止,定将屋内物件一处拍卖以抵租项,私债一概不涉,特此登报声明,以免后论也,高易公馆告白。
1898—9—18	盘店声明	荣顺号今盘并小号续开,凡有各宝号与荣顺往来银钱货物会项借款,一切均归庄。
1898—9—26	催赎田单逾限拍卖盛丰预白	有上海县田单系二十二保六区五十图发字圩第一千卅六号,户名沈承白,田一亩五分;又第一千五十四号,户名奚邦士,田一亩。以上二田单前在本行押去银洋,言明暂时抵借刻,逾期已久,屡催不理,人亦不面,为此登报,请速来赎去,不能再延,今限两礼拜内即中国八月廿二日为止,如再不来理楚,即将此田拍卖。如有短缺,仍向原手找取,先此声明,以免后论,万勿自惧,上海四马路盛丰洋行白。
1898—10—7	拍卖偿租	兹因四马路胡家宅三百廿、三百廿一朝北街房两幢,是吴炎记所租,专租与蕴香斋开张,不料叠欠房租数月,屡次催嘱,置若罔闻,不得已将房屋封闭曾有十天,仍未理楚,本公司心存厚道再限三天,如若照前不闻,三天后将生财拍卖抵租,如数不敷,再向原主补足,为此登报,高易成记公司启。
1898—10—12	奉谕拍卖	初一日二点钟,在四马路石路口,拍卖复新园全副生财等件,贵客欲拍,随带定银,倘要预先估看,请至棋盘街平和里升和号领看,恒记代拍。
1898—10—13	拍卖抵租	本行棋盘街金隆里房屋,被鸿兴序土栈于七月底止,积欠租金一百三十二两,该东逃避,故而钉门,迄今仍未来赎,已将生财拍卖抵租,尚欠之数使原东出面向追,特此登报声明,新沙逊洋行启。
1898—10—14	预知拍卖	兹有在新闸新马路瑞余永轧花厂,因欠房租已久,故将店内生财机器等,择日拍卖,如十日内不来清理,定将该生财机器拍卖,已抵租款,特此预告,此布,壳件启。
1898—10—15	欠租拍卖	准于初一日一点钟在西园对门,拍卖温记番菜馆外国极精刀、义次铁灶,又洋盆布一应吃食什物不计,拍下之银已抵租金,此布,高易成记公司全记代拍。
1898—10—18	欠租拍卖	西棋盘街一百卅四号门牌,限三天前来理清,如不来理清,将生财拍卖抵租,如不敷向原人追究,锦名行聚记代拍。
1898—10—21	声明	洋泾浜永裕积欠房租三月潜逃,已报知捕房将该店封闭,今以三日为限,如不来理楚,准解生财拍卖以抵欠租,特此告白,陈与昌辂记经租账房启。

时　间	标　题	内　容
1898－10－23	声明拍卖	兹有吴淞路第一千二百廿八、一千二百廿九号瑞昌地货行，又北河南路二百九十一号源泰染坊，均已欠租，钉门限期以满，今于初十日二点半钟，拍卖生财抵租，倘若不敷，向原主补偿，特此布闻，九月初九日，业广公司启。
1898－10－26	限期拍卖	兹有虹口西华路通瀛公所积欠房租，钉门已逾半月，不来清理，准限九月十五日二点钟，将生财什物一概拍卖，以抵租金，如卖见不敷，仍向原主追清，恐未周知，特此登报，萃源公司启。
1898－10－27	声明拍卖	兹有东棋盘街宝兴堂积欠房租甚巨，该房客私运什物逃匿不面，今限于十三日十点钟，准将屋内所剩破物生财拍卖抵租，卖见不敷，仍向原主追究，此布，德和洋行启。
1898－11－14	欠租拍卖	初一日二点钟，在泥城桥东拍卖岐昌窑货店生财、木器、各色窑货花名甚多，不及细载，此布，陈鸿记账房银记代。
1898－11－19	欠租拍卖	恒升里恒盛公栈因欠本公馆房租，该栈主避匿无踪，伙友前夜走散，屋内尚有生财，今特至期不来理楚，将生财拍卖抵租，倘拍卖不敷，仍寻栈主找结，该栈私账与本公馆无涉，合并声明，高易公馆启。
1898－11－28	声明拍卖	启者：本行洪字第三百五十四号房屋，结欠房租三个月，店主逃避无踪，今限于十六日速来料理，如过期不理，即将所存生财货物一概拍卖，以抵租金，倘不敷。仍向原主理直，他款不涉，特再声明，以免后论，此布。
1898－11－30	拍卖生财	西新楼鸿源里十号房客欠租三月有余，逃避无踪，所存生财已禀明法公堂，旋奉宪谕，登报期三日，如果不来理楚，定于廿日拍卖以抵租款，恐未周知，特此告白，锦名洋行启。
1898－12－13	盘店声明	今有上洋兴圣街顾源生亨记，煤炭瓷器东洋庄货底生财，凭中盘与源丰顺号为业，倘有源生亨各项往来，向顾氏自理，与源丰顺号无涉，恐未周知，特此登报声明，以免后论，源丰顺号谨启。
1898－12－13	奉宪谕拍卖	小东门外东裕新街第九号门牌房客，于本月廿二日逃走，屋内有家用另物，限三天拍卖以抵房租，特此声明，十月廿七日，英商有恒行启。
1898－12－14	奉谕拍卖	法大马路大自鸣钟对门泰源钱庄，因混用铜洋破案，奉谕发封，今已定案。所有屋内生财什物，准于本月初三日下午二点钟，在该处拍卖以抵欠租欠款，特此布闻。

续表

时　间	标　题	内　容
1898—12—19	拍卖	武昌路六百零三号门牌永顺号,欠到柔远轩房租五个月日,于十月初二日逃走,已候月余,再限至初十日来理妥,如若不来理妥,准以十二日将生财拍卖以抵租款,如若不敷,仍向前人追究,特此告白,柔远轩谨启。
1898—12—20	声明串吞	昨阅《申报》盘店声明一则,知虹口天潼路利泰马车行已改履泰顺记,并云利泰所该各项向该行主张宗林自理,与履泰顺记无涉等语,不胜诧异。查利泰于九月廿一日忽然闭歇,所欠各债并马料银洋共有数千元,当时邀齐各债户面商,言明俟拍卖后摊派偿,延约至十月廿二日拍卖时,早已将上等车马私运出外,所拍价值无几,并不摊派,实系有意图吞,况利泰与履泰显有隐戥,是以顺记称为公司,若不先将前欠各户及马料银洋理楚开张,则日后匍匐公庭勿谓言之不早也,此布,各债户白。
1898—12—20	欠租运物逃匿	大马路永成昌披屋转租剃头店,揭欠租四月计洋廿二元,突然逃匿,即当检查,始知逐日将店内物件暗运出外,荡焉无存,经余即报明捕房外,先行声明,永成昌启。
1898—12—28	声明拍卖	兹有虹口吴淞路第三十八号广东糕饼店,该店主走避已久,欠租洋十八元,今限于是月十七日二点半钟,若再不来理,将生财拍卖以抵房金,达此预先布告,业广公司。
1898—12—28	告白	启者:北京路福兴里七十一号信记执事陈昌金,因事累讼,所欠房租九十余两,屡收无着,今再限期三天,如不清理,即将房内器用各物拍卖,以抵租款,所有信记生财早经其东搬去,特此告白,顺记经租账房。
1898—12—30	奉谕拍卖	小东门梅园街第三十四号门牌朱少梅花烟闻,积欠房租四十五元,潜行逃逸,今禀奉公堂判谕登报三天,速来清理,过期不到,将屋内物件拍卖以抵欠租,经租人告白。

从贴票风潮可以看出,当时金融市场秩序混乱,政府管理软弱无力。这个时期,外国资本势力入侵严重,外资银行在中国市场发展壮大,压迫国内金融业,中国原有的国内金融市场秩序被完全破坏,钱庄、票号、银号等传统金融机构的生存空间逐渐缩小,走向衰落。

贴票风潮后,钱庄业信誉受损,金融产品的社会公信度降低,房地产愈发成为人们心中最重要的投资产品,长期持有将获得租金收益和房价上涨收益。

第三章

橡皮骗局

——晚清时期的地产风云（下）

    1910 年六七月间，橡皮股票跌落，橡皮股风潮发生，银根顿紧，上海市面为之恐慌。六月中旬，上海正元、兆康、谦余三庄倒闭后，市面空虚，岌岌不可终日。自正元等三庄亏倒，源丰润、德源、源吉同时受挤，源丰润亦因之不能支持。其东家直隶河北道严义彬托荷兰银行买办江苏试用道虞洽卿为之担保，并以南京劝业场之地皮、股票等件作为抵押，向上海道蔡乃煌借款一百二十万两白银周转。① 九月间，源丰润票庄全国总分号共十七处，同日倒闭。一时连累而倒者，又不可胜计，推原其故，皆由于革道蔡乃煌与度支部负气，急提现款所致。既坑陷无数商人，又震撼度支部，遂令全国金融均为牵动，源丰润、源吉、延吉商号同时停止收付，影响所及，牵动银号歇业者竟至数十家，汇丰镑款亦几为牵累，商场恐慌，上海各处市面大坏，商情异常紧急，银根周转不灵。②

    1911 年 8 月，李鸿章侄子李经楚经营的票号义善源倒闭。自义善源倒闭后，各处市面大受恐慌。义善源票号倒闭，拖欠刘问刍及信大庄七十多万两款项（内有广东地皮押款及沧州别墅第二次押款在内），以房屋地皮及大清银行、交通银行、保险公司股票单据等押款七十多万两，向上海

---

① 大公报馆.源丰润倒闭之原因［N］.大公报,1910－10－15.转引自中国人民银行,山西财经学院山西票号史料编写组编.山西票号史料［M］.太原:山西人民出版社,1990:434.

② 中国人民银行,山西财经学院山西票号史料编写组编.山西票号史料［M］.太原:山西人民出版社,1990:435.

自来水公司押款二十万两。各户倒账及搁账三十多万两,勤昌汤心源十多万两,厚大庄及裕源长庄连垫款押款二十多万两。[①]

裕源长庄、信大庄被义善源欠款数量巨大,不能周转,一时亏倒。裕源长钱庄、信大钱庄押借沪关库款规元十万两,不能归还,被诉讼,经公堂提讯裕源长庄经理许开奎、潘萝龄,前信大庄主刘学询,核明抵存的财产计有:上海静安寺路地产九亩五分八厘七毫,并所造旅馆洋房一所,连基地共置业本银四十余万两,有英册七千三百五十一号道契及英商安特生挂号权柄单各一纸,暨英文押据一纸,配译华文,并将英册七千三百五十号道契地产与英商麦边押款合同,作为保借交存道库作抵……摺上所开抵押产业清单与实际产业、银数均相符,没有以少押多、捏饰虚冒的情形。公堂判令:等候市面恢复,由刘学询设法备款取赎,或者变卖产业归偿,陆续还清欠款。不敢稍有延缓,将来如有不敷,均惟刘学询是问。[②]

义善源票号倒闭后,清理账目,有一部分地产押款的报告如下:"清理义善源账务处任道台等呈部院文:一、第一次汉行押款:公兴栈押款银十三万两,查前项系汉口公兴公司日租界地皮产业及大智门地产,与交通京行合押,登明以上共押款银二十一万两,核数相符,理合登明……二、第二次押据一张,共银四十四万两,一汉口中国界余庆里房屋地产十成之七成,押银五十万两,一汉口沿江公兴栈房屋地产股本,押银三十七万两,一汉口大智门外地皮五千方,押银三万两以上,三项押款银九十万两。除沪行原押二十五万两,汉行原押二十一万两外,下余押银四十四万两,核数相符登明。"[③]

商人们会在政府修铁路的沿线投资购买地皮,以待地价上涨,享受土地增值红利。规划川汉铁路时,原定路线从汉口刘家庙为起点,汉口商人纷纷在附近区域圈地。后来汉口商会总理蔡文会听闻,邮传部拟将川汉铁路改由应山县广水站为起点,认为这样会阻碍汉口商务发达,一方面给

---

　　① 大公报馆.上海义善源收付之调查[N].大公报,1911-4-11.

　　② 申报馆.裕源长庄经理许开奎潘萝龄押具切结[N].申报上海版,1911-8-18,13839(2/36).

　　③ 申报馆.清理义善源账务处任道台等呈部院文[N].申报上海版,1911-8-12,13833(27/32);1911-8-14,13835(26/36).

盛宣怀、端方二大臣致电请求改线，希望仍由汉口刘家庙起筑，另一方面极力多方游说、运动，力图不要改线。囤积有后湖孙家矿、刘家庙等处地皮的汉口商人们，听说改线之后，知道其地产将大受影响，将来车站在广水汉口，他们按旧时路线所囤刘家庙附近的地皮，地价必然大贱。所以各地贩大为恐慌，开会公举张国本等，呈请商会劝业道，转呈邮传部不可以改线，以免汉口经济发展出现窒碍。此外，他们推举代表携带巨资赴京运动。据说汉口商会蔡张畀主张不改线理由是：川汉路线改线，不仅仅是种种窒碍，且统盘计算，并不节省建筑费，而对汉口市面，则大受影响，利害相比较，自应该设法挽回。最终，川汉铁路没有改线，仍照原勘线路修筑，以顾全大局。[①]

　　1911 年 8 月 13 日，本银公司刊登招股广告，号召大家投资地产："启者：本银公司组合外洋华侨、内地绅商召集巨款，在粤在沪禀奉两粤两江督部堂批准，立案出示，开办业已数年，现在广州西关购地六千方，并价银八十四万两，辟作商场，特开一丁字会为办理。此商场之费，经登报招股，销售极旺。兹又在上海设一地产实业公司专理地产房屋事宜，已购入地产一百零八亩余，房屋三百二十五幢，坐落上海地名道契，挂号名单另载，清摺价银七十三万五千四百两，仍照禀准立案章程；开一戊会二十万份，年开四期，每期每份供洋一元，年为满无论得会与不得会，均得还本银，白得股票而享利益。由华侨与热心同志认股八万余份，各埠经理定购亦日多核计，一会所得除交地价外，余款尚巨，将来亦可陆续购买。虽沪地因金融机关迫紧，市上商务稍为冷淡，然上海一隅为万国保护之地，且为中国商务之中心点，富商巨贾咸视为乐土，商务断无不发达之理，加以本地各省以租界治安，纷纷搬入，致屋租日涨，将来地价之加增，定可操券，观粤省革党之乱，所有绅商无不搬往香港，而地价忽较前增至数倍，其故可想，如有愿代为经理丁会戊会或售股者，请到本公司取阅章程，买至百股以外，给予特别利益。远处寄购，原班回件。总银行公司设广州西关，分公司设上海四川路四十号洋楼上。"[②]

　　① 申报馆.汉商请改路线之意见汉口[N].申报上海版,1911－6－17,13777(12/36).
　　② 申报馆.招股[N].申报上海版,1911－8－13,13834(7/36).

　　市场凋败,商业寥落,店家经营亏欠债务,以房地产作抵偿。往往资不抵债,被倒钱庄只好认亏,所剩债务只能一笔勾销。

　　1910年农历九月底,三马路云成绸庄搁浅倒闭,亏欠十家钱庄款项共计三万九千五百两,因为无力归还,由云成各股东请求同业中人许承之、席嘉荪二人一起,苦苦恳求众钱庄通融完结。除归还现银五千七百两外,再将云成牌号、生财底货等一应在内,看在情分上,抬高价算作一万八千两,推抵十庄家欠款之数,订明任凭各庄号变现归还欠款,招盘接顶。后众庄号把店转盘与豫丰泰庄营业。商铺盘价与现银一起,总共才归还了二万三千七百两,离欠款近四万两还短缺很多,但是众股东无力偿还,众钱庄只能看在交情上认亏了事。[①]

　　四海群芳茶楼在1909年农历五月开业,开业后生意一直不好,亏损银洋一千九百元,投资购买茶楼营用器物等花去二千五百元。当时各股东集股总计四千元,如果在1909年年底及时收手的话,卖掉店里的生财器物等项,能把亏损弥补上,当时正副经理确实向众股东提出了这个建议,众股东不同意停业,认为是暂时的亏损,情况会慢慢好转。然而,1910年持续营业整整一年,因为橡皮股风潮,市面更加萧条,反而多亏损七百元。正副经理已无意继续经营,请股东们开会商议,股东们仍然要求开业经营,正副经理看情形不对,直接就停业闭歇,发出盘店声明,希望股东中有愿意接营者接手这家茶楼,否则会盘顶给别的商家,以免继续经营下去亏损愈来愈大。[②]

　　小东门外北城脚老春和元记袜店,前系郑宏贤租牌开张,后因负债太多,逃避藏匿不见各债主,众债主共同登报招盘,盘顶与唐良记营业,共得一千元,大家议定暂存妥善商家收存,等郑宏贤回来后再行分派。然而,郑宏贤回上海后,剩下的债务无力筹措款项偿还。于是总债主只能把一千元开会分派了事。[③]

---

① 申报馆.招股[N].申报上海版,1911-1-6,13621(2/32).
② 申报馆.招盘[N].申报上海版,1911-1-1,13616(31/32).
③ 申报馆.共同摊派声明[N].申报上海版,1911-1-1,13616(16/32).

一、橡皮股风潮下的房地产租赁业危机

1911 年全年招租广告统计,有四十多条,分析其内容,最多的是房屋招租,然后是栈房招租,其他的很少。老牌的地产商,如兆丰洋行、德和洋行、高易公馆,依然是中坚力量;又涌现出许多新的地产商人,比如厚昌祥商号、首善堂、姚幕记经租账房等。

江西路北京路角五福里对门的厚昌祥商号,有众多房产:在大马路后、天津路巡捕房斜对面,有五楼五座四厢房一宅,又两楼两底一宅;浙江路泰安里即品商馆隔壁弄内,有石库门三楼三底四厢房一宅,一楼一底房两宅,披屋、晒台、自来水俱全①;老靶子路乍浦路口,有高大住宅洋房数宅。② 上述房产全部出租。

首善堂出租的房屋,是价值极高的高档房屋,坐落于法租界老永安街,一所高大三层洋楼房屋,内有房间七十多间。该屋前临马路、后近浦滩,处于黄金地理位置,极适宜字号栈房之用。③

表 3.1 为 1911 年招租广告统计表。

表 3.1　　　　　　　　　　1911 年招租广告统计表④

时　间	标　题	内　　容
1911－1－18	单库门招租	大马路德裕里内,有新改造单间石库门数幢,又汕头路德隣里新改单库门数幢房子,清洁宽敞,自来水均全,租价相宜。合意者请至泗泾路一号本行面租,此布,德和洋行启。
1911－2－3	吉房招租	今有坐落后马路同和里,三上三下两厢一宅,披屋宽阔,如欲租做庄号,甚为相宜。合意者,请移玉英大马路南香粉弄陈公馆,或仁记路好华洋行账房面租可也。特此布告,房主陈梅记经记白。
1911－2－3	贵重江岸地皮招租	浦口紧靠路线以东,本局有沿江地皮长数百丈、深百余丈,又自新河至二漾口之间,有地皮深数百丈、宽数百丈,均系逼近铁路,为将来市场中心点。有愿承租营业者,请至南京城内曹都巷本局接洽奏办,浦口市场局启。

---

①　申报馆.招租[N].申报上海版,1911－10－26,13907(1/36).
②　申报馆.招租[N].申报上海版,1911－10－31,13912(1/32).
③　申报馆.招租[N].申报上海版,1911－3－9,13677(8/32).
④　申报馆.申报[N].申报上海版,1911 年全年.

续表

时　间	标　题	内　容
1911—2—9	洋栈招租	兹有高大三层楼洋栈一所,坐落二洋泾桥北堍,全租或分租均可,房金照原价减一成。如合意者,请驾临二洋泾桥北堍、新大昌洋面议可也。
1911—3—1	市房招租	坐落三马路浙江路嘴角大屋一所,如贵客欲开设酒饭及旅馆等类,极其相宜。如合意者,即请至北京路本行面议,租金从廉,此布,兆丰行启。
1911—3—9	招租	兹有坐落法界老永安街高大三层洋楼一宅,内有房间七十余间。该屋前临马路、后近浦滩,极合字号栈房之用。如欲租者,请至该处向管门人领看可也。此布,首善堂告白。
1911—3—9	吉房招租	三马路逢源里三百八十九号石库门三楼三底二厢房一所,欲租者向管门人领看,请至黄浦滩十号义源洋行面议可也。
1911—3—20	住宅招租	珊家园西龙飞马房后面余庆里有三楼三底,二楼二底数宅,租价克己,并无开门小租、种种小费,公馆住宅最宜。入晚印捕守夜,马车可以直达门口,东北西北通姑岭路,东南通白克路,西通派克路。如合意者,请问三弄平江杨宅及西北总弄门楼管门人领看。
1911—5—10	栈房招租	今有坚固高爽下层洋栈房出租,坐落法界二洋泾桥堍,即本行背后,上水甚便,租金格外克己。欲租者,请到小行面议是荷,伯台尔账房谨启。
1911—5—12	西式楼房出租	新闸路三十号西式楼房一所,计大小十六间,附华式楼房三幢。莳花房、打球场、马房俱全。租金从廉。欲租者,请与四马路外滩电报沪局唐仁浩君面议。
1911—5—12	吉屋招租	大马路德馨里之产,现归本公馆管业所有。街面四十一号、四十二号及衖内石库门号房四幢:四十八号、四十九号、五十二号、五十四号。披屋晒台自来水一应俱全,欲做字号极其合宜。欲租者,请至圆明园路廿三号高易账房面议可也,倘向别处承租,本公馆一概不认。
1911—5—19	市房招租	河南路中市第四百九十五号市楼房一幢,及对门青莲坊弄内库门号房数幢。如合意者,祈临北京路十号本行面议租金。此布,兆丰行启。
1911—5—29	减价招租	启者:会乐里石库门前租价洋十四元,今由五月初一起每宅减去洋二元,只租洋十二元。贵客如合意者请至泗泾路一号,或东棋盘街本账房面定可也,此布,德和洋行启。
1911—5—31	戏园招租	坐落法大马路卜邻里口新式大戏园一所,租价格外公道,欲租者请来本行面议,此布,新沙逊洋行启。

续表

时　间	标　题	内　容
1911－6－18	张园内走冰厂招租	启者：兹有张园走冰公司房屋现欲出租，如于开设马戏、影戏、戏法滩簧拳艺等最为合宜，该房宽敞可容坐客二千余人，如有合意者，或租或买均可，请至南市久记木行接洽可也。
1911－7－10	房屋招租	本馆新屋竣工，不日迁移。所有旧址房屋亦颇宽敞，开设行栈最为相宜，后面并有三层楼极坚固洋栈一所，统租分租均可，有意租赁者请驾临敝馆账房领看可也，申报馆启。
1911－7－30	吉屋招租	兹有英界五云日升楼后，宁波路口恒丰里内，五楼五底前后六厢房，又恒裕里口三楼三底四厢房，均朝南石库门。
1911－8－19	招租	现有英大马路德裕里及德仁里库门房子三间，两厢数宅；马立师重庆路马安里三间，两厢数宅；大沽路马德里店面数间以上，自来水等并衖内自来火俱全。租价从廉，贵商欲租者，请至泗泾路一号本行面定可也，德和洋行启。
1911－8－21	南市大屋招租	面南大公馆一所，车马直达，问丰记马头里面培远山房陈宅。
1911－10－15	吉房招租	三洋泾桥源昌南里有吉房数幢，租公馆或开号均属相宜。该处地当要道，进出便捷。租价亦从廉。如合意，请至怡和账房或垃圾桥北祝公馆面定均可，源昌经租账房启。
1911－10－18	招租	兹有各项市楼房出租，地位租金各别，并有现银专做实产押款。泗泾路一号德和洋行启。
1911－10－19	招租	东西华德路洋房四宅：第廿九、卅、卅一、卅二号，又唐家衖鸿兴里二开间二厢房一宅。如欲租者，问管门人领看，租金格外公道，生记经租账房启。
1911－10－19	招租	今有北四川路新造大洋楼数十宅，电灯、自来水俱全，且电车即在门前停站，住宅、公馆均甚相宜。如欲租者，请到后马路乾记弄姚幕记经租账房领看可也。
1911－10－20	吉房招租	马立师大沽路吉房十八幢，内有三间两厢，房内有花园亭子一个，又马房一间，又车房一间。如欲买者，问马立师小菜场角子大有糟坊领看可也。
1911－10－22	高大公馆房屋招租	兹有高大洋式楼房一宅，计三十余间，用作公馆最为相宜。轿马进出直到大门，江西路、泗泾路均可出入，租价甚廉。如合意者，请至英大马路泰昌外国木器号面议。
1911－10－25	招租	今有法界老北门外西首沿滨洋房五幢，前后门均通马路，电车交通更便。门内花圃自来水俱全。如欲租者，请至该处十四号房主住宅面议可也。

时　　间	标　题	内　　容
1911—10—26	招租	大马路后天津路巡捕房斜对面,有五楼五座四厢房一宅,又两楼两底一宅。浙江中泰安里郎品商酒馆隔壁弄内,有石库门三楼三底四厢房一宅,一楼一底房两宅,披屋、晒台、自来水俱全。租金格外克己,如欲租者,请向江西路北京路角五福里对门厚昌祥面议。
1911—10—27	招租	本行经理各房子有屋出租,店面住宅大小均备,屋内晒台、自来水一应俱全。如合意者,请至本账房接洽可也。兹将各界各里开列:英界白克路祥康里;福建路普庆里;美界天潼路头坝渡久安里;西华德路师着里、晋源里、新茂里;老靶子路永兴里、长兴里;法界大马路兴昌里;八仙桥归安里。杨树浦美兴街二马路口祥茂洋行告白。
1911—10—30	招租	美租界里虹口电气灯桥东浼武陵里内,大洋楼大石库门单间库门共数宅,又乍浦路福兰里洋房一宅,又提篮桥东首舟山路舟山里内石库门及号房三十余幢,租金从廉,坐电车亦便。欲租者,至北京路道达洋行或径到该处衖口管门人领看接洽可也。
1911—10—31	招租	老靶子路乍浦路口有高大住宅洋房数宅,浙江路泰安里即品商馆隔壁弄内有一楼一房两宅,披屋、晒台、自来水俱全,租金格外克己,如欲租者,请向江西路北京路角五福里对门厚昌祥面议。
1911—11—1	招租	启者坐落英界云南路山三会馆对过,观盛里街房及号房,自来水、露台一应俱全,租金格外克己,小费分文不取。如合意,请至老闸北京路东海本账房面议,或向管门人领看亦可,玛礼孙洋行特白。
1911—11—14	招租	英租界内大公馆招租,欲意者,请函询申报馆账房转交 W 先生接洽。
1911—11—18	招租	本行代经理各处楼房出租,如欲租者,请随时问四马路廿号门牌海定洋行可也,电话二五四零,海定洋行启。
1911—11—18	招租	今有英界三洋泾桥北东莲坊衖内,六楼六底石库门两幢,及沿街店面屋两间。租金公道从廉,如欲租者,请至后马路福绥里口镇昌庄内接洽,或至藤业公司亦可,特此布告。
1911—11—21	吉房招租	打铁浜南苏州会馆东首怡昌里,四幢四厢楼房一所,披屋、自来水一应俱全。合意者,问前面葛宅领看,或至淮海路朱森泰议威均可,朱森泰经租启。
1911—11—24	大屋转租	兹有五楼五底两进全租、分租皆可,欲租者请至英界新垃圾桥北块公益里中弄一百五十四号程宅内,面议可也。

续表

时　间	标　题	内　容
1911—12—1	招租	启者：兹有洁净市房住宅及浴堂，坐落杨树浦太和里，诸君合意请向本行面议，或太和里内经租处亦可，嘉利洋行告白。
1911—12—3	公馆房招租	新小东门内数十步，马车直达，门面楼房三幢，内进堂楼三幢厢房四幢，披屋三间，晒台、自来水、电灯俱全，如欲租者，请向老太古账房陈官一处议价可也。
1911—12—31	招租	开封路西森康里间壁沿马路，十幢四厢房，又小楼五幢、过街楼两间、厨房五间，另有小花园即留美预备学堂旧址，每月租洋一百五十元。欲租者，可向四马路怡和余账房面议。

二、橡皮股风潮下的房地产销售拍卖

平民生活中如果遇到事情，急需花钱，卖地或作地产押款是获取银钱的主要途径。上海地价虽昂、土地价值虽大，但中间人盘剥严重，因此到了地主手里已经损耗不少。押款虽然能暂时保有地产，但利息之高，一般平民皆承担不起，一旦本息难还，土地就要被拍卖掉抵款，迟早要沦落到卖地失田的地步。

乡民时和尚以地产抵押向工部局借款二千两，每月应付息十五两，后拖欠利息三个月，欠息四十五两，被工部局诉讼到公堂，判令其限期照付，谁知到期仍未付款，又诉到公堂，请求再宽限他七天，同意了。但如若他再不付款，他的押款合同就会作废，地产会被拍卖掉抵款。时和尚是否还款，不得而知，但可以推测到，他的土地最终肯定会失去。[①]

1911年，皮坊主樊成田被某山西商人控告不赎抵押地产，公堂判令限期赎回，逾期不赎将被拍卖。限期到后，官衙让樊协同原地保陪同原告一起，核实土地没有被其他人侵夺，预备拍卖。[②]

有一些地贩子，因为从业日久，利用人脉和多年积累的名气，做空买空卖的勾当，利用别人的地产，借鸡生蛋，到银行抵押取得押款，辗转腾挪，侵蚀别人财产。著名地贩沈学安因与许陈氏地产纠葛，被许陈氏扭送

① 申报馆.勿再自误[N].申报上海版,1911—1—7,13622(20/32).
② 申报馆.预备拍卖[N].申报上海版,1911—3—2,13670(20/32).

到公堂,捕房收押候审。[①] 这件案子里,地贩沈学安长期侵占陈氏地契不还,以致产生诉讼。

吴四明曾将自己契地一方抵与吴胜泉,不想被其串通地保金顺堂,把地产盗卖,转为道契,卖地所得款项被二人瓜分,诉讼后,判令吴胜泉交还吴四明地产。[②]

上海城内九亩地一带,地价自开辟小西门以来日渐增长,但是该处的土地并没有田单契据,总有人冒认营地,地主相互争执。有乡民陈宝全赴县衙控诉,其舅父林顺宝坐落该区坟地一亩六分七厘,因其舅父无后,被姚金山陈荣省串通勾结盗卖。经田县令立案审讯,显系姚陈二人冒领盗卖,于是该土地被判充公。[③]

亦有外商相互勾结、妄图欺骗中国官署的事情发生。例如,永年人寿公司经理包英与梅藤更医士串通一气,声称一件土地交易,地价二万元,包英费用六千元,一共二万六千元,要求中国官署赔偿,企图坑骗中国政府。后经官员仔细查探,二人所言土地交易根本不存在。浙江抚台即致电外务部及英总领事,声明梅藤更种种不合理行为已严重侵害中国政府利益,性质恶劣,是"严重交涉"事件。[④]

上海有一种地贩勾结串通地保,将华界地产卖给洋商,转换成道契,以图渔利,此事被上海道听闻,认为这涉及华人国权,必须严禁,于是会商领事馆,以后凡有华界地产售卖,洋商部不准转换道契,并下令各县局严查禁止。然而,屡禁不绝。[⑤]

英国货币先令的汇率变化,亦会给房地产从业者的经营带来困难和损失。例如,英商罗白臣控告地贩叶薇生抵地不赎案。叶薇生以自己的土地作抵,向罗白臣借款一万英金,不料到还款时间,先令升值,以致一万英金,他需要多还几千元银洋,亏损太大,不能及时还款赎地。第一次经公堂判令,将叶之地由罗出租收取租金,罗白臣再次控诉称叶之地早已出

---

① 申报馆.地贩还押[N].申报上海版,1911-1-19,13634(20/32).
② 申报馆.盗卖地产[N].申报上海版,1911-5-27,13755(20/36).
③ 申报馆.杜绝盗卖地产之希望[N].申报上海版,1911-1-22,13637(19/32).
④ 申报馆.外人攘夺地产诬张为幻之真相[N].申报上海版,1911-3-10,13678(10/32).
⑤ 申报馆.华界地产不得转换道契[N].申报上海版,1911-4-3,13701(18/32).

租,且所押地契中,有四张是伪造。叶称所抵之契是真实的,但并不是罗
所查得在大清银行受押之地。最后上海县衙查实,有两张地契属于伪造,
另有两张地契来源不明,叶所盖造房屋土地中,有三分地是向地主邵诛山
租用,邵诛山去世后,由其妻弟章姓收租,并不属叶薇生所有。[①] 在此案
中,地贩叶薇生在来源不明的土地和少量租用的土地上盖房造屋出租,并
且利用自己做房地产生意的便利,用别人的地契及造假的地契,骗取大清
银行及英商地产押款,因为英国货币升值变化,英商押款数目增加几千
元,无力偿还,最终案发。

有更多的人,用房地产抵押借款,到期无力赎回,不得已拍卖掉。

洪佩卿于西历 1908 年 4 月 24 日,将坐落于新闸的房屋地产向立兴
洋行抵款十万两,1911 年 4 月到期,无力赎还,不得已将产业拍卖理偿
欠款。[②]

某法商控告宋春元不赎抵押房屋地产,公堂判令将房屋地产拍卖归
还押款,已经将房屋拍卖出去,但宋春元逃避藏匿到汉口,不肯拿出房屋
地产契据,公堂即把其母亲拘押起来,其母称此事全系由她作主,原告必
须再找银三百二十两才能给出契据。后经其家属出面,才料理妥当
事情。[③]

由于不懂外语,无法直接与洋人沟通,一切依赖中人,在地产交易中,
受中人蒙蔽的事也常发生。地保蔡恂成请中人顾桂林、谭长生作保,将房
屋地产抵押,向洋商巴吉借银八百两,言明利息每月十一元二角。后蔡恂
成每月按时支付利息,九年后,蔡与中人顾桂林谈好,该块地产就抵偿给
洋人,洋人再找补给他六百元。不想,洋人巴吉却把蔡恂成控告到公堂,
说九年来本息都未见到,要求蔡归还本钱八百元、利息七百七十一元。经
公堂审查明白,原来是中人顾桂林两头蒙蔽,私自吞利。洋人巴吉把蔡恂
成的房屋拍卖,得款八百元,剩利息七百七十一元追偿,最后公堂判令蔡

①　申报馆.华人抵借洋债之纠葛[N].申报上海版,1911-4-20,13718(19/32);13772(19/32).

②　申报馆.法租界限期拍卖[N].申报上海版,1911-4-20,13733(21/32).

③　申报馆.有意抗延[N].申报上海版,1911-5-30,13758(21/36);1911-6-8,13768(20/39).

恂成迁出房屋,并付清巴吉利息,中人顾桂林一同承担偿还责任。[①]

表 3.2 为 1911 年房地产出售拍卖广告统计表。

表 3.2　　　　　　　　　1911 年房地产出售拍卖广告统计表[②]

时　间	标　题	内　容
1911—1—7	礼拜一拍卖	奉法公堂谕地皮,宝和洋行准于十二月初九日下午三点钟,在本行内拍卖,坐落西门外二十五保九图罔字圩土名罗家湾,法册道契二十九号,丈见实地八分三厘三毫。届期请驾临小行面拍。如要看道契及图样,请至本行面看可也,此布,宝和洋行白。
1911—1—17	礼拜二拍卖贵重地产	瑞和洋行准于十七日下午四点钟,在本行内拍卖上等大洋房一宅,并马房、车房、花房、拍球场菜出以及佣人余屋等计地十五亩,另即英册第七千二百二十六号坐落徐家汇一号门牌,便是各客,欲知详细者,请至小行面询可也,此布。
1911—1—20	押款贵重地产	准于年廿七日下午四点半钟,在本行拍卖地皮一方,坐落白克路,在英署注册,契号第三千四百卅九号,计三亩另一厘,上连头等中国房九宅又三宅,合为大公馆住宅一所,共计十二宅,其地北系 BC 第三千四百卅六号,南系白克路,面前约四十尺,东乃走路,西乃龙飞地基,此产业统归一庄拍卖,定价极廉,倘欲看契券及知一切详细者,请问小行可也,此布,鲁意师摩洋行启。
1911—3—9	房产地皮宝和洋行	该房屋地皮定期登报在本行拍卖。地皮一块,坐落二十五保一区四图改字圩三百八十六号,业户曹瑞章,计地一亩四分七厘九毫正;又改字圩三百八十七号,业户奚张茂计,地一亩二分八厘九毫;又改字圩二百四十五号,业户任泰巧计,地五分五厘正,共计地三块,均是方单,均归一庄拍卖。如若贵客要看,请驾临小行问观可也,此布,信鼎、悦成、泰昌、隆顺昌公司鉴。
1911—3—21	礼拜五拍卖贵重地产	准于初二日下午四点半钟在本行拍卖,由押款人来,地皮一块上连三层楼洋房及栈房二宅,计地三亩三分三厘,美册第一千二百卅号,坐落在西华德路,与兆丰路北面转角,该产现已租出,订有合同。各客欲知详细,请至本行面询可也。此布。瑞和洋行。

① 申报馆.法租界中人蒙蔽[N].申报上海版,1911—6—8,13774(20/32);1911—8—11,13832(20/32);1911—8—14,13835(20/36).

② 申报馆.申报[N].申报上海版,1911 年全年.

续表

时　间	标　题	内　容
1911—4—5	礼拜二拍卖	奉会审公堂谕,不限价贵重地产,准于十三日下午四时半在本行拍卖地皮一块,花旗公馆第一千五百十号,坐落在杨树浦兰路里面,离兰路约一百八十尺,照道契计三亩六分零五毫,照工部局推广路章程四十三号,此路至少一半要划去,进业者须要遵依,欲悉详细,请问小行可也,此布,鲁意师摩洋行启。
1911—4—17	贵重产业出卖	鲁意师摩洋行始创自同治十三年,即英一千八百七十四年,兹有徐家汇路十四号洋房一宅,内计九间:书楼、大殡间、弹子间、早晨间、大串堂、卧房三间、浴间、佣人间、厨房宽大、马棚、马车间、汽车间、花间、玻璃花房子二间,冷热水均用电,此屋新近已不惜重费改葺齐整,可称头等产菜,系马海洋行建造,离徐家汇路约五十尺,极其清静其屋,朝南西而无灰沙,夏天极凉,屋之外有地十二亩,乃是拍球场、池塘、菜园、玫瑰松竹等树,开放甚佳,再外又草地廿三亩,共计围圈此屋,计地卅六亩,而且极便,由电车末站几分钟可到,并且廉价出售,如要做押款者,可买数三分之二做之,倘欲看者,可子英四月廿号至廿三号内可看,然要看者须先到小行,要进业者详细一切均请驾小行可也,此布,鲁意师摩洋行启。
1911—4—29	礼拜二拍卖	奉英衙门谕贵重地产,准于十一日下午四点钟,在本行楼上不限价拍卖地皮一方,坐落新北四川路,流冰公司在新北四川路王陆路转角,在英署注册第三十九号,宝山计一亩六分六厘七毫,北首即工部局公路,南首BC七百廿六号,宝山计二亩三分二厘四毫,北首中间浜,南首四号大英地皮注册,东首三号大英地皮注册,西首王陆路,二共计三亩九分九厘一毫,其地可造住宅,电车极便,细情请问小行可也。此布,鲁意师摩洋行启。
1911—5—11	拍卖地皮	准于十七日下午三点钟,在本行拍卖地皮一块,坐落杨树浦路集成纱厂对面,沿马路英册道契二千三百七十七号,计实地十三亩零五厘,如贵客欲拍,早日驾临小行面看道契图样,一切详细可也。此布,宝和洋行。
1911—5—12	礼拜五拍卖	奉公堂谕,宝和洋行准于十四日下午三点半钟,在本行内拍卖地皮一块,坐落杨树浦路麦瓣里瓣路,相近上邑,二十三保一区一二图平字圩六十五号,业户彭四全观,计地五分另二毫,上有平房数间,均归一庄拍卖。欲知详细,驾临小号面议可也。此布,宝和洋行白。

时　间	标　题	内　容
1911－5－16	礼拜三拍卖贵重地产	瑞和洋行准于五月十一日下午四点半钟,在本行拍卖贵重地产一块,上连洋房,计地二亩五分五厘五毫,坐落在福州路江西路英署第廿二号 B 字工部局地样第九十九号,该产适在中央繁盛之区,出入灵便。如各客欲知详细者,请至本行面询可也。此布。
1911－5－19	鲁意师摩洋行	兹有地皮一方 BC 第六千五百卅三号,在白克路即相近卡德路,照契计三亩二分九厘一毫,上连新房屋,即卅五号白克路;又地皮在浦东 BC 第三千八百六十号,照契二亩六分一厘三毫;又第三千八百六十一号,照契七亩一分四厘五毫;第三千八百六十二号,照契五亩三分一厘三毫;第三千九百卅六号,照契三亩二分三厘八毫;第三千九百卅七号,照契四亩九分四厘七毫;第三千九百卅八号,照契二亩六分一厘八毫;共计廿五亩八分七厘四毫。又地一方,坐落上海北界 BC 第一千五百八十二号,照契二亩三分另六毫。倘要知一切详细,请向小行,或问北京路十一号担文律师亦可,此布,鲁意师摩洋行启。
1911－5－19	拍卖	准于本月廿四日下午四点钟,在本行拍卖,由立兴洋行来押款、过期不赎地皮房屋一方,该地坐落在华界新闸桥路即新闸桥北首,共计地廿三亩六分七厘二毫,上连住宅房屋一百五十幢。又店面房子四十幢曾在英署注册 BC 号码第二千三百十二号,五千一百廿七号,又意署册码第三十四号,计道契三纸,以上统归一庄拍卖。是屋现下均有上等房客居住,其租金亦为丰厚,该产业即闸北洪安里洪庆里是也。各买客欲知一切详细及图样等,请驾临小行面询可也,壳件洋行启。
1911－6－13	拍卖预先告曰贵重地产	金和洋行贵重地产一块,上建平房廿八间,五开间四厢房一宅,计地一亩六分六厘九毫,坐落在靶子路、黑狮路英署道契第一百八十九号,东至半路,南至汇广地,西至陈姓地,北至陈姓地,有白克路登贤里内,造就红砖住宅三间二厢房,连阳台过街楼三宅二间一厢房,连阳台过街楼二宅,该产适在中央繁盛之区,出入灵便。如贵客欲知详细者,请至本行面询可也,此布,金和洋行启。
1911－6－22	不限价地产	金和洋行准于六月初二日下午四点钟,在本行拍卖地皮二块,住房五宅,地址详细登明,前报此布,金和洋行启。
1911－6－26	礼拜一拍卖贵重地产	金和洋行准于六月初一日下午四点钟,在本行拍卖贵重地产一块,所有靶子路、黑狮路之地,因一时原主不及来申,待原主来申,再行声明,在白克路登贤里内造就红砖住宅三间二厢房,连阳台过街楼三宅二间一厢房,连阳台过街楼二宅,该产适在中央繁盛之区,出入灵便。如贵客欲知详细者,请至本行面询可也。此布,金和洋行启。

续表

时　间	标　题	内　容
1911－6－27	贵重地产	准于初二日下午四点钟,在本行拍卖地皮,坐落新北河南路东鸭绿路 BC 宝山第七百十九号,计十亩另三分二厘六毫,北首乃公路,对北河南路,南首未注册地,东首公路,西首大路到江湾。此极便当地,计二亩六分四厘四毫三分八分四厘,每有好路在面前,BC 六千七百十八号,计一亩八分三厘,BC 六千六百五十四号,计四亩另七厘三毫,此二路在东鸭绿路,细情可向小行,此布,鲁意师摩洋行启。
1911－7－3	礼拜一拍卖贵重地产	瑞和洋行准于十五日下午四点钟,在本行拍卖地皮一块,上连四层楼洋房一座,又中国房子十二宅,计地二亩七分二厘八毫,坐落在新闸英册第二千七百廿五号,工部地册第一千零卅二号,又地皮一块,计地一亩一分六厘五毫,坐落在长浜路,即马霍路相近法册,第六十五号法工部地册,第一千四百廿七号,以上均系押款到期不赎之产,如合意者,请至本行写字间面询可也。此布。
1911－7－4	奉会审公堂谕贵重地产	准于十八日下午四下钟,在本行拍卖地皮数块,计开 US 第一千三百五十九号,照契计十一亩八分三厘二毫,北首系租界,面前约一百四十尺,西首近麦根路,南北西广肇山庄,余地又一块,US 一千五百十号,照契三亩六分零五毫,在杨树浦集成纱厂对面弄内。其地原名忻家宅,相近兰路,又一块 US 一千四百七十八号,照契十一亩九分,在新靶子场直北曲家桥朝东,朝南即狄家浜,石桥下塊大竹园隔壁,一切详细可问小行,此布,鲁意师摩洋行启。
1911－8－2	不限价贵重地产	金和洋行准于初八日下午四点钟,在本行拍卖地皮一块,计开英册第四千八百十三号道契,坐落英界静安寺西首老勃生路,出入便利,贵客欲知一切详细者,可至小行询问,可也。此布,金和洋行启。
1911－8－11	礼拜二拍卖贵重地产	准于廿八日下午四点钟,在本行拍卖地皮一方,坐落华德路大约杨家浜中间 BC 第四千五百零九号,CAD 第三千八百九十九号,其地形式极好,相近方方,面前约一百五十尺,在华德路照契十亩 00 一厘五毫。如要知详细并看图样者,请至小行可也。此布,鲁意师摩洋行启。

续表

时　间	标　题	内　容
1911—8—19	礼拜一拍卖押款贵重地皮洋房	壳件洋行始创自同治九年即英一千八百七十年,准于七月十二日下午四点钟,在本行拍卖贵重地产洋房,该地坐落在坭城外,即静安寺路一百五十九号,英册 BC 第一千零三十五号,一千八百六十四号,一千九百九十五号,二千一百卅号,二千二百五十七号,CAD 第二千二百七十号,计地十七亩一分八厘八毫,上连三层楼大洋房一所,内有大菜间、书楼间、会客间、藏书室、弹子间等共计六间卧房。计十四间:洗浴间、九间中西灶间并有佣人间、马房、花园、玻璃暖花棚、抛球草地,凉亭栽有树木花草。是屋顶建有月台一座,装有石栏杆,该洋房内外装有自来水、自来火、电气灯、电气风扇,东广红木家私、着衣镜、火炉镜、大菜台、书楼椅、书橱及各种洋式木器以上统归一庄拍卖。是屋概用坚固材料造就,欲知一切详细及图样,或至该处细看,请驾临小行面询及备缄可也。此布,是屋竣工后,未有人住过。瑞和、鲁意师摩、宝和、壳件、德和启。
1911—8—20	礼拜五拍卖肥皂厂及地产	瑞和洋行准于初二日十一点钟,在本行拍卖长余肥皂厂一所,坐落在浦东张家浜南面,照方单计地二亩九分半,以及房屋生财做肥皂机器等不计,各客欲拍者,随时可至该处看明,届时至本行面拍。欲知详细,请至本行询明可也。以上之厂连地均归一庄拍卖,且可立即开办,惟拍后须付现银。此布,瑞和洋行启。
1911—11—4	出售	今有顶好洋房产业出售,兹将各处地址如左,或在英租界坭城外美租界华特路崑山路等,均官绅商欲买者,祈请驾临小行面询可也。此布,壳件洋行启。
1911—11—4	拍卖	准于九月廿三日下午四点钟,在本行拍卖贵重地产,洋房该地坐落在坭城外,新闸路第六十号,相近小沙渡路,计地亩一分零八毫,BC 第三千五百九十一号,上连洋房一所,内有大客堂、大菜间、书楼间,共计三间,卧房四间,浴间、佣人间、马房,连有厢房及大天井、灶,彼并有花园,栽就树木花草,且电车直达门前,进出最便,如官绅商欲为住宅者极宜。欲看图样及随时要买者,在拍期前随时可至小行面询可也。壳件洋行启。
1911—12—1	奉公堂谕地产	瑞和洋行准于十四日下午四点钟,在本行拍卖地产一块,坐落在闸北总局隔壁出路,英册七千一百四十三号道契,地七分二厘七毫,上有三开间四厢房,大平房一宅,如各客欲知详细者,请至本行面询可也,此布,瑞和洋行启。

续表

时　间	标　题	内　容
1911-12-5	贵重地产宝和洋行	准于十六日下午四点钟,在本行拍卖地产,一方计地一亩二分零四毫,上连头等红砖青石高大洋房一宅,计开房屋下层有写字间、穿堂间、电灯间、崽者间、前后扶梯间浴间共十八间,二层楼可容两家住宅,每宅有正房三间,书楼间、大餐小孩卧室箱物间、浴间、厨房间房,大阳台三层楼与二层楼同式,平屋顶,每层上落均由机器升降梯,二乘房屋工料坚固,且修理完美,如贵客欲知详情,临小行指看图样可也。此布。
1911-12-11	礼拜四拍卖不限价贵重地产	鲁意师摩洋行始创自同治十三年,即英一千八百七十四年,准于廿四日下午四时,在本行拍卖地皮一块,坐落北东租界过蓬路,到海宁路 BC 第一千一百十三号,工部第四百六十四号,照道契三亩一分八厘四毫,此产业已租与别人廿年,每年租金银五百两,正其租契于一九一八年十二月三十号到期,今照此格式拍卖,又地皮二块坐落杨浦路,相近威妥玛路,前面莫家浜路第五千五百七十六号,工部第四千二百廿 BC 号,计三分六厘,BC 五千五百七十五号,工部第四千二百廿七号,计四分九厘四毫,两共计八分五厘四毫,计一庄拍卖。以上之地均不限价,一切要看图样。知详细者,请至小行可也,此布,鲁意师摩洋行启。

各地产公司业务广泛,例如,英商汇昌公司专做买卖地产建筑业务,绘制图纸、承包工程、经理房租,兼办道契挂号,还承做押款代理,银公司及英国各厂各公司委托的事务。各公司聘请的华人买办,是这些业务的主要负责人。例如,汇昌公司聘请的买办董杏荪。[①] 1911 年 9 月 1 日,华侨积聚兴业银公司发广告声明,聘请陈梅生为地产事业公司总经理,负责所有上海地产房屋事宜及销售戊会股票。[②]

国内房地产投资者众多,而且基本上会把财富传承给自己的后代。例如,光绪三十三年(1907 年)农历十一月初十日,浙江海盐陈幼记购买大业地产公司第四十九号股票十股,陈幼记去世后,此股票由其儿子继承下来。1911 年,该股票价值计规元一千两。[③]

政府部门亦经营房地产业务,以补充财政经费的不足。

---

① 申报馆.英商汇昌公司广告[N].申报上海版,1911-9-17,13869(7/36).
② 申报馆.华侨积聚兴业银公司特别广告[N].申报上海版,1911-9-1,13853(13/36).
③ 申报馆.遗失声明[N].申报上海版,1911-9-2,13854(6/36).

　　江浙省计划取消旗营,遣散旗营并取消其驻防形式后,要把旗营的地产变卖,补助军需,解决财政特别困难、军费不够的问题。[①]

　　辛亥革命后,盛宣怀的家产一度被革命军抄没。1911 年 12 月 29 日,上海都督府连日举行会议,拟用盛宣怀的地产,抵押借款。听闻盛有地皮六百亩,坐落在宝山境内,民军将以这块地产,抵借银八十万两,以充军需,并听闻某外国银行要承做这项押款。[②]

---

①　申报馆.要闻[N].申报上海版,1911－1－4,13968(10/24).
②　申报馆.处置盛氏地产[N].申报上海版,1911－12－29,13963(18/28).

第四章

信交之祸

——北洋政府统治时期的地产风云

　　1920 年至 1922 年是苦难深重的两年,自然灾害不断,瘟疫横行。1920 年北方八省(旧行政区,现山西、山东、陕西、河南、河北五省)大旱,1921 年甘肃大地震,东北鼠疫,上海、北京等内地城市天花流行。除了天灾,还有战乱。南北割据,军阀混战。北洋政府财政困顿,商业不振,市场萧条。对外,库伦失守,对俄贸易停顿。在内外交困的艰难时局中,1920 年发生的中交挤兑风潮和 1921 年发生的信交风潮无异于雪上加霜,大量钱庄、商号倒闭,引发了大面积的经济危机。

　　中原扰攘,满地妖氛,老百姓无日不处于水深火热之中,避灾避无可避,土匪遍野,民食维艰,加上飓风的危害,颗粒无收,无日无灾,天灾人祸哪里有净土?[①] 本已极其艰难的生存环境,时不时出现的经济危机,更使得老百姓生活雪上加霜。上海在飞速的城市化进程中,房地产业蓬勃发展,外国及国内资本纷纷涌入房地产业,上海房地产价格腾飞,租金高涨,大量房屋被建造起来。然而,虽有广厦万间,平民百姓依然难以拥有一间安身之所,大量地产被少数人垄断,贫富分化极其严重。房租翻倍增长,严重影响到百姓的生存,抗租运动此起彼伏。历次金融危机必然会引发房地产业危机,双重危机对经济造成巨大损害。

---

　　① 　张南泠.避灾琐言[N].申报上海版,1922－10－28,17846(18/24).

一、天灾和瘟疫不断

北洋政府统治时期,自然灾害频发,旱灾、地震、水灾、冰雹、飓风接踵而至,灾区到处出现,政府无力赈灾,百姓流离失所、哀鸿遍野。第一次世界大战爆发后,西方各国处于混战中,无暇顾及中国,英美日等国担心失去在中国已有的地盘,对中国采取分裂政策,各自扶持国内的军阀势力,让他们充当争权夺利的先锋。国内军阀为争抢政权及地盘,不断发动战争,国内几无净土。连年兵灾破坏了社会正常的生产及商业贸易基础,产生大量逃亡人口,上海特别是租界涌入大量人口,由此产生的住房需求支撑上海房地产业的兴旺发达。也许是因为生活所迫,也许是因为房地产业创造的财富神话或别的原因,在投机资本的推动下,旧上海整个社会呈现一种不健康的心态:梦想快速致富,想通过股票等金融投资实现一夜巨富,政府对金融市场几乎没有监管,近代上海金融市场成为投机家的乐园,掀起一场场金融危机和房地产业危机的波澜,给近代上海带来沉重的灾难。

（一）北方八省旱灾

1920年,北方八省大旱。西北各省灾情严重,受灾区域非常广,灾民至数千万之多。此次旱灾为四十年来所未有的大旱灾,虽然有一些社会慈善人士帮助收养一少部分饥民,但难以普及所有灾民。当时直隶《正定通讯》报道:灾民遍地,情形非常悲惨。有合家数口闭门自缢的,又有先将其五个孩子杀死,然后夫妇相继自尽的。有一父亲带着其幼女到市里,想把其女儿以三元银洋卖掉,往返数次,无人过问,饥饿难耐,挖坑把幼女活埋,其女儿极力抵抗,其父就用锄头打死幼女再埋掉。《山东通讯》报道:该处的居民年轻力壮者,均出外乞讨去了,家中仅存老人稚儿,无力养活自己,所以溺毙小孩的事情天天都有发生。亦有全家逃荒,沿途卖掉孩子后,因困苦太甚,不能再承受孩子的拖累,就将还没卖掉的婴孩投弃到路边的井中。据说各处的水井中,投满了小孩的尸体,井水污浊不堪,不能饮用。报纸所报道的不过是受灾省份的一二处,所叙述的亦不过是灾民情形的一二处,就已经惨烈如此了,其他灾民情形如何,可想而知! 就是铁石心肠也要为之垂泪。北方的冬天奇冷无比，行旅偶然经过，都冷得难受，旱灾过后，草木几尽，庐舍一空，灾民无衣无食，难以活命，冻馁僵卧在路边无数。[①] 八省大旱，继之发生兵乱，天灾人祸，接踵而至。

1920 年农历六月初二下午，陕西淳化、耀县、富平、泾阳、高陵一带，忽然降冰雹，大如鸡蛋，历时三个小时之久，冰雹厚度积有一尺多。恰逢地里的禾苗正是抽穗开花的时候，这下不能结粒了。二茬麦苗全毁，即使是麦草都无可收拾。该地区所有树木无一绿叶，田地中有农夫在路上行走，不幸被冰雹打死的甚多，被击坍塌的房屋遍地都是。陕西连年经历兵燹旱灾，又受冰雹灾害，其田地里的秋苗多半被灾害毁尽了。秦地的老百姓可怎么生活呢？啼饥号寒、颠沛流离、十室九匮，卖儿鬻女、乞哀告怜，依然是箪瓢屡空、糠豆不赡。[②]

《大陆报》报道，1920 年 12 月 30 日汉口电，河南山东灾民已经抵达汉口，人数有两万多，全部苟且居住在郊外，情状可怜，奄奄待毙。当时汉口官府及慈善家们发动力量筹集二万五千元，进行紧急救助。但这批灾民最终又流落何处，他们的命运如何，不得而知。[③]

北洋政府为赈灾，特别征收三种附捐筹款。第一种，海关暨海关兼管五十里内常关之附捐；第二种，各省内地常关及厘金货物税之附捐；第三种，路电邮等项交通事业之附捐。海关附捐除 1920 年抵借赈款四百万元，由财务委员会议决定尽数分配各省，交华洋义赈会团体散放，统计剩余三百万元，1921 年继续拨给各省救灾。内地征收常关税、厘金、货物税附捐，以此为偿还基础，发行赈灾公债二百万元，款项分别拨交各受灾省份。路电邮等项附捐款项，除由交通部办理以工代赈外，从 1921 年二月至九月，提五成归前督办赈务处，拨放紧急赈灾之用，这笔款项计每月摊交十万元，亦必须先期筹借，计凑集八十万元，分配各处散放。[④]

（二）水灾

自 1921 年 6 月开始，南方几省遭受了水灾，受灾地区遍及浙江、江

---

① 申报馆.苏省公民为北省灾民乞赈电[N].申报上海版,1921-1-3,17198(10/16).
② 申报馆.义赈会报告陕灾之剧烈[N].申报上海版,1920-6-20,17001(11/24).
③ 申报馆.豫鲁灾民抵汉[N].申报上海版,1921-1-1,17196(7/10).
④ 申报馆.附赈仍须延征[N].申报上海版,1921-12-30,17552(5/18).

苏、湖南、安徽等地,大水冲毁了田地房屋牲畜,灾民无数。

扬中县西乡新壩一带,1921年大水为灾难,禾苗淹没,颗粒无收。直至1922年1月,各圩田中积水仍然尚未退尽,以致二茬麦难于播种,一般民众都无法补救,间或有一点点赈款,杯水车薪,无济于事。当地各学校都组织起学生来义演赈灾。①

1922年,浙江省遭受四次暴风雨灾害,灾区广达六十多县,灾民多达数百万人,奇灾浩劫,亘古未闻。浙江成立"浙江壬戌水灾筹赈会",督军卢永祥亲任会长,向社会各界广泛募捐。②浙江省水灾,绍兴府那边最严重,连遭五次,遍及七个县,秋季山僻之地的灾民已经在吃草根。进入严冬,饥寒交迫,这些灾民更是生存无着。③

湖南在1922年这一年亦叠患水潦、民生凋敝。从夏天开始先是旱灾,继而遭遇暴风雨,低洼地区先被淹没,不久山洪暴发,到处一片汪洋,庐舍人畜漂走无数。④

安徽无为县三面临江,江堤二百六十里,是长江上下游所仅见。其县境内的沿河水道纵横又有一千多里,当地百姓筑堤成圩,与水争命。自1921年夏历6月27日开始,大雨如注,降雨量足有二尺多,水流湍急,汇聚成洪水,冲垮了县境内大大小小所有六百多圩田,及沿江各洲地十七八万亩先后溃破,房屋牲畜都漂没无存,人民露宿风餐,泣声震野。仅存若干山田及土埂边稍微高的圩田,却是积水过深,没过几天,又被狂风卷入水中。虽然县里上下冒雨抢救,只有寥寥少数圩田没有溃破。然而已经是空留躯壳,没有任何收成。到年底12月份,水流虽然渐渐退去,已经过了春菜春麦播种时机,县境内满目疮痍,灾民蜷伏席棚,饥寒交迫,何况赖以为生的圩田被风浪摧毁,难以生活。⑤

江苏省受灾区达五十多个县。水灾最重的是丹徒、江都、淮阴、泗阳、宝应、高邮、淮安、睢宁、盐城、宿迁、涟水、邳县、兴化、六合、宜兴、阜宁、东

　　① 申报馆.扬中学界助赈[N].申报上海版,1922—1—1,17554(11/28).
　　② 申报馆.浙江壬戌水灾筹赈会乞赈[N].申报上海版,1922—10—16,17834(1/18).
　　③ 申报馆.驻沪绍属水灾筹赈会乞食乞衣[N].申报上海版,1922—11—18,17867(1/26).
　　④ 申报馆.浙江湖属水灾筹赈会筹募急赈[N].申报上海版,1922—10—17,17835(1/20).
　　⑤ 申报馆.苏省水灾义赈会募捐启[N].申报上海版,1922—3—8,17612(1/18).

台、青浦等县,受灾次重者为江宁、江阴、杨中、南汇、无锡、溧阳、金坛、如皋、靖江、太仓等县。当时上海"苏省水灾义赈会"在报纸上刊登募捐告示,说明当时灾民及募款的情形:补助扬州、镇江、清江浦等处粥厂,共用赈款五十一万四千五百元,散放大小棉衣一万八千八百五十五件,赈款仅仅这些。因为各地捐赠的士绅不少报着"救命不救穷"的宗旨,出钱不多。据灾区到沪报告赈灾情形的义绅汇报说,灾民多已变相,面黄浮肿、惨无人形,虽然能够苟延一息,仍然属于九死一生的状态。救人要救彻底的话,全看春季赈灾如何情况。春赈比冬赈的任务要沉重许多,因为:第一,冬季次贫者熬到春季,皆成了极贫,兼之逃亡归来,不靠赈灾活不了;第二,大水冲垮的圩堰必须培修;第三,粮价奇昂,不采用平粜的方法降不下来,需要买进大量米粮低价粜给灾民;第四,房屋、种子皆须补助。粗略计算,至少需二百万元方能着手进行。[①]

虽然北洋政府无能,但社会各界都在想方设法积极赈灾。例如,商会除了积极募捐、送米、送衣物,医院专门建立病区收留灾民等,上海还规定,来往上海与各地的轮船加收船费一成,以一年为限,多收的一成船费都送往灾区赈灾。[②] 只是政府无能,内忧外患,战乱不断,老百姓命如草芥。

（三）地震、风灾

1921 年 1 月 3 日北京电,甘肃地震,固原、秦安、秦水、沙沟等处山崩地裂,地下水涌上来,死者有数十万,灾情奇重。[③]

1922 年 8 月 10 日,汕头遇到特大风灾,为数十年来所未见,汕头水路两途皆被风浪冲卷入海,淹死者足有二万多人。建筑物毁坏、商船失事,仅汕头一方面的损失,足有三千多万元。汕头发生大风灾后,人民流离失所无衣无食者,触目皆是。[④]

（四）东北鼠疫

1921 年 2 月,东北三省鼠疫横行。鼠疫开始于 1920 年 11 月,当时海

---

①　申报馆.无为县农商教三会乞赈代电[N].申报上海版,1922-12-12,17533(16/18).
②　申报馆.往来欧沪轮船者注意[N].申报上海版,1922-10-23,17841(1/20).
③　申报馆.专电二[N].申报上海版,1921-1-3,17198(6/16).
④　申报馆.据由汕来申之人声称[N].申报上海版,1922-8-10,17767(13/22).

拉尔地区已经发现患者,但是因为当时人数很少,没有引起注意。到年底,突然十几个人猝死,才开始相顾失色,医生们聚集会诊,认定是疫症。海拉尔的传染病,认为是鼠疫的声浪日日高涨。继之后来死亡相继,交通还未及时断绝,到1921年刚过春节,满车站人因罹犯疫病而死的报告陆续出来,确定是鼠疫。黑龙江省城瘟疫大肆传染开来。某小客栈东家伙计共四人,竟然于两日内先后毙命,有蔴蝇铺一家共九人,数天内暴卒八人。其余零星得病死亡或间断亡故的人,没有确切调查,然而为数应该不少。至中东铁路沿线各车站,根据调查,整个满洲海都是瘟疫。做调查的委员报告说,整个东北地区鼠疫传染其实无处不在,只不过比起满洲海等车站,疫情只是大小轻重的区别。东北一带的鼠疫传播速度之快、蔓延之广,令人不寒而栗。海拉尔自过年后,死者已经达二百多人,据说,该地楠田医院附近所有住户、商号等,已经迁移一空,驻防的日军恐怕受感染,已经严加警戒。日军已经由医院给每人注射一剂预防液,并从旅顺发到预防面具二千只。日军与中方交涉断绝该地区交通,包围隔离海拉尔车站。该地区鼠疫形势日趋扩大。[①]

　　1921年2月11日,东北鲍督军接张巡阅使来电,说孙督军给他来电,满洲里札兰若诺而地区疫情甚烈,已经遮断交通,卜奎已经因鼠疫死十多人,疫情传播非常迅速,齐齐哈尔已经发现鼠疫,十八日、十九日两天,每天死掉二人,二十日死掉三人,近三四日内,又死掉十多人。当地已经设立防疫处,请东三省协防,并把哈尔滨定为第一防线,长春定为第二防线。[②]

　　中东铁路局因为疫情,停发东北沿线火车车次。[③]

　　(五)上海、北京等内地城市天花流行

　　1921年年初起,国内天花流行。上海天花流行,北京是白喉、天花并行。当时因为东北的鼠疫吸引了大家的注意力,天花发起时,人们都不注

---

①　申报馆.北满鼠疫日炽[N].申报上海版,1921—2—2,17227(6/16).
②　申报馆.东三省通信防疫问题隐[N].申报上海版,1921—2—11,17229(11/16).
③　申报馆.哈尔滨之疫病与贱币[N].申报上海版,1921—2—11,17229(11/16).

意,结果蔓延渐广,于是当局大力推行老百姓种牛痘。[①]

1922 年 1 月,苏州因入冬以来久晴不雨,各处已有天花发生,吴县郭知事特别通令各乡警察分所,劝谕民间老百姓给小孩子接种牛痘,以免传染天花。因为各乡未设牛痘局的分所,郭知事责成警察分所会同当地乡董,设法筹设,并随之下发省里颁发的表格,要求按月填报,凭以作为考核依据。[②]

镇江自 1921 年入冬以来,天时不正,寒暖失常,亢晴不雨。近日发现一种流行病,初时头痛身热、昏晕烦闷、咳嗽呕恶、继之则神识昏糊、牙关紧闭,有医治稍晚者,动辄至不起,城乡各镇患此病者甚多,且流行极迅速,形势很危险。[③]

南通自 1921 年秋季发生天花,传染异常猛烈,一开始以小儿患者为多,其后,成人亦得此疫症,因之而殒命的人不时有所闻。1922 年开春以来,天花流行仍然未见一点减轻,连日来,如城北张姓少年、城东郁某等患上天花,因病不起的消息不绝于耳,情况惨烈。[④]

当时上海许多医院免费接种牛痘,例如上海中国济生会济生医院,该院因天花盛行,依循医院旧例,每日下午二点至四点,在宝山路宝兴路口二十八号洋房,免费种牛痘。[⑤]

法租界打铁浜太平桥大方医院,因鉴于上年打铁浜江北居民染患天花死亡甚众,从 1922 年 10 月 28 日起施种牛痘,凡是贫苦孩童前往种痘,分文不取。往该处种牛痘的人很多,很拥挤。[⑥]

昆山路女青年会为方便女性接种牛痘,特别在其会所内设立女性接牛痘处,特请伯特利医院及西门妇孺医院的医生和护士为女性种牛痘。[⑦]

除了天花、白喉,还有猩红热、霍乱肆虐。1922 年 4 月,猩红热症流行沪上,患此症死亡的人数颇众。担任修改税则委员会督办的蔡廷干,其

①　申报馆.天花流行[N].申报上海版,1921-2-19,17237(11/18).
②　申报馆.地方通信苏州[N].申报上海版,1922-1-1,17554(11/28).
③　申报馆.发生流行病症[N].申报上海版,1921-1-1,17554(11/28).
④　申报馆.南通痘症流行之猛烈[N].申报上海版,1921-2-16,17592(11/18).
⑤　申报馆.济生医院施种牛痘[N].申报上海版,1921-12-21,17542(15/20).
⑥　申报馆.大方医院施种牛痘[N].申报上海版,1922-10-29,17847(16/22).
⑦　申报馆.女青年会之种痘热预防天花[N].申报上海版,1921-11-25,17516(15/24).

五岁女儿染上猩红热症,送入公立医院后救治,幸而痊愈,可不幸蔡督办的妾室染病去世,皆因照顾其小女儿被感染。其他感染猩红热症者不一一列举,可见此病十分凶险。①

1922年7月,霍乱流行于上海。《申报》报道:近日本埠患时疫者日多,虹口同仁医院特设时疫病房,现收容患霍乱症者八人,皆经用盐水注射而痊愈。公共租界的天津红十字会时疫医院、西藏路上海时疫医院亦诊治霍乱患者,十分忙碌。②

(六)火灾

上海经常发生火灾,动辄烧掉几十甚至几百间房屋。因上海建筑的特殊性,租地造屋者,大多房屋质量并不高,建筑木质结构多,平民所住草屋连片,最怕火灾。

1921年12月30日晚十一时五十五分,分望江门直街、羊市街口裕源染坊失火,沿烧市屋五十余幢,损失约十余万元。③

1922年11月28日,两天内,上海有四起火警。法新租界茄勒路口二五五号某剪发店,上午九点时,不戒烟火,登时冒穿屋顶,幸亏当时被巡捕查见立刻报告,救火会迅速赶到场灭火,共烧毁左右平房五六间。④ 小东门口裘天宝银楼后面豆腐店失火,烧死祖孙老幼妇女二人,烧毁平房十多间,其西邻韩隆泰棉花店及南邻谢鑫盛皮货店房屋损坏不堪使用。⑤27日晚二点半,铁路北观音堂隔壁,泰县妇人王李氏家草屋内起火,由各段救火会到场救息,共烧毁草房三四十间。当晚八点钟左右,香烟桥附近某姓平房火宅,烧毁平房六七间。⑥

1921年3月11日,北西藏路北苏州路各栈房失火,丝茧同业被焚丝茧数量巨大,所幸大部分商家上了保险,丝茧总公所邀请同业会议决定,将损失报告清单由各货主填好后,送交受抵押之家,并转交保险公司。丝

①　申报馆.猩红热症之危险[N].申报上海版,1921-4-21,17656(15/20).
②　申报馆.虎列拉症发现日多[N].申报上海版,1921-7-24,17035(10/18).
③　申报馆.火警[N].申报上海版,1922-1-1,17554(11/28).
④　申报馆.茄勒路火警[N].申报上海版,1922-11-29,17878(16/22).
⑤　申报馆.续纪小东门之火警[N].申报上海版,1922-11-29,17878(16/22).
⑥　申报馆.闸北之两火警[N].申报上海版,1922-11-29,17878(16/22).

茧同业敦请信孚洋行麦田,宝克洋行阿米达为丝茧受灾总代表,与保险公司交涉。[①] 同年 11 月 23 日,邢家木桥大火,灾民数千,嗷嗷待救。[②]

二、战乱不停

辛亥革命胜利后,袁世凯窃取革命胜利果实当上了临时大总统,就任后采取了一系列违背约定的行为:先是巧言令色,就任北京,后又威逼国会选举他为中华民国大总统,废弃《中华民国临时约法》,废除内阁议会制度,建立总统制,并通过临时宪法赋予总统至高无上的权力,为他复辟帝制铺平道路。孙中山 1913 年发动讨伐袁世凯的二次革命失败,野心勃勃的袁世凯在 1915 年 12 月 12 日称帝,孙中山立即于 1915 年底至 1916 年发起反对袁世凯称帝的护国运动。袁世凯在全国人民的讨伐声中,不得不于 1916 年 3 月 22 日退位,6 月 6 日黯然去世。

袁世凯去世后,中国开始了十几年的军阀混战时代。盘踞各地的地方军阀纷纷独立,各自为政,为抢占地盘不断掀起战乱。总统黎元洪与段祺瑞争权夺利,引起所谓的"府院之争"。1917 年,二人因为是否参与第一次世界大战发生分歧,段祺瑞愤怒出走天津。1917 年 6 月,张勋率领 5 000"辫子军",以调停段祺瑞和黎元洪矛盾为由,从徐州北上,6 月 14 日至京城,赶走黎元洪,并于 7 月 1 日扶持溥仪复辟帝制,闹剧维持了 12 天。段祺瑞领导讨逆军从天津进京,重新夺回政权,推举副总统冯国璋任代理大总统。

孙中山先生领导的 1917 年第一次护法运动、1920—1921 年第二次护法运动,均告失败。在直皖战争、两次直奉战争、国奉战争、北伐战争后,蒋介石的南京政府成立,开始了对中国的统治。

(一)护国战争与第一次护法运动

北洋政府统治期间,各地军阀多次发生战争。革命党和立宪党支持的南方军阀与北洋派的北方军阀割据南北,皖系领袖段祺瑞政府主张武力讨伐南方,统一政权,直系领袖冯国璋主张用和平手段统一,双方为此产生分歧。南方军阀陆荣廷秘密与孙中山联络,孙中山加入,并在广州组

---

①　申报馆.闸北之两火警[N].申报上海版,1922—11—29,17878(16/22).
②　申报馆.丝茧总公所广告[N].申报上海版,1921—3—18,17264(1/20).

织护法军政府,发动护法战争。1917 年 10 月,护法战争在湖南地区打响,南北军阀展开大战。由于直系冯国璋撤走兵力停战,湘军获得胜利,段祺瑞辞职,直系和皖系公开分裂。但是,皖系徐树铮不甘心,说服直系头领曹锟,并拉拢了十三个省的军阀支持,齐聚于天津开会,甚至说服张作霖支持皖系的武力统一策略,于是,护法战争重新开启。这次北方军阀大获全胜,南方军阀败北,湖南大部分地区被北洋军队占领。战后,段祺瑞重用皖系将领张志尧为湖南总督,以吴佩孚为首的直系将领公开罢兵,与段祺瑞政府闹分裂,直接与南方签订停战协议。1918 年,皖系为了威胁直系,请张作霖入关,弹压直系,并在总统换届选举中玩弄手段,迫使冯国璋下台,推举徐世昌上台。段祺瑞政府并未恢复《中华民国临时约法》,孙中山看段祺瑞政府言而无信,又受到桂系军阀的排挤,于同年 5 月 21 日,黯然离开广东赴上海,他领导的第一次护法运动失败。

　　(二)第二次护法运动

　　1919 年 5 月 4 日,五四运动爆发,这场由具有初步共产主义思想的知识分子发起、广大人民群众参与的反帝反封建反军阀统治的爱国运动浪潮,掀起了对于如何改造中国问题的反思和探索。俄国十月革命胜利后,共产主义思想在中国传播开来,五四运动中无产阶级显示的巨大力量,使得孙中山先生看到民众的力量,对帝国主义有了清醒的认识。同年,孙中山先生正式把中华革命党改组为中国国民党,开始寻求新的斗争方向和方法。

　　1920 年 8 月,粤桂战争爆发,孙中山扶植的广东军阀陈炯明,受孙中山指示,率领驻闽粤军打败桂系军阀陆荣廷,并把桂军驱逐出广东,赶回广西。11 月,孙中山回到广州,决心改南方军政府为正式政府,并实施全国统一战略。1921 年 4 月 7 日,国会非常会议召开通过《中华民国政府组织大纲案》,产生新政府,随后进行总统选举会,投票选举孙中山为总统。5 月 5 日,孙中山宣誓就职中华民国大总统。广州新政府成立后,各怀心思的西南军阀阵营分化,原来藏头露尾、虚与委蛇、为巩固自己的地盘势力而在南北政府间摇摆钻营的投机分子,露出了丑恶嘴脸,成为一心维持地方割据自治、反对孙中山先生北伐和统一全国的"急先锋"。湖南的赵恒锡带头,并与川滇黔三地军阀联络一起反对,宣布自治。广西陆荣廷带大军进攻广东,孙中山先生发起援桂战争,胜利占领广西,在桂林建立起大本营,训练军队,准备北伐。1921 年 2 月,滇系军阀唐继尧被部下顾品珍发动军变驱逐,孙中山不计前嫌,欢迎他到广州加入北伐计划,而唐继尧却借北伐筹备工作,暗中与陈炯明勾结,进行自己的复滇计划,并于 1922 年 3 月,带军回滇打败顾品珍,重掌云南军政大权。滇系内部战争使北伐阵营力量削弱,给北伐计划和具体实施造成了阻碍。陈炯明与唐继尧、赵恒锡私下勾结,并与吴佩乎联系,不断给北伐制造阻碍和困难,赵恒锡坚决不肯让北伐军借道湖南北上。孙中山对陈炯明寄予厚望,多次劝说,陈表面敷衍,实则心无所动。1922 年 3 月,北伐军的坚定支持者粤军第一师师长邓铿被刺杀,陈炯明的叛乱之心昭然若揭,孙中山在桂林大本营召开紧急会议,决定先回师广东,稳定好后方后再改道江西北伐。1922 年 4 月 29 日,第一次直奉战争爆发,全国形势发生变化,孙中山乘此机会,果断决定出兵北伐。5 月 6 日,北伐军兵分三路,由李烈钧、许崇智、黄大伟率领,由广西韶关出发,进军江西,江西的直系军阀陈光远不敌,节节败退,北伐军连续攻克十几个城镇,并打下赣州,震动全国。然而,陈炯明在 6 月 16 日公开叛乱,派亲信军把守广州,切断了北伐军的后路,同时又断绝北伐军的供给,并勾结北洋直系军阀,派遣大批军队围堵北伐军,北伐军无供给、无援军,被迫撤向广西和福建,孙中山在永丰舰坚持 55 天,形势危急,不得不在 8 月 9 日乘坐英国舰离开广州,前往上海开展革命活动。第二次护法运动失败。

　　(三)直皖战争

　　1920 年 7 月 14 日,直皖战争爆发,直系军阀吴佩孚从衡阳率领军队北上至保定,直逼京城,同时,张作霖率领的奉军以调停的名义入关北上,奉军入关后驻扎在山海关按兵不动。段祺瑞调徐树铮的西北边防军驻守北京附近,又成立定国军任命段芝贵任总司令,双方在河北地区的涿州、高碑店、琉璃河一带开战。双方激战五天后,皖军大败投降,段祺瑞下野,皖系军阀失去北京政权。直系首领曹锟与奉系首领张作霖组成新内阁,共同把控北京政权,开启直奉控制的北洋政权时代。1920 年,直奉战争皖系失败后,全国各省区军阀的地盘形势发生了变化。一方面,段氏败,凡属于段系的各总督位置不稳,关于段派地盘之移转问题,直奉两派争议不止。直奉两方表面互让,实际相持不能遽决。另一方面,段系各督见风向不对,纷纷向直系纳款求和,自保地位。如安徽倪嗣冲为段派代表,段败后受到各方攻击,倪败落后,殷恭先与张文生联合驱逐马联甲,安徽一地各派林立,纷争不断。山东田中玉既不是直系,又不是皖系。其为人圆滑,直奉两派相争山东,田中玉得以暂时保住位置。陕西陈树藩,陕人想驱赶走他,派人进京向曹锟、吴佩孚请求换掉陈。福建李厚基向李纯投诚,李纯出面代为说情。甘肃张广建为皖派,马福祥以护军使身份加入八省同盟,势要取代张。山西阎锡山中立,不得直派欢喜,不过阎锡山已花钱疏通,位置应该不动。浙江卢永祥在战争初起时,企图与江苏发生冲突,位置不稳。此是直皖战争后的军阀势力状况。[①]

（四）第一、二次直奉战争

1922 年 4 月 29 日,第一次直奉大战爆发,不到 10 天,奉军全面溃败,退回东北。张作霖通电全国,宣布东北独立自治。直系军阀掌握中央政权时期,发生了曹锟贿选大总统的丑闻,曹锟与吴佩孚的矛盾加剧,吴佩孚与直系将领之间的矛盾加剧。张作霖败退回东北后,整顿军队,加强练兵,试图雪耻。1924 年 8 月,直系军阀浙江卢永祥与皖系军阀江苏齐燮元发动江浙战争,直系杂牌孙传芳从福建越过仙霞岭,占领了浙江大部分地区,卢永祥通电下野,孙传芳吞并了卢永祥的军队。张作霖趁机联合孙中山段祺瑞成立反直同盟,发动了第二次直奉战争。因为直系冯玉祥倒戈,使得本来具有优势兵力的直系军阀失败,张作霖和冯玉祥共掌北京大权,段祺瑞为临时执政。冯玉祥接收了大部分直系势力和地盘,成为"西北王"。张作霖把势力扩展到了长江流域,是名副其实的"东北王"。

（五）北伐战争

两次直奉战争后,张作霖率军南下企图占领江苏、上海,遭到孙传芳率领的东南五省联军的联合攻击,败退到徐州以北,又受到郭松龄突然倒

---

①　申报馆.各省区地盘问题之大势[N].申报上海版.1920－8－23,17065(6/18).

戈打击,势力大减。吴佩孚整合长江流域直系力量,东山再起,联合张作霖,攻打冯玉祥的国民军。1925 年 12 月,天津之战打响后,国奉战争开始,战争规模越来越大,约有 70 万人参战。国奉战争的结果,冯玉祥的军队被打散、地盘被瓜分。全国势力重新划分,三大势力为:占领东三省、直隶北部、京津地区及山东部分地区的张作霖;占据两湖、河南、直隶南部、陕西东部的吴佩孚;占领浙江、江苏、上海、江西、安徽、福建地区的孙传芳。南方两广、云贵川滇地区是南方军阀们的势力范围,多年来你争我夺,乱成一团。孙中山先生去世后,1925 年,国民党在广东成立了国民政府,汪精卫任主席。不久,广西李宗仁加入,湖南唐生智亦加入,广东国民政府整合力量后,决定北伐。1926 年 7 月,蒋介石任国民革命军总司令,誓师北伐。北伐战争一路胜利,先后击败了吴佩孚和孙传芳,统一了中国南方。然而,宁汉分裂使国民政府分裂,1927 年 9 月,蒋介石宣布下野,北伐中止。1928 年蒋介石复职后,重启北伐战争。这次北伐力量由四大集团军为主,分别是蒋介石的第一集团军、冯玉祥的第二集团军、阎锡山的第三集团军、李宗仁的第四集团军。国民革命军的四大集团军对战张作霖,奉军败退,张作霖决定退回东北,在途经皇姑屯时,被日本人炸死。1928 年 12 月 28 日,张学良决定改旗易帜,归顺国民政府。至此,北伐全面胜利,由此开始了蒋介石南京政府统治的时代。

(六)对外形势失利

世界局势动荡不安。随着以德国为首的新兴资本主义国家工业兴起,对于老牌资本主义国家主导的世界殖民地市场分配格局,产生的不满和矛盾日渐加深。欧洲大陆历史上各国之间屡次发生的战争和冲突,产生许多历史遗留问题,并在交战国家之间埋下仇恨。巴尔干半岛天然地理位置的优越性,使它成为欧洲强国必争之地,又由于宗教、民族、文化、边界、政治、经济利益等各方面的冲突,巴尔干半岛处于不稳定状态。特别是 1869 年苏伊士运河开凿通航后,西欧国家可以通过直布罗陀海峡进入地中海,再经苏伊士运河进入红海、阿拉伯海,经印度洋到达南亚诸国,再经马六甲海峡、中国南海、日本海到达东南亚国家。巴尔干半岛北临多瑙河与萨瓦河而直接与欧洲大陆相连,西临亚得里亚海而与意大利隔海相望,东北临黑海、隔土耳其海峡而与亚洲相望,东南临爱琴海,南据地中海的伊奥尼亚海湾,是地中海航线抵背扼喉之地,具有极其重要的政治、经济、军事战略意义。因此,巴尔干半岛是欧洲大陆最敏感的神经所在,也因而成就了它"欧洲火药桶"的声名。1914 年 6 月 28 日,奥匈帝国的王储斐迪南大公夫妇在萨拉热窝遇刺事件,引发了第一次世界大战。

1914—1918 年第一次世界大战期间,欧洲大陆战火纷飞,西方列强将重心放到世界大战的战场上,无暇顾及中国,又不甘心放弃在华势力,怕中国统一后出现强有力的政府,不受外国驱使,使他们的利益受损,于是采取分化策略,选择扶植国内某一军阀,让中国长期处于内战中,难以统一。北洋政府成为事实上的傀儡政府。西方强国陷于一战的泥沼,实力受损,日本趁机在中国强占胶州湾、山东胶济铁路,试图霸占原德国占领的全部资源和矿产,扩张在华势力,埋下了全面侵华的伏笔。

1917 年俄国十月革命胜利后,在本国全面没收华商的财产,查封店铺,大量在俄经商的华商一夜赤贫。在苏联红军的支持下,中国外蒙古一直闹分裂。1924 年,在苏联的支持下,蒙古人民革命党宣布蒙古地区不再继续活佛转世的传统,并擅自从中国分裂出来,不停挑起事端。

1921 年,各强国在世界各地建立的殖民地人口和面积如表 4.1 所示。

表 4.1　　　　　　　　　1921 年各国殖民地分布之面积和人口[①]

国家	亚　洲		非　洲		美　洲		大洋洲		总　计	
	面积(千亩)	人口(千人)	面积(千亩)	人口(千人)	面积(千亩)	人口(千人)	面积(千亩)	人口(千人)	面积(千亩)	人口(千人)
英	2 002	332 250	4 210	62 600	4 010	10 840	3 188	6 909	13 410	412 599
法	256	18 100	3 400	42 100	33	450	9	81	3 698	60 731
荷	735	47 100			60	125			795	47 225
比			900	15 000					900	15 000
意			450	7 000					450	7 000
葡	9	1 000	927	7 750					936	8 750
西			128	844					128	844
日	97.9	18 300					14.8	3 900	112.7	22 200

---

① 申报馆.战后世界殖民地之变迁[N].申报上海版,1921-12-4,17525(23/24).

	亚　　洲		非　　洲		美　　洲		大洋洲		总　　计	
美					4	1 300	121	11 100	125	12 400
总计	3 099.9	416 750	10 015	135 294	4 107	12 715	3 332.8	21 990	20 554.7	586 749

三、信交风潮时的房地产业危机

北洋政府时期,从中央到地方的财政十分困顿。政府依靠对外借款以及发行公债、银行纸钞、征收重税来维持政府运转。各省财政更加困窘,军费短缺,欠饷严重,各路军阀千方百计地搜刮钱财。

庚子赔款的条约签订后不久,清政府因为补偿英镑升值亏损的款项无所出,于是向汇丰银行借款一百万镑,后来又以改革币制振兴实业的名义议借外债,美英法德诸国争相兜揽,几次磋商后,由四国银行团承包,定银一千万镑合同,于宣统三年(1911 年)三月十七日签订。银团曾付款十万镑,后因辛亥革命,遂延宕未付。

满清的赔款,北洋政府继续赔付,1918 年中国对德奥宣战后,对两国的赔款遂取消。然而,直至 1921 年 11 月,对其他国未还清的赔款尚有75 000 000 镑之巨,逐年拨付之数与年累进,中国人民的负担愈来愈重。

截至 1922 年 8 月,北洋政府每年应还赔款及各种外债总数是四千数百万两,而赔款占其大份。1922 年北洋政府应付赔款及外债如表 4.2 所示。

表 4.2　　　　　　　　　**1922 年北洋政府应付赔款及外债统计**[①]

名　　称	金额(白银两)	名　　称	金额(白银两)
庚子赔款	23 830 000	瑞记洋款	700 000
汇丰银款	842 000	英德洋款	4 447 500
汇丰金款	2 523 000	续借英德洋款	5 000 000
俄法洋款	3 322 000	总数(赔款除外)	17 611 000
克萨镑款	776 000	总数(连赔款)	41 441 000

由表 4.2 可以看出,赔款占各项债款总数的三分之二,赔款在当时是

---

① 　申报馆.庚子赔款与中国外债[N].申报上海版,1922－8－20,17777(20/22).

最重的负担。

1922年,北洋政府又订立外债合同多种,比利时借款1 250 000镑,五国银团借款25 000 000镑,克利斯浦借款(伦敦新借款)10 000 000镑,第一、第二瑞记借款750 000镑。此外,还有1916年以来,北洋政府借的各种外债。北洋政府债务负担沉重,财政捉襟见肘,入不敷出。[①] 鸦片战争后,协定关税使中国失去关税自主权,上海海关被英国把控,英美法工业品在中国市场肆意倾销,同时廉价掠夺中国资源和原材料,中国的民族产业在严重摧残下凋零。北洋政府无法收取进出口税,就巧立名目、增收各种苛捐杂税,中国老百姓在军阀政府的横征暴敛之下,虽终日辛勤劳作,依然室如悬磬、囊空如洗,过着食不充口、衣不蔽体的生活。商人经商须得经过重重关卡,承受一层层盘剥,盈利艰难。北洋政府时期国穷民贫,内战不断,经济萧条。

北洋政府解决困顿财政的另外一种手段,就是发行纸钞。财政用款依赖中国银行与交通银行的大量垫款,中国银行与交通银行大量发行钞票,但库里现银库存并不多,发行的钞票常常因兑换不了现银而停兑。因此,从1916年至1922年,先后两次发生中交挤兑风潮,引发全国性的金融危机,对经济造成了极大的危害。1921年,交易所与信托公司传到中国,中国决心仿照美国,开设交易所和信托公司,形成了全国性的交易所投资大潮流。当时上海银行林立,交易所、信托公司纷纷开办,一时间全国的资金都涌向交易所。因为没有交易产品,所以这些交易所竟然自己炒自己交易所的股票,以及相互炒,还有人暗中操纵哄抬自己交易所的股票。一开始股价上涨,形成了一种虚假繁荣,吸引了更多的投资;很快泡沫破裂,股价大跌,交易所纷纷倒闭,投资者血本无归,引发规模较大的金融危机,影响遍及全国,对经济造成了沉重的打击。信交风潮引发对交易所的管理,如法租界就颁布了交易所取缔规则。

据《申报》一则消息,上海自交易所盛行,先后组织者有一百几十家,其未经开业先解散者达百家,未开业亦未解散者有几十家,其已开业者仅

---

① 申报馆.庚子赔款与中国外债[N].申报上海版,1922－8－20,17777(20/22).

仅十几家。自从法领事署颁布交易所取缔规则后,各交易所大为恐慌,因为取缔规则条文中规定,本所不能拍本所股票,所中及经纪人各种账册单据须经稽查处盖印,理事保留股须缴存法署,等等,手续极为繁琐。①

当时上海洋商银行计二十四家,华商银行大小六十家,合计八十四家。银行事业的发达,不是各业所能及的。银行名录如下:

洋商银行:麦加利银行、有利银行、花旗银行、美丰银行、大通银行、和兰银行、台湾银行、三井银行、住友银行、华比银行、懋业银行、汇业银行、汇丰银行、大英银行、友华银行、运通银行、东方银行、正金银行、朝鲜银行、三菱银行、安达银行、道胜银行、华义银行。

华商银行:德华银行、中国银行、中国通商银行及虹口分行、浙江兴业银行、上海商业储蓄银行及虹口分行、盐业银行、聚兴诚银行、浙江地方实业银行、中孚银行、四明银行、商业储蓄银行、广东银行、新华储蓄银行、大陆银行、永亨银行、东陆银行、江苏银行、华孚商业银行、中华劝工银行、边业银行、劝业银行、中华商业储蓄银行、金城银行、东莱银行、东亚银行、中国实业银行、正利南行及北山东银行、中华商业兼办储蓄银行、华大银行、商业储蓄银行、中南银行、上海惠工银行、工商银行、中兴银行、东三省中国棉业银行、上宝农工银行、上海银行、不南银行、道一银行、百汇银行、苏州银行、江苏兴业银行、和丰银行、淮海实业银行、富华储蓄银行、通易银行、永大银行、中原实业银行、生大银行、明华银行、日夜银行、裕达农商银行、信通银行、联华银行、惇叙银行、东南植业银行、国民银行、振华银行、浙江丝绸银行、煤业银行、华喊银行。②

沪上有日本人设立的"日本取引所",各种花纱丝茧交易几尽被其掌握。甬商虞洽卿有见于此,邀集志同道合者创办证券物品交易所,意在打破日本人的垄断局面,这是华商创立的第一个交易所,成立后万众瞩目、社会影响很大,华商纷纷效仿。继之后,有华商证券交易所、华商纱布交易所、杂粮交易所、面粉交易所、金业交易所等共达一百余家。各地游资悉集于上海,且富于投机性的沪上商人巧立各种名目,交易物品五花八

---

① 申报馆.限缔后之法租界交易所[N].申报上海版,1922-3-7,17611(15/18).

② 申报馆.上海银行之调查[N].申报上海版,1922-10-26,17844(15/18).

门,甚至不管什么物品都妄图通过交易所进行交易,初期交易所股票价格大涨,确实使一部分人致富,交易所一时风光无限。为吸引更多人投资交易所股票,交易所竟然不闭市,日夜营业,白天营业之余,兼以夜市继续交易,以致风发云涌,不可遏抑,旋踵交相倒闭,皆谓橡皮风潮后之第一大风潮业。信交风潮后,存留者仅证券物品交易所、华商证券交易所、华商纱布交易所、杂粮交易所、面粉交易所、金业交易所六家而已。此影响于金融,危害极大。①

    滥设交易所固然有弊端,滥设银行同样有弊端。滥设银行而与投机事业相关,引起的弊端更厉害。滥设投机事业失败后,化身为银行,其危害一样类似,甚至更烈。当时社会各种机构滥发彩票,危害很大,但银行出现后,各方势力纷纷投资开设银行,多是一些投机银行,滥发纸币,其危害更烈于彩票。发行纸币,应当将纸币准备金发布公告大众,受商会及银行公会的监督,但北洋政府当局不乐意采取这样的方法,没有发行准备,滥行纸钞发行特许权,漫无准则,并借军阀的势力推行所发纸币,纸币泛滥难以兑现,造成灾难。军阀多财,因此官僚式银行都是由军阀投资,此类银行可以称为军阀银行。军阀势力是最大的势力,发行纸币权当然是予取予求,但商业并不是腐败官僚所能胜任的,国民们一不小心就会受其害。②

    因为直奉战争,大量逃亡的人口涌入上海谋生,上海人口急增,带来了对衣食住行的需求。信交风潮发生一年后,即 1922 年 10 月份后,上海的房地产业复苏,地价暴涨,房地产交易兴盛,闸北、新闸、虹口等地区兴建起了许多房屋。当时联合通讯社新闻报道云:现在租界地价暴涨、房租骤增,中等以下社会,不堪负担,多向内地营业。闸北市面近来因而逐渐发达,宝山路中兴路中有小河浜一道,水浅淡泥多,污水污物横流,累积的秽气飘扬在空中,附近居民饱受荼毒。有居民陈翊廷等二十余人,特向沪北五区商业联合会提议,请他们致函沪北工巡捐局,建议填浜筑路,不仅于卫生上大有裨益,将来振兴商业、便利市民,必定会获得良好的结果。③

①   徐寄庼编辑.最近上海金融史[M].上海:上海书店,1932:296.

②   老圃.投机银行与军阀银行[N].申报上海版,1922-2-9,17585(6/20).

③   申报馆.闸北中兴路填浜兴市之动议[N].申报上海版,1922-10-16,17834(13/18).

闸北添筑大批房屋。因为直奉战争,战争地区人们逃亡。1922 年来,上海人口因为各地人士俱来谋生之故,日益增多,加以交易所风潮发生,人们对于股票失去信心,房地产投资成为热门,房屋价格增长几倍。交通便利地点,房价尤见昂贵,一般市民们觅屋居住的,均以闸北、新闸、虹口等处为最终选择。各个资本家迎合时机,在 1921 年过去一年中,所造新屋甚多。就以闸北宝兴路一带而论,新造房屋有兆丰里、海原坊及市房等六区,天通庵路有协隆里、浙江里、源源里、滋德里四区共在四百幢以上。闸北青岛路本有继成里,亦有百余幢,业主为徐春荣。1922 年,徐又在青岛路清云桥相近,建筑一极大之里,占地二十余亩,所造房屋共有三百余幢,于 1922 年 10 月初动工,约 1923 年春竣工。当时上海本埠最大的里弄,宝山路有鸿兴坊、新闸路有新康里、哈同路有民厚里、法大马路有首安里,均有数百余幢。继成里新建房屋建成后,其范围之大,不下于上述最大四里。①

1921 年 11 月,沪绅朱葆三、赵芹波等,因恐怕租界将有人满之患,集合沪第绅商三十多人,组织沪北地产公司,预备专收闸北江湾附近一带田地五百多亩,拟设模范市场,备文呈请淞沪护军使沪海批准成立。②

同样于 1921 年 11 月,沪上董兰芳等拟集资创设贫民工厂,地点拟择殷行乡,沿军工路之周"一衣二图"地方,圈购厂基百余亩,闻该厂内部规划竹木织铁等工场,共分十三部,较之江湾游民工艺厂规模尤大,董兰芳等日前亲自到宝山县公署会见冯县长,面陈规划情形。③

1922 年 3 月,浦东地价有增高趋势。浦东洋泾港口、太古蓝烟囱码头,因扩充码头栈房,将西首余地填泥建筑成码头栈房,并在栈房后面收买地产,致该处一带田亩涨价,每亩已涨至五六千金不等,预料浦东地价将由此增高。④

(一)房地产租赁

1921 年 10 月信交风潮后,房地产业危机,房地产价格下跌,大量房

---

① 申报馆.闸北添筑大批居屋[N].申报上海版,1922−10−16,17834(13/18).
② 申报馆.沪北地产公司之组织[N].申报上海版,1921−11−20,17511(15/24).
③ 申报馆.创设贫民工厂[N].申报上海版,1921−11−20,17511(15/24).
④ 申报馆.浦东地价之增高[N].申报上海版,1922−3−7,17611(15/18).

屋空置,租不出去。这种状况持续一年左右时间。1922年3月份后,房地产价格有局部回升,整体低迷,有大量的招租广告,尤其是拥有大量房屋的公司或经租处,虽然房租减少,仍然不太容易租出去。从表4.3可以看出,发布招租广告的,有各种商业公司、实业公司、厂矿,有房地产公司与经租处,有银行、交易所等金融机构,有各种行栈商号,有营造公司,有会馆、商会、商业组织、社会组织、学校、医院等;还有转租,如向盛绳祖经租账房包下后转租的。

金融危机下,许多公司商人严重亏损,无力偿还房租,逃匿难寻。例如源利公司经租账房发的公告:源丰恒洋货号于1920年五月二十八日走避不见,遗下天津路长鑫里第四百九十五号门牌屋内生财等物,所欠房租限六月初十内付清,如逾期不付,本公司即将生财拍卖抵欠房租,如不敷,仍向该号追偿。[①]

幸运的是,信交风潮所带来的房地产业危机比较短暂,很快就过去。一年后,即1922年10月份后,房地产业复苏,这归功于直奉战争带来的逃亡人口。

1921年12月至1922年12月的房地产招租广告近130条,可以很明显地看出,1922年10月份以后,大量新房屋出租。而在信交风潮发生半年后,大量行栈、写字楼、商铺门面、银行大楼招租,另外还有高档洋房、公寓、宿舍招租。由此可见信交风潮对房地产业市场产生的影响。

表4.3为1921—1922年信交风潮后上海招租广告统计表。

表4.3 　　　　　　**1921—1922年信交风潮后上海招租广告统计表**[②]

时　间	标　题	内　容
1921—12—15	招租	宁波路沿马路阜安里四百廿号门牌内,有五开间楼房两宅,地点适中,交通便利且电灯、自来水一应俱备,最适合银行钱庄等创设之用。如欲租者,请至北苏州路利昌铁行账房接洽可也。

　　①　申报馆.源丰恒洋货号鉴[N].申报上海版,1920—7—23,17034(4/16).
　　②　申报馆.申报[N].申报上海版,1922年全年.

时 间	标 题	内 容
1921—12—15	大洋房招租	在老垃圾桥浜北沿苏州河,一统有十余间,建筑牢固、地点适中,用做堆栈或工厂最为合适。如有意者,请至甘肃路源昌里国民印刷公司领看可也。
1921—12—15	栈房招租	兹有坚固大栈房一所,坐落四川路三十二号二楼,地址适中,租价从廉,如欲承租者,请到南京路本公司接洽为荷,永安公司启。
1921—12—15	洋房招租	(一)三层楼洋房六大间,坐落英大马路民乐里D三三号,电灯、自来水一应俱全;(二)洋房楼下一大全间,在江西路B字4号;(三)小洋房一幢,计三上三下,设备精美、结构玲珑,电灯火炉上等木器及自来水等全备,在白克路登贤里一号。接洽处:天津路三百廿号华益公司。
1921—12—30	洋房、写字楼招租并专营房产押款	启者:本公司集合巨资专营各种房产押款,并现有下列上等洋房、写字楼招租:(一)三层楼洋房六大间,在南京路抛球场民乐里D三三号,电灯、自来水一应俱全;(二)洋房一大幢,在江西路最合商店及写字间之用;(三)小洋房一幢,设备精美、结构玲珑,电灯、自来水等全备(在白克路),各界如有意租赁或做各种房产押款者,请驾临天津路三百二十号华益地产公司接洽可也。
1921—12—30	洋房招租	兹有新装修完备宽大交易所市场一所,办事室、经纪人房间及生财等一应俱全,坐落极适中地点,改设银行洋行大商号均极相宜。如合意者,请函致新闻报一百零四号信箱转交即可,咨照前来接洽。
1921—12—30	招堆客货	兹有四川路三十二号水门汀洋栈,招堆客货或分租亦可,栈租从廉,保险费亦廉,有意者请向五马路三十八号信记账房接洽可也。
1922—1—15	大洋房出租	坐落最繁盛区域六层楼钢骨水泥大洋房出租,兹有贴近黄浦滩即法公馆马路二洋泾桥南首、天主堂街转角新建造六层大洋房一所,光线充足、三面出路、宽高异常,最合银行及大公司所用,全租、分租均可,约明春三四月间全工造成。如欲承租者,请驾临博物院路协泰洋行接洽可也,兴业地产公司启。
1922—2—6	招租	今有坐落闸北乌镇路北苏州路新造市房数十幢,市面繁盛、交通便利,现已由敝处向盛绳祖经租账房包下转租,如欲租者,请于每日午后二点至五点,驾临麦根路三十二号F七号接洽可也。

时　间	标　题	内　容
1922—2—16	新造三层楼洋栈出租	本栈坐落新闸桥浜北西首、沿苏州河新建筑三层楼洋栈两宅,每宅五间,又平栈一宅,地位宽敞,水陆交通便利,如合意者,即请到本栈账房面洽可也,恒德洋栈启。
1922—2—16	洋房招租	兹有洋房一大幢,坐落英租界,交通便利并有银库,开设银行公司等极为相宜,如欲租者,请投函申报馆第八号信箱接洽可也。
1922—2—17	浦东栈房出租	今有义泰兴董家渡南栈大栈房三间,出租或分租亦可,如合意者,请驾临小行接洽可也,此布,壳件洋行启。
1922—2—17	泰记经手收租	启者:兹有爱记经租之海宁路天保里及北南林里房租,业于上年十月起归泰记经手收租,爱记经租之职因鄙人身弱事繁,亦已辞职,诚恐亲友未悉,仍有觅屋相委,故特登报声明,诸希原谅,刘荣卿汝霖谨启。
1922—2—17	办事房招租	今有两间新大房,近在黄浦滩路,房租每月一百五十二两,详细向斐伦路九五武罗汪汽车公司接洽或函询可也。
1922—2—17	洋房宿舍招住	本洋房尚余房间数所,上层可供学生寄宿,下层宜作营业机关,地方光洁,租费低廉,有意者请驾临面议,北河南路泰华里二九五,电话北二九三三。
1922—2—17	吉屋分租	今有两间一厢在永安公司大东旅社对门,颇合庄家及医室之用,如有要者,请至法租界八仙桥西首恺自尔路二百九十一号询问可也。
1922—2—17	宿舍招住	地址:法租界灵飞路渔阳里十九号。嘉应学生会特色:(一)设备完全;(二)陈设精美;(三)交通便利;(四)取费低廉。
1922—2—17	厂屋招租	今有厂房百廿间,住房六间,空地三亩,坐落杨树浦路一千三百号,电车尽头,开设工厂最为合宜,交通亦甚便利。如有欲意者,请至该处吕宅面议可也,吕树德堂白。
1922—2—17	南京路大屋招租	现有三层楼大洋房一座,门面开阔、后连栈房,坐落南京路口升楼东首,最合开设大商店之用。欲租者,请投函申报馆第六号信箱可也。
1922—2—17	洋栈招租	黄浦滩六号 A 有平栈分租,如合意向隆和洋栈接洽可也。
1922—2—18	洋栈招租	兹有三层楼洋栈一所,坐落北苏州路沿河天后宫西面,水陆交通便利。如合意者,请至北京路三号哈华托经租处接洽可也。

续表

时　间	标　题	内　容
1922—2—18	高大办公洋房出租	兹有坐落法租界二洋泾桥南首泰和里隔壁、前星期交易所原址,五层楼洋房一座,光线充足、出入简便、电梯电灯俱备,适合作为写字房或大行号所用,即日可以交屋,全租、分租均可,如欲租者,请临博物院路十七号协泰洋行接洽可也,新业地产公司启。
1922—2—18	新造银行洋行房屋招租	黄浦滩四马路口汇丰银行新屋斜对门,最新式五层大洋房一所,每层地位约一百二十方,如分租底下一层,开设银行最为相宜,内外银库两个,托壁板及柜头等均用柚木装设齐全,进门旁边即是大班写字间,全仿外国银行格式,其二三四五层均用屏窗分间,颇为精致,统由电梯上下,另由右首大门出入,倘有洋公司订租,无不合宜。租价从廉,不照方尺计算,请至通和洋行看样预定,须至阴历三四月间方可竣工,特此预闻。
1922—2—26	栈房出租	五马路近外滩有栈房四大间出租,有意者请驾临五马路三十四号与吴君接洽可也。
1922—2—26	住宅招租	新闸桥路存义里三十九号有房屋二大间,连前后厢房,房间宽敞、交通便利、电灯俱全,欲租者,请往接洽。
1922—2—26	写字间招租	坐落南京路老其昌内 A 二百六十四号写字房三间,最合宜做进出口货或字号,租价相宜,欲租者,驾临面议。谦义洋行白。
1922—2—26	光洁房间招租	本洋房尚余房间数所,上层适工学界寄宿,下层宜商业机关,每月租七元至十二元,电灯用人俱便,通信处:北河南路泰华里二九五,或问北四川路妙机公司,电话北二九三三。
1922—2—26	门面招租	今有坐落新世界南部沿马路,楼下洋式市房四大间,极合各种营业之用,如欲租者,请向新世界账房接洽。
1922—2—26	洋房招租	江西路二号洋房三楼三底,南京路民乐里 D 三三号洋房三楼三底,电灯、自来水俱全,接洽处先施后面天津路三百二十号华益公司。
1922—4—1	招租	今有小沙渡宜昌路一一五号中国式上等房屋及洋房各一所,大小共四十余间,自来水、电灯、电话皆备,极合住宅、学校、宿舍或厂房、写字间之用,如欲租者,请到该处与陆君接洽。
1922—4—1	洋房出租	四川路三号四号有洋房两大宅(在上海证券物品交易所隔壁),极合作写字间及作栈房之用,不论全租零租均可,欲意者请驾至四川路十号鸿生火柴公司或古沃公馆接洽可也。

续表

时　间	标　题	内　容
1922—4—11	房屋招租	宁波路阜安里四二零号有五开间石库门房屋,一幢最适钱庄行号之用,合意者,请至南京路华孚银行接洽可也。
1922—4—11	余屋招租	兹有江西路自来水桥三和里内,楼下房屋三间两厢,电灯装修俱全,空气充足、出路宽敞、交通便利,极合字号之用,如愿租者,请驾临九江路惠工银行信托部接洽可也。
1922—4—11	洋式市房招租	今有英租界西藏路北海路转角一带,建造四层楼洋房十九间,及两楼两底号房十余宅,开间宽阔、地位繁盛,极合旅馆、西餐馆及大行号之用。如欲租者,或另定式样,请至爱而近路均益里晋升公司经租处接洽可也。
1922—4—20	门面出租	坐落四马路望平街东首单开间门面一间,装修全部及生财电灯完全,欲顶租此房者,请投函申报馆信箱第六十三号转交。
1922—4—20	洋房招租	南京路民乐里 D 三三号,洋房三楼三底,电灯、自来水一应俱全,租价极廉,如欲租者,请投函本馆第六十二号信箱。
1922—4—20	余屋招租	兹有广东路江西路口洋房两幢,电灯装修俱全,空气充足、出路宽敞、交通便利,极合洋行写字间及字号之用,如愿租者,请驾临广东路十四号,百货商业银行内接洽可也。
1922—4—20	新屋招租	闸北太阳庙后,东面中兴路新造太原坊,朝南店面住屋七十余间,有五楼五底、两楼两底、一楼一底,均有水门汀、晒台、亭子间、自来水俱全,衖堂宽阔、房屋高大、租价极廉,并不收取小租,如合意者,向安徽会馆工程处就近面议承租可也。
1922—4—20	招租	今有北四川路祥顺里后,川公路①德华制绸厂对面二十四号,新式洋房一所,内有电灯、自来水、自来火管一应俱全,如合意者,请至隔壁廿三号接洽可也。
1922—5—7	吉屋招租	今有坐落法租界三洋泾桥南首,北吉祥街德福里北首,坐西朝东门面,有新造西式市房一大宅,并有柚木柜台及铜栏杆、火砖库房,以及一应装修,均皆精致考究,房屋宽大,如开设银行旅馆以及大字号等,均极相宜。租价克己,如合意者,请至英租界派克路四十六号门牌本账房接洽可也,陈与昌辂记经租账房启。
1922—5—7	公馆住宅招租	兹有新造头等住宅三上两厢、二上一厢多所,地在静安寺路转角,慕尔鸣路荣康里,即张园旧址,房屋异常高畅、空气尤为充足,欲租者,请速驾临大马路外滩,麦加利银行账房面议可也。

①　川公路,原名川江路、南川路,现名川公路,位于现在虹口区四川北路街道新乡居民委员会境内,东南—西北走向,东南起于宝康路中段,西北端与启动路、新广路交汇。——作者注

续表

时　　间	标　　题	内　　容
1922—5—7	洋房招租	兹有法大马路外滩十二号,坐西朝东二层楼洋房,大小十余间,前面余地可停车辆,往来出入甚属便利,设立行号皆得其宜,如开银行尤为相宜,如欲租者,请至该洋房内三层楼,向立德油厂账房面议可也,此布。
1922—5—7	房屋招租	南城都路长浜路口,有三上三下、两上两下房屋各一幢招租,如合意者,请驾临江西路五福里四弄第九十九号接洽可也。
1922—5—7	吉屋招租	闸北宝山路北宝兴路中华凤记玻璃厂,西青岛路继成里,有二楼二底三宅、一楼一底一宅之新屋出租,如欲租者,请与管门人领看接洽。
1922—5—7	厂基招租	地址:上海南火车站东首,有平厂屋十余间,空地一大方,门口有电车路,水陆交通均便,欲租者,请至该厂西隔壁,与张老太接洽可也。
1922—5—11	新屋招租	美租界嘉兴路狄思威路救主堂东首,磐记路福惠里,头等房屋三十余幢,内两间一厢房,单间石库门,均有亭子楼,又街房十余幢,欲租者,向该处账房领看可也,时间三时至六时,泰利洋行启。
1922—5—25	洋房招租	坐落九江路即二马路第十六号,二层楼洋房三幢,如欲意者,请驾至大川通账房接洽可也,此布,大川通启。
1922—5—27	房子空地招租	今有地一段,在曹家渡浜北,连房子共约二十亩,甚合堆栈及厂家之用,租项从廉,如合意,请至北四川路仁智里十号,面商可也。
1922—5—27	洋栈招租	江西路恒业里C十二号内,有二层洋栈一大间,倘欲租用,请向棋盘街堀井誊写堂内吴君接洽可也,此布。
1922—5—27	楼面招租	今有英大马路西首,小菜场斜对面B字三三四号,洋式楼面四间,房屋宽大、出入便利,如欲租者,请驾临面议可也,成茂北号启。
1922—5—29	招租	兹有洋房一所,在苏州铁路旁,内有房屋廿余间,桑地花园一应俱全,月租三四十元,如合意者,请至苏州钱万里桥北关宅,面议可也。
1922—6—5	招租店基	本公司在法租界各马路要道口,建有广告亭三十处,外面装设电灯、广告亭内足为开设香烟,另兑店铺之用,如有合意者,请至英租界广东路一号楼上,露明电灯广告公司,接洽可也。

续表

时 间	标 题	内 容
1922—6—25	校舍校具出租	兹有著名夜校一所,地位适中、交通便利,有教室四间,可容学生一百八十人,校具俱备,租费每月五十元,如有意开设日校者,请向静安寺路福源里廿九号接洽。
1922—6—25	新式汽车行出租	兹有坐落长滨路南成都路附近,新造二层楼汽车行一所,占地一百余方,写字间、样子间、机器房俱全,每月租银四百七十五两,如欲租者,请向北京路 B 字四号隆昌公司接洽,电话中央三六四四。
1922—6—25	房屋招租	宁波路阜安里内四百廿号,有五楼五底吉屋一宅,最合钱庄行号之用,欲租者,至该处接洽。
1922—7—18	英商泰利行新屋招租广告	英租界大沽路旧名龙门路永庆坊,新建单间石库门二间、一厢三间、二厢共有一百余幢,将次完竣,面朝南、凉爽空气、高大宽敞、出入交通便利,已经陆续订出不少,尚存不多,特此登报布告,各界士商知悉如欲租者,请至四川路一百二十一号,本行经租账房接洽面议,预定可也,谨此预告。
1922—7—18	洋房招租	兹有苏州路第十四号洋房一宅,交通便利相宜,如合意租用者,请至四川路一百廿一号,本写字间面议接洽可也,特登布告,泰利洋行谨白。
1922—7—18	写字间出租	四川路仁记路角洋房内,有写字间六间出租,电梯、电灯、报热汽管俱全,租价从廉,毫无小费,宁波路九号上海银行,启话电 C 四五二二。
1922—7—18	写字间出租	本行拟将楼下事务所(现三菱银行写字间),自阳历九月以后招人出租,如欲租者,请驾临敝行,或用电话接洽可也。特此布告,本埠广东路九号,电话中央三三五六号。
1922—7—18	新式汽车行出租	兹有坐落长滨路南成都路附近,新造二层楼汽车行一所,占地一百余方,写字间、样子间、机器房俱全,每月租银四百七十五两,如欲租者,请向北京路 B 字四号隆昌公司接洽,电话中央三六四四。
1922—8—10	洋房召租	今有三层楼洋房一宅计六大间,坐落英大马路民乐里 B 字三十三号,电灯、自来水一应俱全,极合公司行号写字间之用,如合意者,请向天津路华益地产公司或北京路五十七号阜丰面粉公司接洽可也。
1922—8—10	洋房分租	苏州路十四号二层楼,房间宽大清爽,洋行或住宅最宜,租金极廉,如欲租者,移玉接洽。
1922—8—10	新洋房招租	兹有新造洋房四宅,坐落戈登路十六号,又十六号 ABC 现已落成,每宅每月租元一百五十两,如欲租者,请至五马路十三号半,上海营造公司接洽,此布。

续表

时　间	标　题	内　容
1922-8-10	新式洋房出租	兹有坐落胶州路七十一号门牌前面,两层楼洋式住宅两所,大菜间、洗浴间、汽车间、阅书楼、穿堂、卧室、花园等无不俱全,且房位宽敞、空气清洁、可称为上等完美之住宅,如有合意者,请驾临宁波路九号上海银行面洽可也。
1922-8-10	写字间出租	兹者江西路二马路十七十八号洋房,二层楼至四层楼(即礼拜堂对面),装有写字间若干出租,而房位宽大、空气清新,最合洋行及公司办事之用,如欲租者,请移玉惠工银行庶务处接洽可也。
1922-8-10	学校招盘或租	兹有日夜校一所,开办五年,学生发达,合意者,每晚八时起,请向闸北国庆路六号乐英学校接洽。
1922-8-10	地基或租或售	今有坐落宜昌路大有油厂对过,苏州河口潭子港,英册道契地六亩,水陆交通均极便利,最合建筑工厂或栈房之用,如有合意者,请驾临六马路同春坊二弄,复兴公司内舒君领看可也。
1922-8-12	洋房出租	今有三层楼洋房一所,坐落北河南路小菜场东首,七浦路七浦里口,如合意者,请向管门人领看可也。
1922-8-12	洋房出租	兹有新落成最新式三层楼洋房廿八宅,坐落法租界天文台路、萨波赛路转角,与吕班路电车相近,每宅内有大餐间、会客间并卧房三间,浴室两间及下房灶间俱全,所有浴盆、面盆、马桶均按最新式之装置,并装有自来火、自来水、电灯、电铃等,深合华洋人起居之用,房屋精美、交通便利,租金格外从廉,如欲租者,请至圆明园路十一号爱尔德洋行,或广东路二号三楼惟善堂地产管理处接洽可也。
1922-8-14	宿舍招住	地址:第一膳宿舍上海霞飞路铭德里求是学校中学科(即前名渔阳里),第二膳宿舍法租界巨籁达路求是学校小学科,电车可直达。设备:书报室、娱乐室、会客厅、沐浴室、屋顶凉台。特色:地处幽雅、环境佳胜、光线充足、空气新鲜、招待周到、布置完备、交通便利、房屋高爽,欲膳宿者,请从速接洽,陶雪记启。
1922-8-14	嘉应宿舍	地址:马立师爱多亚路五福里嘉应学生会。设备:会客厅、书报室、娱乐室、西式浴房、屋顶平台。接洽定住时间:上午八时至十时,下午一时至三时,函索住章附邮一分。
1922-8-24	升锟制造机器厂投标出租广告	本厂房屋基地以及全部生财如数出租,厂内布置有翻砂间、打铁间、连床间、模样间、电器间五部,贵客欲承租者,请至西门斜桥南首本厂参观,并向江西路廿四号中国营业公司华账房,取阅章程可也。定于本月廿八号下午二时,在本厂开标。

时　间	标　题	内　容
1922－8－24	厂基房屋招租卖	坐落新闸桥南堍西首八百廿九号门牌,有轧花厂基屋一所,计栈屋廿余间,又对面石库门楼房两幢,共计地三亩,生财机器俱全,或租或卖均可,该厂沿苏州河,或营厂业或堆栈均极相宜,如合意者,请至劳合路福禄里,志丰永面洽可也。
1922－8－24	招租	闸北宝兴路朝北,有园地四亩半,高大平屋三间,篱笆、石路、井池均全,可为住宅或畜牧种植之用,交通便利、租金从廉,函寄本馆信箱第一百五十九号。
1922－8－24	写字间出租	兹者江西路二马路十七十八号,洋房二层楼至四层楼(即礼拜堂对面),装有写字间若干出租,而房位宽大、空气清新,最合洋行及公司办事之用,如欲租者,请移玉惠工银行庶务处接洽可也。
1922－9－2	高成华王生鉴华声明租地启事	余等所有坐落法租界圣母院路、霞飞路转角地产,计田五分七厘四毫;上邑廿七保七图维字圩第五十三号方单半纸。该地四址:东至高姓地、西至圣母院路、南至霞飞路、北至高姓墙屋。今已租与钱东潮处,限期廿年,并由梅华铨律师、凭中保图等,立契为凭,惟恐同族人等或有误会,特此登报声明。
1922－9－16	新屋招租	在南市王家码头内,该处翻造三层楼双进双开间市房十余幢、三层楼单进双开间市房十余幢、三层楼三间两厢、两间一厢石库门十余宅,现将完工。租章业已正式定出。欲租者,三点钟后、请至敝账房接洽可也。小西门口学洁里和记公司经租处启。
1922－9－16	洋房出租	今有三层楼洋房一所,坐落北河南路小菜场东首、七浦路七浦里口,如合意者,请向管门人领看可也。
1922－9－16	招租	今有先施后浙江路宁波路口,新造三层楼上洋房四十间,前后大门均靠马路上面,中有川弄,出入敞便,租金克己,电话、自来水俱备,合意者面议,海宁路南林里八弄七二二号,广业公司启。
1922－9－16	住宅招租	兹有坐落戈登路十六号门牌前面,两层楼西式住宅两所,大菜间、浴间、穿堂、卧室内计大房八间,花园、拍球场、汽车间无一不俱全,且房位宽敞、空气清洁、租价又属相宜,如合意,请驾临五马路十三号 A 字,上海营造公司接洽可也。
1922－9－18	鲁意师摩洋行	今有极美观二层楼房屋一所并基地,在莫干山,道契第五百四十号,屋内生财器具俱备,尚有房屋余料一并在内,欲知详细或要看图样者,请函询本行可也,此布,鲁意师摩洋行启。

续表

时　间	标　题	内　容
1922-9-18	欲租地产者注意	兹有美租界海宁路天保里、南热河路中,有空地一方,约一亩四分,可为建造市房,或作栈房等用,合意者,请至热河路培善社内接洽可也。
1922-9-20	招租	今有西门内庄家桥勤业里一号,石库门内楼上客堂、楼全间、电灯、自来水俱全,房价低廉,如有愿租者,请至该处接洽可也。
1922-9-20	吉房招租	铁马路景兴里,有楼上厢房一大间,电灯、晒台俱全,交通便利,极合住宅之用,欲租者,请向河南路如意里,晋丰号接洽可也。
1922-9-20	洋房住宅招租	今有两层楼洋房一所,坐落卡德路七十四号,屋内有大房六间、小房两间、花园、装修、电灯、电话、自来火水俱备,房租八十两,尚有两年订期,坐电车极便,如合意者,请向该处面议可也。
1922-9-20	样子间店面招租	静安寺庙西首转角、纪林西饭店前面,新造大北汽车分行,现余洋式样子间、写字间及店面三间出租,租金从廉,如合意者,每日午后三时至六时,到外白渡桥礼查路,大北公司接洽可也。
1922-9-30	新建住宅招租	兹有宝山路北横浜路,公立医院北首,新建石库门四开间,前后厢房及亭子间阳台,单间石库门数十幢,亭子间、晒台、自来水俱全,将次竣工,如欲预定者,请至四川路第一百廿一号,泰利洋行经租账房接洽预定可也,此布。
1922-9-30	新建洋房招租	兹有爱文义路赫德路口,新造洋房两宅,内大洋房一宅,月租元二百廿五两,又洋房一宅,月租元二百两整,电车直达门口,交通便利、空气流畅、冷热水龙头等装置俱全,极为合宜租用公馆住宅,如合意者,请至江西路第一百廿一号,本行经租账房接洽可也,此布,英商泰利洋行启。
1922-10-25	住宅招租	法租界萨坡赛路永吉里二零四号,新洋式屋,两楼两底厢房过间楼,统租、分租顶皆可,灯水俱全,欲租者,至该处接洽。
1922-10-25	大洋房出租	兹有三层楼大洋房一所,坐落法租界霞飞路中毕勋路十九号,交通便利,花园、汽车间、网球场一应俱全,租价极廉,欲租者,请至虹口吴淞路久远里内九三二号,半广隆昌接洽可也。
1922-10-25	写字间出租	四川路六号、七号、八号写字间出租,自民国十二年元月一日起租,如有欲租者,请至博物院路一号古沃公馆,或四川路十号鸿生火柴公司接洽。

时　间	标　题	内　容
1922—10—25	空地出租	浦东沿黄浦空地出租,如有欲租者,请向仁记路一号、开滦矿务局刘鸿生君接洽。
1922—10—25	全幢楼房招租	四马路青莲阁后,又日新浴堂对门,三百零九号内,有全幢三楼三底,并后披屋三大间,亭子楼一间,全数出租,晒台、电灯、自来水等俱全,房间宽敞、交通便利,最合营业地点,合意者,请至该处与蔡姓接洽可也。
1922—10—25	新造店面招租	在南市老马路及王家码头一带,租金极廉,除已租去外,所余无多,欲租者,务请速向小西门口,西南医院接洽可也。
1922—10—25	招租	在先施公司后牛庄路三号,有洋式房五间,交通便利,极合字号总会之用,欲租者请向接洽。
1922—10—25	石库门招租	南市万裕码头北,老马路和兴里,有三间二厢石库门,欲租者,请至小西门口,西南医院接洽也可。
1922—11—6	写字间出租	本公司有余屋一间,长廿一尺半、宽廿一尺,电灯、热汽管、电梯俱备,租金从廉,合意者,请至九江路二十二号,新通贸易公司接洽。
1922—11—6	招租	西门内陶沙场对面、小木桥弄德善里,石库门一宅,两幢一厢房过街楼,又石库门一宅,三幢两厢房,亭子间、灶间、晒台一应俱全,如欲意者,请向本衖席第接洽。
1922—11—6	洋房宿舍大减价	每月膳宿十三元,合桌、分桌任人自由,电灯、茶房不另取费,空房无多,机会勿失。地址:北四川路西武昌路泰华里二九五。电话:北二九三三。崇正启。
1922—11—6	新屋招租	兹坐落闸北横浜桥路、公立医院后背,新造两间前后厢、过街楼阳台,及单间库房数十幢,均有亭子间、自来水、晒台俱全,将次完工,交通极便,租价从廉,小租不收,如合意欲租者,请至四川路第一百廿一号,泰利洋行经租账房面定可也,此布,泰利洋行启。
1922—11—6	余屋分租	北火车站克能海路存厚里三弄一三号,内有楼上楼下统厢房二大间出租,电灯、自来水等俱全,如欲租者,请至该处面议,参观时间星期六下午、星期日上午。
1922—11—19	洋栈分租	今有五马路东首、黄浦滩六号半,大洋栈分租,如合意者,向隆和栈接洽。
1922—11—19	新屋招租	斜桥南华界局门路丽园路转角通达里,有高阁平房五十余间,今已完全竣工,自来水俱全,开店、居住皆合,如欲租者,请驾临该处问管房人领看接洽可也。通达经租账房谨启。

时 间	标 题	内 容
1922-11-19	洋房招租	法租界圣母院路霞飞路口,新造洋房十九至三十三号,大餐间、书房间、卧室、浴室、屋顶行李间、厨房间、浜得利间、汽车间、仆役室共十余间,电铃、电灯、自来火、冷热水龙头、自来马桶一应俱全,阳历十二月起租,合意者,请至公馆马路四十一号,上海地产有限公司接洽可也。
1922-11-19	洋房出租	兹有住宅一所,坐落霞飞路二百九十二号,上下共十大间,房金按月一百五十两,于阳历朔日起租,如欲租者,请至圆明园路二十二号,思九生洋行接洽可也,思九生洋行启。
1922-11-19	新建洋房余屋招租	本所于英租界爱多亚路棋盘街东首,特建新屋,除自用市场及各科办事室经纪人房间外,所有四楼五楼余屋出租,建筑精美,备有电梯、电灯、冷热水管等,逐租零租悉听客便,有意租借者,请至爱多亚路十九号,本所总务科接洽,纱布交易所启。
1922-12-18	新造西洋住宅出租	谨启者:兹有坐落淞沪铁路、天通庵路车站对面,新建洋式住宅共十九宅,每宅大房间五间,浴间厨房在外,一概装修完备,空气畅快、式样美丽,最合组织新家庭之用,且租金低廉,每月仅三十七两半,余屋无多,有意者,希于每日下午四五时惠临,敝行当详示一切也,江西路三十八号,克明洋行启。
1922-12-18	余屋招租	坐落新衙门西海宁路、热河路中廿三号门牌,有两间一厢全楼下出租,且油漆全新,并可与楼上租户各门出入,如合意者,每日下午一时至三时,请临该处接洽可也。
1922-12-18	洋栈出租	今有坐落浦东义泰兴南栈,即前董家渡码头,有大栈房四所出租,计开 D 字、E 字、F 字、I 字,或全租或租一间均可,如合意者,请驾临小行面询可也,壳件洋行启。
1922-12-18	招租	法租界八仙桥西芝兰坊,新造时式石库门,三楼三底、两楼两底均有,前后厢房、亭子间、水门汀、晒台,欲租者,向管门人领看可也,三益公司经租账房启。
1922-12-18	招租	法租界吕班路电车相近,萨坡赛路望志路口永吉里,有二楼二底一幢,欲租者,向管门人领看可也,三洋泾桥北永康经租账房。
1922-12-18	上等住宅招租	虹口狄思威路之东、天同里路,有新造三上三下前后厢房石库门一宅,又二上二下并连过街楼石库门一宅,电灯、自来水、火炉、晒台一应俱全,该处马路开阔、车马直达门口,如合意者,请至敝账房接洽可也,天同公司经租账房白,电话北字二八六六。

时 间	标 题	内 容
1922—12—18	和记公司声明,减价招租	敝公司南市王家码头里马路,新造三层楼店面石库门,因地价造费均大,以致议照相当利息定租,又因旧房客让租及建筑数月本利吃亏不少,故而酌定贴费以补损失,现下该处店面石库门除已租去外,尚有空余,近据多数房客声言租金太大,因此敝公司议决:准旧历十一月初一日起,将石库门店面等租金贴费,一并分别减让以维市面,欲租者,请向董家渡口,慎利米行俞君处就近接洽可也。
1922—12—22	写字间出租	四川路六七两号楼上下共计八千三百二十方尺,每千方尺每月租金一百两,如欲租者,请赴四川路三号,与刘君鸿生接洽。
1922—12—22	写字间招租	今有坐落南京路大庆里口,光华眼镜公司楼面,及三层楼过街楼出租,交通便利,如合意欲租者,请来接洽可也,欲租写字间者鉴。
1922—12—22	招租	坐落仁记路卅一号新造五层楼洋房一所,下层内有五千方尺写字间,如欲开设银行最为合适,每月租金一千二百两,欲租者,请至南京路十五号,普益地产公司接洽可也,此布。
1922—12—30	廉价新洋房出租	坐落戈登路十六号及A字十六号,新洋房两宅,上下房间八间,浴间、汽车、厨房、佣人、电灯、自来水等一应俱全,出路简便,如欲租者,请至五马路A字十三号,裕和洋行接洽可也。
1922—12—30	洋栈出租	最新式水泥钢骨三层洋栈出租。逖思威路汤恩路转角,虹口港东岸基地三百余方,最宜洋栈厂房,现正绘图鸠工,欲租者,向江西路廿四号A安定洋行顾伯威接洽。
1922—12—30	减价招租	三间二厢三层楼石库门,六十四至七十元;双间单进三层楼店面,四十至四十四元;双间双进三层楼店面,七十六元。地址:上海南市王家码头内,接洽处董家渡口,慎利米行俞先生。
1922—12—30	吉屋招租	法租界天主堂街四十八号至五十二号,有高大洋房二所,又爱多亚路二十一号洋房一所,银行、写字间、大客栈、酒排间等均极相宜,租价从廉,分租、全租均可,如合意者,至新开河华大银行面议,公记地产公司启。
1922—12—30	洋房招租	民国路中洋房一间,一楼一底,电灯、自来水、电灶等俱全,合意者,投函申报馆九十号信箱。
1922—12—30	吉屋招租	法租界吕班路中陶尔斐司路一号门牌,前后三楼三底四厢房一宅,三号门牌石库门楼上下各三间一宅,两宅均有前后晾台、水门汀、晒台、自来水、电灯俱全,房主高白。

续表

时　间	标　题	内　容
1922-12-30	洋房招租	兹有双间沿马路洋房二幢,坐落闸北宝兴路近三阳路,阳台、晒台、披楼、左右花园、四围篱笆,房屋坚固、租金极廉,另有清泉食水井。合意者,问靶子路七十二号,何万川医生接洽可也。
1922-12-30	招租	宝山路永兴路新造采芝坊石库门三幢出让,每幢小费六十元,概无他费,至爱而近路春晖里,五三七张接洽。

　　1922年10月以前,房地产需求广告并不多。包括寻找房子居住、行栈堆货,或找厂房的。信交风潮对房地产业是有大损害的,不过由于战争,逃亡人口大量涌入,才使上海的房地产业迅速复苏。需求广告少,并不代表需求少。住房需求与卖房屋或招租不同,人们寻找房屋住宅,有文化的人可以直接看报纸上的出租广告,大部分不识字的劳苦百姓会直接找中人、地贩、地保或房地产中介,刊登租房广告这种形式不是大众选择,因为上海的空房子太多了,捐客中介到处都是,只要有需求,不难找到房屋。租不起房屋的,会在贫民区搭建草屋窝棚,更有船户直接住在船上,以船为家。

　　表4.4为1922年房地产需求统计表。

表 4.4　　　　　　　　　　　　　**1922年房地产需求统计表**①

时　间	标　题	内　容
1922-4-11	觅租空地	兹欲在北河南路下闸北地方,租借空地亩,余自造工厂(有房屋者亦可),定期廿年,要水电可到者为合,如有知而介绍者,事成厚酬。通信处:闸北鸿兴路华兴里四㭱底退藏庐。
1922-4-11	欲租买地产	今欲租或买二亩左右之地一方,须沿爱多亚路方为合格,或正在建筑之房屋亦可,商议请先投函本馆第五十八号信箱。
1922-4-11	寻租住宅	欲寻法租界或英租界二楼二底宅一所(或三楼二底),须闹中取静、交通便利之处新盖房屋,地方清洁、空气充足,倘愿让租或招顶或经租处能代谋者,将详细租金或顶价,函知美租界靶子路二十九号收转寻屋者。
1922-4-20	寻屋	欲在霞飞路尚贤堂就近或嵩山路一带,租三上三下宽敞清洁住宅一所,如有出赁或出顶者,请投函法租界渔阳里十九号镠公收。

———————————

① 申报馆.申报[N].申报上海版,1922年全年.

时　间	标　题	内　容
1922—4—20	欲租买地产	今欲租或买二亩左右之地一方,须沿爱多亚路方为合格,或正在建筑之房屋亦可商议,请先投函本馆第五十八号信箱。
1922—5—27	觅租房屋	启者:现欲租高大房屋一所,地位须在二千五百方尺之外,高四码有余,坐落地段不拘何界,务须房屋坚固、地土结实、能装设机器者,方为合格。如愿出租者,请开明租价,至北京路一号华嘉洋行面议可也。
1922—6—5	寻觅住屋	如有以二上二下之住屋,地点须适中便利,恰合住家之用,而愿出让者,请投函本报一百号信箱可也。
1922—7—18	征求地产	今欲购虹口花园附近地产约三亩,以作造屋之用,欲卖者,请驾临江西路廿四号,中国营业公司接洽可也。
1922—8—10	寻屋广告	长浜路、老大沽路、蔓盘路、白克路、重庆路,有二楼二底,或新造一楼一底住宅房屋出顶者,请投函福州路二四二号,经租账房黄君接洽,最好朝东门面,顶费从优,不合恕不作答。
1922—9—16	出租地皮者注意	敝处欲租地皮,于闸北相近沿马路一带,须空气充足、水电便利,极少在三亩余,期限订定一年,如有愿意出租者,请将租金若干详细注明,函投申报馆一百九十四号信箱内。
1922—9—16	欲租地产者注意	兹有美租界海宁路天保里,南热河路中,有空地一方,约一亩四分,可为建造市房或作栈房等用,合意者,请至热河路培善社内接洽可也。
1922—9—16	招寻房屋	今欲在闸北火车站近段,招寻房屋一宅,五上五下,或十上十下,或洋房均可,如有出租者,请投函本埠交通路,新民图书馆接洽。
1922—9—18	欲租地产者注意	出让地产者注意,敝处欲买地皮一二亩,地点在虹口相近,如有人欲出让者,请函至四十三号黄浦路。
1922—11—19	欲租地皮	兹有某公司欲在距离上海十里内,租地数十亩为畜牧之用,一租十年,如有愿出租者,祈即列明亩数及年租若干,寄交上海靶子路束寿坊四百七十一号。
1922—12—22	受租声明	今租得唐陈氏所开、上海西门林荫路典当衔口、第四十八、四十九号门牌的有利昌烟纸店一片,兹有以前唐陈氏向各宝号往来账目及图章担保人欠欠人一切等情,均归唐陈氏自理,与有利昌姓记无涉,恐未周知,特登申新两报声明,受租郁采塘启。

（二）房地产出售与拍卖

1921 年 12 月至 1922 年 12 月期间,房屋出售拍卖广告并不多,统计有三十多条。在 1922 年 10 月房地产市场回暖后,闸北、新闸、虹口等区新建许多里弄房屋出租,房屋建设量增加。房地产市场复苏后,房地产价格上涨,人们更愿意持有房地产,赚取出租的收益,从这段时期大量房地产招租广告,可以略见一斑。

购进房地产的投资者很多,包括各行各业的人士,以及商号、工厂、学校、官僚、军阀、缙绅地主、商人等。例如,惠灵英文专修学校预备在 1923 年春天建设宽大校舍,1922 年 10 月,从上海县西乡漕河泾开始购地,共购地 9.772 亩,所购土地统由校长刘惠灵出名,会同图董张安如、地保徐安邦,请沙训义律师作证。[①]

军阀亦在上海居住,并投资购买地产。1922 年 10 月,军阀李厚基下野后,就前往上海购房居住,并购入大量地产。国闻通讯社云:李厚基眷属于日前趁招商海晏轮船来沪,带有箱笼器具三百余件外,尚有某闽商的大宗汇款,现正在沪城九亩购买新式第宅一所,花费二十余万两,并购置其他地产甚多。闻李眷属对其密切戚属说,李下台共有财产一千五百万两等。[②]

信交风潮发生后,地产涉讼案件增加。例如,六合公司在闸北来安里东首置有地产,酿成重大交涉一节,据悉闸北地方自治筹备会,除向司法官厅提起诉讼外,又查得该公司请转之道契尚未领到,故该会函请会丈局暂予扣留,等该问题解决后再行给发,以免多生纠葛等。[③]

居住在南京下关的西医王弼臣曾经投资浦口九洑洲的地产,九洑洲地区因为政府规划修铁路,这个地方曾经是地产投资热门。上海的各界人士纷纷囤进九洑洲地皮,希图涨价后得利。王弼臣亦是九洑洲业主之一。1922 年 11 月 6 日,他登报出售这里的土地。内容大意如下:浦口九洑洲现正开商埠,有地产五亩出让,有意者,请向王弼臣接洽。[④]

表 4.5 为 1922 年房地产出售拍卖统计表。

① 申报馆.惠灵英文专修学校购买校地启事[N].申报上海版,1922—10—17,17835(1/20).
② 申报馆.李厚基在沪置产[N].申报上海版,1922—10—16,17834(13/18).
③ 申报馆.六合公司重大交涉[N].申报上海版,1921—11—22,17513(14/22).
④ 申报馆.浦口地皮出让[N].申报上海版,1922—11—6,17855(4/20).

表 4.5 1921—1922 年房地产出售拍卖统计表[①]

时　间	标　题	内　容
1921—12—2	洋房投标出售	兹有楼房及平屋共七十间,华册二百十一号道契,基地三亩二分五毫,坐落新闸路二十二号,估定最低标价元银四万五千两,开标时以超过定价最高之数为得标。投标人开明姓名住址,向本署领投标纸,并缴标价百分之五证金二千二百五十两,在本署投标定阳历十二月十四日下午二时,在本署开标,业经布告,如索阅标卖规程或引看房地,应向本署接洽。特此公布,上海县知事公署启。
1921—12—15	拍卖贵重地产	准于廿四日下午四点钟,在本行拍卖坐落法租界金神父路即薛华立路对过,法册第八百九十号即法工部册第七千一百零八号,计地廿八亩二分八厘;又法册第八百六十二号,即法工部册第七千一百九十六号,计地五亩五分六厘六毫。以上二块共计三十三亩八分零,并作一庄拍去。各客欲拍者,请至小行面询一切,并看图样及道契可也,惟拍定后当付定银二成,其余于过户日付清,此布。
1921—12—15	上等地皮出售	兹有上等道契地一块,为二十余亩,坐落上海苏州河边,又近马路,汽车、船只均可直达,如造住宅厂房,甚属合宜。欲购请函至本馆第二百十号信箱,即有回复或晤商,此布。
1922—2—16	置产声明	今由闸道堂将自置地亩一方,坐落杭州西湖钱王寺右首,计地连塘共十亩零,按照界石四址暨图凭中价让与乐达仁堂名下为业,俟价地两交后,另立杜据永远归乐达仁堂管业,如有押借纠葛等情,均由旧业主完全负责,与新业主无涉,合先登报声明,乐达仁堂闸道堂同启。
1922—2—16	获利店铺出让	刻有良好转角店面一所,坐落英租界繁盛地点,经营烟兑杂货,生意颇佳,每年可获利一二千元。兹因店主事务繁忙,不及兼顾,情愿割爱转让,有合意者,请于三天内投函申报馆第七号信箱,以便通知接洽。
1922—2—17	宝和洋行拍卖新世界预告	所有新业公司抵押与意商宝克洋行之新世界全部营业及一切财产,如租地权与一切房屋生财装修器具各物,今承执管该财产及营业之受抵人宝克洋行,委托本行归一庄拍卖,至该财产之细账及拍卖办法,俟日期确定再行登报声明,特先预告,此布,宝和洋行启。

①　申报馆.申报[N].申报上海版,1922 年全年.

续表

时 间	标 题	内 容
1922-2-18	愚园路大洋房并连木器出售	今有全新二层楼大洋房一所,坐落愚园路,占地四亩零,共有精美房间八间,并另有仆人住室,各房间内均有上等木器一切装修俱全,并连有轿式汽车一辆,共售价银五万两,阳历四月一号让屋看定后,须先付定银一成,余至道契过户时付清。如合意者,请投函申报馆第十三号信箱接治可也。
1922-2-18	招人投标	兹有坐落福州路英册道契一一三三号基地一方,连同上有房屋即三兴园及一枝香原址招买,如有人愿购者,可将价额标封注明"福州路房屋"字样,以回单簿或邮局挂号送交四川路一二二号西班牙领事府,或四川路一一二号许理律师公馆,准于阳历三月一日开标,特此通告,西历一千九百二十二年二月十四日。
1922-2-26	浦东大房屋出售	坐落杜家行镇西市,由上海十六铺大关码头乘小轮直达水路三十里,大小七十余间,有更楼池井树木余地可作住宅工场,屋后并有栈房十余间,合意者,向上海跑马厅南泥城桥大沽路龙门路口一一七五号武进方宅(电话中央五八零八)张仲森接治。
1922-2-26	洋房出售	今有新建洋房六所,最新式卫生设备一应俱全,坐落地点最好,乃购屋者难得之机会,幸勿错过。欲知详细,请与爱多亚路七号中国建业地产公司接治可也。
1922-2-26	出售地产	现有地一块计一亩六分四厘五毫,坐落地点极好,如有欲购者,请与洋泾浜七号建业地产公司接治可也。
1922-3-8	新式洋房(三宅出售)	如欲意者,请至敝公司买办房接治领看可也,英大马路江西路口,中国营业地产公司启。
1922-4-1	招卖广告	大有榨油厂机器基地房屋全部招卖广告:案准会审公廨函托清理大有榨油厂账务一案,现经本会将该厂机器基地房屋等项分别查明,为特登报招卖,备有图样说明书,有志实业者,向本会公断处取阅,并接治一切可也,上海总商会启。
1922-5-7	新式洋房出售	坐落西区新式洋房一所,占地七亩,计有房间八间、浴室三间,内装新式器具汽车间及仆役卧室一应俱全,现愿出让,凡有意置产者,请投函申报馆第七十四号信箱接治可也。
1922-5-25	有屋出让	两楼两底石库门,内有家具、电灯、电话、自来水沐浴间、电气暖炉等件,愿招人顶让,装置各件及家具取回,价洋八折,计三百元,问讯者,请投函申报馆第八十八号信箱,如有上等人家亦可订租合居。
1922-5-27	招买地产	今欲购买地产一方,面积约五亩至十亩,须坐落公共租界西区或法租界境内者为合格,如有愿意出让者,请与本行接治为盼,南京路皮字十一号,克理洋行启。

续表

时　间	标　题	内　容
1922－6－25	住宅出让	兹有坐落法租界宝昌路顾家宅相近,洋房一幢,连宅基及余地约计三亩零,价值相宜,如合意者,每日下午四点半至五点,请驾临北京路 A 字一号三层楼龙东公司内,与余君接洽可也,法商龙东公司启。
1922－7－18	上海丝茧交易所招买贵重房产	坐落四川路五马路南首,春江里旧址 A 字三百十一至十六号,计有号房五幢,栈房十一幢,连同英册道契第一五五号,计基地一亩九分五厘四毫,今十敝所结束在即,为特登报招买,如合意者,请至敝所接洽为荷。
1922－7－18	贵重地皮招卖	现有苏州河沿岸,立德油厂南隔壁,地皮一方共计七十余亩,前临河滨、后接沪宁铁路,水陆交通极为优美,如合意者,请驾临下开地点接洽:一法租界外滩十二号沪江油饼交易所清理处,一虹口广东街广益号,一英租界东棋盘街裕兴益号,一新开河鼎源号,沪江油饼交易所清理处启。
1922－7－18	贵重地产标卖	本局于民国五年抵进地产两区,一坐落静安寺路一百廿一号、廿一号半、一百廿二号,三共计地十二亩五分九厘,道契英册二千一百三十六号、三十七号上有房屋三所,其一百廿一、廿一号半现租与人,至夏历癸亥九月初一日满期;一坐落百老汇路 B 廿九号、A 廿九号、三十号、C 廿九号,三计地三亩七分六厘,道契英册八千五百四十三号,上有货栈,其货栈 B 廿九号、A 廿九号租与南洋烟草公司,至一九二三年四月一号满租;又三十号租与八巴利洋行;又 C 廿九号租与第腾洋行,均于一九二四年四月三十号满租。现因该产不合本局之用,经董事会公议决定标卖归款,以免久搁耗息用,特登报声明,如欲购者,请将每处愿出价值,开明封寄本局董事会。静安寺路地产至少须出价在十四万两以上,百老汇路地产至少须出价在十二万两以上,自登报日起,以一个月为期,至时即行开标,以价高者得,得标者由本会于开标日,专函通知,于通知之次日,即缴款十成之一作为定银,余项在一礼拜内交足,如逾限不交,以次高者得,其第一标所交之定银,恕不发还,轮船招商总局启。
1922－8－10	一分五厘产业出售	今有可得一分五厘之产业,卖价规元五万两,将来尚有大希望,现有坐落租界商业中心地点之房屋出售,依目下所收租金计,可得息一分五厘左右,且该处地价争长逐高,将来该屋价值五万两之上,是除利息一分五厘外,尚有极大之希望也,有意购者,请驾临江西路廿四号,中国营业公司接洽可也。

时　间	标　题	内　容
1922-8-12	礼拜二拍卖道契地产	鲁意师摩洋行创始自同治十三年,即英一千八百七十四年,准于廿三日下午四点钟,在本行楼上拍卖意大利公馆注册九十九号道契地一方,坐落上邑二十三保十五图,即陶家湾岳州路东首华界,计田一亩三分七毫,各买客欲知详细,请至本行面询可也,此布,鲁意师摩洋行启。
1922-8-12	宝和洋行礼拜五拍卖	准于本月廿六日下午三点钟,在本行拍卖中国宝华电泡厂内一切机器、生财零件装修,连同房屋租契(三年半期),房租每月一百十元,均归一庄拍卖,此厂在北四川路白保罗路一号、三号,拍后当付定银,限三天内现银出清,由今日起可看,欲知详细者,请驾临小行面询可也,此布,宝和洋行启。
1922-8-24	法商中国建业地产公司启事	本公司现有各种精美房屋、独宅洋房、上等地产出售,地点适宜,均坐落法租界,买主如不能将款一次付清,则先付若干,以产款作为押款亦可照办,本公司兼做中外房产押款,如有意者,请驾临爱多亚路七号,本公司接洽可也。
1922-9-16	洋房出售	兹有最新式三层楼洋房数所,坐落法租界辣斐德路,与法国公园及电车路接近,如有合意者,请于下午二点钟后,至江西路六十二号,嘉隆洋行接洽可也。
1922-9-18	鲁意师摩洋行	今有极美观二层楼房屋一所并基地,在莫干山,道契第五百四十号,屋内生财器具俱备,尚有房屋余料一并在内,欲知详细或要看图样者,请函询本行可也,此布,鲁意师摩洋行启。
1922-9-30	洋房出售	兹有宽大洋房一坐,连地三亩余,在宝昌路顾家宅相近,交通便利、空气充足,如合意者,请向北京路爱字一号,龙东公司余君接洽可也。
1922-10-25	瑞和洋行礼拜四拍卖租契及机器	准于九月十四日下午三时,在北河南路第二百卅九号(即宝山路横浜桥北块)内,拍卖该地租契一张,尚有六年零四月之租期,即宝山英册第二三八号,并地上造有坚固厂屋,或改用栈房亦极相宜,再该厂内全副制肥皂机器,及引擎并炉子生财等,归另一庄拍去,惟租契于拍后当付定银,限日现银过户,至于机器拍定后,当付现银,限二礼拜内出清,各客如欲前往观看,或欲知详细者,请至小行面询可也,此布。
1922-10-26	旧屋投标招卖	坐落杨树浦路西效绩里,有楼平房,共计一百五十余间,水木石料、阴沟、弹地墙脚、五金玻璃及自来水管一应在内,现拟尽行一宗出售,承购后须于半个月内一律出清,如有意承购者,自本月初六日起,七天以内开列标账,书明住址封交,本堂比较价格,自由定夺,此布,广东路二号三楼惟善堂地产处启。

时　间	标　题	内　容
1922—10—28	老靶子路中三亩楼地出让	内连宽马路三层洋楼七幢,有花园,合造旅舍、戏院、洋行,如有意,每日两时,向 A 字五十九号屋主许荃西面订。
1922—11—6	浦口地皮出让	浦口九洑洲现正开商埠内,有地产五亩出让,合意者,请向南京下关,西医王弼臣接洽。
1922—11—6	元裕公司旧屋料招人投标	该屋在百老汇路文监师路南浔路之间,百老汇路有红砖洋式市房十宅,南浔路有门面市房十二间,又红砖洋式市房一宅连门楼一个,文监师路有红砖洋式市房九宅连门楼一个,又里内洋栈三宅三间二厢,号房八宅二间一厢,其石料旧木砖瓦门面大玻璃及屋内大小玻璃铁器等,全行出售。如有买者估价投标,随带标银二百两,是登报日起限于阴历九月底为期,当众开标,不中者将标银二百两发还,中标者限期全价付清,方可拆屋。
1922—12—18	卖屋声明	兹有源记号今将自置市楼房一所,坐落芜湖驿前铺江夏里巷内,一门向北、门牌一号,巷外一门向西、门牌四号,于壬戌年夏历九月十六日,凭中说妥,出卖与芜湖元生东号永远为业,四至原址均有老契为证。自卖之后,倘有内外人等发生纠葛,皆归出业者负责,与买主无涉,特登申新两报声明出业,源记号启。
1922—12—18	新式洋房出售	兹有坐落法国公园附近,新建洋房数所,装潢美丽,式样新巧,为沪上洋房所仅见,至交通便利、空气新鲜、工程坚实犹其余事,兹因房主亟于旋国,愿廉价出售,如有合意者,请于下午两点钟后,驾临江西路六十二号,嘉隆洋行接洽可也,机会难得,幸勿错过。
1922—12—18	上海丝茧交易所招买房产	坐落四川路五马路南首,春江里旧址 A 字三百十一至十六号,计有号房十五幢、栈房十一幢,连同英册道契第一五五号,计基地一亩九分五厘四毫,今因敝所结束将终,为特登报招买,如合意者,请至敝所接洽为荷。
1922—12—22	整炼染织厂出卖	厂基在宝山路左近,自建厂屋三十余间,占地三亩余,水电已通,内已置精炼染色整理三部,共有尺幅干燥、上光、上浆、整理、脱水、驿尺、卷取、烧毛、光艳染色等机,应有尽有,锅炉甚大,足供大规模之蒸气,各机均出自德日英名厂,一切设备完全,实费资本三开市,故廉价招盘,如有实力而有意者,请即投函申报馆第八十四号信箱订期面洽。
1922—12—30	洋房出售	今有最新式洋房一宅,系上月完工,坐落法租界善钟路,计地一亩八分一厘二毫七忽,共大房七间,另有洗盥室、佣仆休息室、厨房、汽车间、花房、网球场,电话、电灯、冷热水管、浴缸、面盆一应俱全,兹愿廉价出售,倘有意置产者,请通讯本报第八十八号信箱可也。

（三）商店盘顶转让

1921 年 12 月，信交风潮后，有一些商户因亏损倒闭。例如，浦东东华楼徽馆因经营不善，巨额亏损，不得不把商铺盘顶出去，与受顶商铺东华楼洽记联合发表声明：浦东东华楼徽馆，自 1921 年 5 月开市以来，营业因不发达，以致亏蚀甚巨，除血本外，尚欠往来货款，早经通告各股东设法维持，尚有不在申的股东，早已去函报告咨询，请求他们限期答复办法，均无回应，现在早已逾期，而各股东均无意继续营业，但所欠款项纷纷逼讨，万难应付，故此各股东议决，凭公中将生财牌号账目一并顶与东华楼洽记为业，除生财外，尚有不敷之货款，承由洽记认亏受顶，由洽记担任归付，于登报日起，以后洽记营业无论盈亏，当与东华楼无涉，恐怕大众未周知，特登申新二报合并声明。[①]

从 1922 年的房地产招顶广告看，全年的招顶广告并不多，最主要的是房屋招顶，商铺、写字楼、行栈、酒楼旅馆等经营性的商业房地产基本没有，没有以前金融危机发生时大量商铺因经营不善招顶的现象。

表 4.6 为 1922 年房地产招顶广告统计表。

表 4. 6　　　　　　　　　　　　1922 年房地产招顶广告统计表[②]

时　间	标　题	内　容
1922－2－16	房屋招顶	兹有邻近小菜场交通便利之石库门房屋一幢，电灯、电铃俱全，如合意者，请至新闸大通路一二一四号与彭君面议。
1922－2－17	住屋招顶	现有三楼三底住屋一所，地址在大世界相近，电灯、电话俱全，如有愿顶者，请至南京路巡捕房隔壁德裕里四十五号宝生号接洽领看可也。
1922－2－17	房屋招顶	本行今拟收撤，所有家具及自来火电灯电话装修等全盘出让，如合意者，请至河南路如意里广西银行面议。
1922－4－11	吉屋招顶	兹有新闸路成都路相近，有两楼两底双厢房，外加过街楼住宅一幢，屋内装修完备，电灯、自来水俱全，天井、弄堂特别宽阔而且洁净，如合意者，请驾临九江路惠工银行内，沈鹤年君接洽可也。

---

① 　申报馆. 出顶声明[N]. 申报上海版，1921－12－30，17552(5/18).
② 　申报馆. 申报[N]. 申报上海版，1922 年全年.

续表

时　间	标　题	内　容
1922—8—10	房屋招顶	二楼二底,有自来水、电灯,合意者,每晚八时起,向闸北国庆路六号,乐英小学接洽。
1922—8—10	学校招盘或租	兹有日夜校一所,开办五年,学生发达,合意者,每晚八时起,请向闸北国庆路六号,乐英学校接洽。
1922—9—16	吉屋招顶	现有三楼三底房屋一幢,欲将屋内电灯及装修招顶,如合意者,请至大世界对过福昌里,六百廿九号内面议可也。
1922—9—30	要顶住屋一幢	要顶住屋一幢,在交通便利之处,或与鄙人办事处相近者,请投函江西路六十六号,不合恕不答复,赵显吉白。
1922—9—30	房屋招顶	现有房屋三幢,坐落新衙门后,空气充足、交通便利,如有愿顶者,至阿拉白司脱路,立群女学接洽可也。
1922—9—30	吉屋招顶	兹有坐落文监师路,三间四厢加后楼后,彼自造住宅一所出租,内自来火、电灯、火炉、沐浴缸、瓷面盆、尿斗以及装修等俱全,现拟出顶,如合意者,请至北京路十六号,劝业银行穆君接洽可也,时间上午十一点至十二点、下午三点至四点。
1922—11—6	招顶	一楼一底房屋一幢,北车站相近,交通极便,电灯、电话、天井、玻璃棚、装修油漆光洁,如合意者,请至九江路十号,远东接洽。
1922—11—6	宽大房屋招顶	卡德路西首,交通便利、汽马车直达门口,三上三下前后厢房连过街楼房屋一所,宽大异常,如合意,午后二时至四时,请至迎春坊第三百零二号,问冯卓如君接洽。
1922—11—19	房屋招顶	兹有坐落新闸酱园弄,五楼五底房屋一所,装修、电灯俱备,顶价从廉,愿顶者,请至派克路三六三号,周作恭接洽不误。
1922—12—18	房屋招顶	坐落英租界爱文义路小菜场相近,有两间一厢住宅一厅,上下油漆全新,电灯、电话俱全,每月租金只三十余元,如合意者,请书明住址姓名及时刻,投函本报第八十一号信箱,以便派人趋前领看可也。
1922—12—22	房屋出顶	愿出顶房屋者鉴:北浙江路或沪宁车站相近里内,两上两下或三上三下石库门房屋一所,有愿出顶者,请到宝山路升顺里四二号,中兴公司接洽。
1922—12—22	吉屋招顶	今有坐落天后宫桥北、河南路七浦路口附近,交通便利、房租低廉、石库门两上两下房屋一座,屋内电灯、电话、自来水、油漆装修完备,今因房主他迁,意欲招顶,倘合意者,请投函本报八十二号信箱以便复函接洽也。

（四）减租运动

1922年房地产业复苏后，房租上涨特别明显，房客无法承受，抗租运动此起彼伏，有许多房租纠纷诉讼发生。

1922年1月5日，公共公廨处理了五宗房东房客诉讼案，判决四宗，其中三宗是房东胜诉，余下一宗尚须查明。详细情形如下：第一宗案件：民厚里欠租人限两天照付案。哈同路民厚里全体房客，因反对房东哈同增加房租，久持不决，曾经公廨劝告，双方让步，哈同已将欲加之数略减，房客亦多数照付，而赵镒昌等五户尚不付租，致被起诉。审讯时，原告代表哈华托及帮办律师叙述案情毕，即由五被告中之一李怀臣上堂供称，该里房屋正月已加租金三元，八月又要加五元，后来又加，故有房客某女士反对，不想该女士因反对竟被哈同令人殴打。关谳员说，房东已经用温厚的方式告知房客加租，并且已让步，核查房东所加房租之数，照现在地价而算，只有五六厘利息，若照从前地价，则有八厘多的利息，公堂调查的结果认为，房租增加数额确实在合理范围内。此案最后判决：英商哈同诉赵镒昌等欠租一案，查此案发生，系在租界公廨发布关于限定业主房租增长的公告以后，且经提出各种证据证明并无过当增加，其大多数租户早已照付，应判被告等五户于两天内付清欠租，如再逾期限，即按照此次判决采取办法执行。第二宗案件：谦吉里朱静山限七天付租案。居住虹口东西华德路谦吉里四百六十一号门牌的朱静山，因房东欲增租金，遂将近三个月的房租不付，被该屋经理人英国哈华托律师诉讼租界公廨。经审讯，据原告律师称，被告所租之屋计三上三下，每月租金三十四元，近五六年来从未加过，十月间开始加四元，被告遂反对不付。被告延律师代辩，说该屋已旧、不能加租等语。关谳员最后判决，限被告于七天内付清房租。第三宗案件：松庆里准予加租案。海宁路松庆里的房屋是厚记公司产业，因欲加租，经房客反对，由收租人罗梅卿禀请公共公廨准予增加，奉谕令候专家估计该处地价及造价应否加租，报告公堂再核。由查账员王梓康造具表册，呈报公堂。经关谳员等会同审查，将表册查阅之下，认为有加租必要，遂判决：据查账员梓康报告，按照该申请人加租核算，照成本仅得常年利息五厘八毫三，请求加租并非过当，应予照准。第四宗案件：静安寺路刘子英住屋不准押迁案。静安寺路二十一号门牌房屋,原系新世界游戏场产业,由通和洋行经管收租,近该房东欲将房屋收回,故房客粤人刘子英虽将租金按月照付,而其收租人均拒却不收。近该洋行具名呈禀公廨,请求押迁。关澂员会同审理后,判决如下:以前经公告房东不得无故请求押迁,今原告所诉殊无理由,惟所欠房租判限被告三天付清。①

闸北慈善团董事赵灼臣向来热心善举,凡上海本埠各种慈善机关,无不有他的助款。1922年9月后,置有新疆路天保里、北南林里房屋数百幢,托人经理。受托经租人拟将两里房屋增加房租,于是众房客组织统一联合会,公推代表面见赵灼臣,请求取消加租之议,赵先生慷慨允许。该房客联合会并在天保里第十弄底,开办两里公益学校,招生入校学习,只取半费,极贫的人家免缴学费,赵先生因为该校有益于贫民,除牺牲校舍两幢的房金外,复捐助开办费银洋五十元,以示鼓励,故该校能于1922年9月7日顺利开课。②

房客联合会由房客自行发起组织,除代表房客与房东谈判房租、组织发起减租运动外,亦对房客行为进行约束。例如,鼎元里房客联合会在报纸上发现有门牌号鼎元里一弄三百三十一号的房客,定有巨价三百元招顶,认为有碍房东主权,且行为近似垄断居奇,于是分别致函房东和房客,干涉这件事情。③

1921年11月以后,房屋租金持续增长,有加无已,以致公众大为恐慌,极其纷扰。为了维持公共安宁,1921年11月21日与22日两天,公共租界和法租界会审公廨分别发出取缔任意加房租的公告,禁止租界内房东任意增长房租。④

由于房租上涨厉害,民生艰难,房客们成立房客联合会,开始了轰轰烈烈的抗租运动,在房客们坚持不懈的斗争下,大部分房东们有了让步的倾向。大地主哈同管业的民厚里房屋,迭次加租,导致各房客组织联合会共谋对抗,各住户在门首悬贴"拒绝加租"字条,而哈同方面针锋相对,遂

① 申报馆.公共公廨讯房东房客间讼案[N].申报上海版,1922−1−6,17558(14/18).
② 申报馆.好善之房东[N].申报上海版,1922−9−22,17800(16/20).
③ 申报馆.鼎元里联合会劝阻顶替房屋[N].申报上海版,1922−2−6,17582(14/18).
④ 申报馆.两公廨取缔任意加房租公告[N].申报上海版,1921−11−22,17513(14/22).

请哈华托律师通函各住户,限于十一月底一律迁移。经过几番斗争谈判,哈同方面表示让步,房租有所减少,同意重新修订房租办法,并表示三年之内不再涨租。浙江路渭水坊主汾兴公司发出通告,限各房客于阴历十一月以前迁让,众房客等极其反对,请求该路商界联合会房客友谊会共同向房主交涉,该会推举干事长孙镜湖前往请愿,与该房主磋商,房主当面应允,有商量余地、年内不致搬迁等。新康里房客联合会,经与该里房东再三磋商让租事,得房东同意,惟对于该里商家,房东坚持必须加租,不能与住户视为一律,听说该里商店已邀结团体,要求房东一律让租,否则停纳租金,以示坚决。沪西长浜路公升里于十一月份起,每幢又须加洋六七元,该处地位荒僻,店铺居户以手艺人居多,各房客接到此项通告后,恐慌异常,即召集会议公推代表,面请房东吴某垂念众商艰难,取消前议,尚未答复,闻各房客将作二次请求,倘不达目的,则另入总联合会设法抵制。①

面对房屋租金高昂、社会大众对于减租呼吁声浪日高的情形,一些有社会责任心的华商开始投入力量,建造平民住宅区。例如,沪商朱葆三等为救济加租风潮,联合其他商人,决心集资组织淞沪兴业地产公司,计划在沪北地方购地五百亩以上,或一千亩以下,广建房屋,另辟市场并设立学校医院,像古人移民殖边的计划一样,在市郊另外建立居民区,一可以兴盛沪北未来的商场,二可以救济租界住户的缺乏房屋困境。房屋建造以经济适用为主要目标,不尚华丽,房租只顾成本,不求优厚。该处交通便利、铁道马路已可直达,将来长途汽车及电车次第开通,转瞬可到,并且空气清爽有益卫生,日用菜蔬来自田间,就近取求,价值较廉,是直接为便利平民,间接为救济社会。朱葆三的计划已经得到上海护军使署立案批准,准备开始招股。②

1921—1922 年期间,上海淞沪护军使何丰林,是前任上海淞沪护军使、浙江督军卢永祥一手提拔起来的接班人,上海属于卢永祥的势力范围。卢永祥盘踞浙江,江苏军阀齐燮元对上海虎视眈眈。上海滩有外国

---

① 申报馆.减租问题有解决希望——房东让步之倾向[N].申报上海版,1921－11－22,17513(14/22).

② 申报馆.救济加租风潮之大计划[N].申报上海版,1921－11－25,17516(14/24).

势力侵略,黄金荣、杜月笙等青帮横行,卢永祥与齐燮元明争暗斗,只知道巧立名目、各种剥削,根本不进行经济建设,更不管人民死活,大量房地产垄断在少数人手里,贫富分化极其严重,平民住所是一种永远实现不了的理想,根本解决不了绝大部分贫困人民的住房问题。

第五章

❖❖❖

纸币之乱

——南京政府时期的地产风云

　　1927 年南京政府成立后至 1949 年上海解放,上海房地产业发展比较稳定。1927—1937 年是房地产业发展的黄金时期,摒弃一些非常规因素,如 1932 年"一·二八"淞沪战争,上海处在战火中,华界大量房屋被焚毁。1937 年"八·一三"淞沪战役,上海房屋再次遭受战火浩劫。上海陷落后,成为孤岛,汪伪政府在上海统治了短暂的几年。孤岛时期,游资充斥于上海,人们为了安全,纷纷逃往租界居住,导致上海租界的房地产价格上涨。抗战胜利后,南京政府收回被日本人占据的产业,接收大量汪伪政府地产及汉奸房地产,房地产市场出售或拍卖的房屋增加不少,总体房地产业发展比较兴盛。1948 年,蒋介石发行大量金圆券,造成剧烈的通货膨胀。纸币购买力很低,人民基本的生活都难以维持,上海出现米荒,老百姓日常生活交易及商人商业交易中,都想办法使用实物代替金圆券进行支付。房地产业逐渐陷入低迷,大量房地产出售,但久久不能卖掉。工厂、商铺经营不下去,纷纷招盘。房地产需求很少。尤其是 1948 年全年,出售处理房屋的数量远远大于购买房产的数量。

　　房地产发展上升期,盛况空前,上海人人踊跃投资房地产。如《申报》1928 年 11 月 30 日刊登的广告,地址在四川路七十号的美商中国营业公司号召人们投资静安寺房地产。内容如下:经营投资之良好机会,静安寺路为沪上要道之一,在过去二年中,其景象已经逐渐变迁,发展神速,致在该处及左近一带,欲购置房地产业者,每难如愿以偿。眼下本公司适有坐落于静安寺路及麦特赫司脱路转角,即邻近大华饭店处之产业处理出售,该处地位适宜,交通便利,电车、公共汽车俱可通达,凡欲在公共租界中心地点,经营投资于稳妥可靠之产业者,务祈特别注意,幸勿失此良机,如蒙惠顾,一切概守秘密。[①]　繁华地带,特别是公共租界中心地带的房地产,总是特别畅销。

1948 年,上海社会,尤其是旧官僚、富绅、外国资本家呈现一种恐慌状态,急欲把自己的财产变现逃离上海,上海一时有大量房地产廉价出售。上海自从开埠后一百多年来,投资者一直把房地产作为长期持有的资产,做为财富的一种保值增值手段,把租金收入作为日常获得房地产收益的主要渠道之一,投机家更是大量购买房地产专门做房地产投机。然而,在 1948 年,史无前例地出现了房地产出售潮。商铺转让招顶也成为一种主要潮流。大量商铺招顶招盘,接盘者却并不多,说明人们对于当时上海的前途并不明确,不肯轻易涉足生意,人们纷纷变卖掉固定资产套现。南京政府为了筹集内战军费,大量发行金圆券,金圆券通货膨胀,纸币的购买力日落千丈,公信力暴跌至谷底,人们不再愿意持有金圆券纸币,交易中,实物和黄金成为交易硬通货。而蒋介石犹在继续增发金圆券纸币,物价飞涨,人们生活成本的变化不是以日计,而是以时秒计,上海出现了米荒,人民的基本生活都无法得到保障,上海经济及其他国统区经济处于崩溃边缘。

一、金圆券膨胀时的房地产租赁业

1948 年,金圆券膨胀时期,旧上海的房地产业呈现以下特征:

特征一:房地产中介机构特别发达。

大量小微房地产中介服务机构,并不登记在公开定期出版的上海工商企业名录中,长年在报纸刊登广告招揽房地产业务,从事房地产买卖、租赁、顶让等业务中介,如卡德路 16 号协丰字号、黄河路 125 弄 24 号同

---

①　申报馆.经营投资之良好机会[N].申报上海版,1928−11−30,20011(21/26).

丰字号等；有一些只有地址，没有任何字号招牌，如金神父路 65 号、卡德路 1 号等。这些小微房地产中介服务机构的特点是短小精悍，只需要一间大小不论的办公室和一部电话就可开展业务，通常经理身兼员工伙计，三两个人，甚至只有一人就可开摊。刊登的广告里，前面一半广告内容是出售、出租或顶让的房地产，后面一半是招揽业务的广告。①

特征二：银行机构兼营房地产中介业务。

例如，上海商业储蓄银行信托部就兼营房地产业务。如 1948 年 6 月 16 日一则代售花园洋房业务的广告，该房屋坐落在杜美路，真三层双开间、花园洋房二宅，每宅计地五分多，各有大小房间九间、浴室二间，汽车间、仆人厕所俱全。建筑考究、环境幽静、交通便利，属于优良资产，廉价出让。该房产房东委托给宁波路五十号的商业储蓄银行信托部代他处理。②

特征三：房屋空置期延长，尤其是高档房屋。

大量高档房屋很久租不出去。例如，新建会幕新邨花园，位置在虬江路、育婴堂路、新马路，结构是二层三层住宅，水、电、卫生间设备俱全，光线充足，交通便利，各路电车都经过，可以直达北站。新邨花园住宅的广告，从 1948 年 8 月 31 日开始刊登，中间分别在 9 月 2 日、11 月 2 日、11 月 14 日重复发布广告 3 次，长达两个多月的时间，这幢住宅一直空置，没有租出去。③

又如，坐落在顺昌路小菜场内的一个新建的高档住宅区，数量有数幢，是宽大的二层楼市房，内有亭子，建筑竣工完毕，随时可以迁入居住，这里房屋的广告刊登了很久，从 1948 年 1 月 5 日开始刊登广告招租，几个月都没有租出去。④

特征四：大量工厂堆栈仓库闲置出租。

经济不景气，开工厂行栈的人经营不下去，才把工厂行栈租出去。大量的工厂堆栈出租，徐家汇是工厂云集的地方，招租广告里，有不少是徐

家汇的工厂。亦有地理位置非常优越的,比如临近黄浦江码头的工厂堆栈。

例如,陈某转让的虹口小型厂房,三十英尺(9.144 米)见方,水泥地,带有物料间、工人宿舍、厨房、厕所,办公室俱全,属于租地造屋,但土地无年限限制,适合小工厂或者堆栈,转租价格为金圆券三亿元。①

又如,云南中路 221 号鸿兴房地产公司出租的一个厂房和堆栈,该厂地点适中,交通便利,沿马路有大门,为了招揽租户,采取优惠措施,不收取顶费和小费。②

特征五:大量商厦、写字楼、商铺、店面空置,出租困难。

有大量处于上海市区繁华地理位置的写字楼、店面、住房出租。例如,浙江中路 37 弄 1 号皇宫大楼,属于新式大楼,新式装潢、设备完善、代办伙食,地理位置优越,房屋新建。这种高档房屋,同样出租困难,广告发出去后,久久未租出去。③

坐落在繁盛商业区域的一座商场,面积约二千五百方尺(约合232.25 平方米),极其适合作为样子间、办事处、写字间,办公设备、电话齐全,商场承租人找人合租,一起分租这座商场,很久未找到合租人。④

福建中路、南京路南某弄内,有朝南两层楼房屋三幢出租,里面有石库门房屋两幢,合并为三厢房五开间,每层面积为两千六百多平方英尺(约 242 平方米);又一幢房屋,面积约一千三四百平方英尺(约 130 平方米),极其合适开设商行、字号使用。三幢合租或分租都可以。承租人需要写明自己的姓名、职业、地址、电话号码及房屋用途,寄信给房东。房东如果觉得人合适,就写信约见面,领看房屋,并议订租约;如果不合适,则不回复。这种出租措施首先筛选一遍承租者,能避免无效看房的劳苦,亦能有效地预防二房东。出租人的这种做法在良好的经济环境下,能有效保护房东利益;但在严峻的经济形势下,房地产租赁市场低迷,房屋出租

---

① 申报馆.招租[N].申报上海版,1948—1—9,25107(9/10).
② 申报馆.厂房堆栈出租[N].申报上海版,1948—2—1,25130(9/10).
③ 申报馆.招租[N].申报上海版,1948—1—10,25108(9/10).
④ 申报馆.招租[N].申报上海版,1948—6—26,25273(7/8).

更加困难。①

　　蔡某出租大昌别墅,该房屋是三层双间洋房,连花园长期出租,坐落于湖南路旧名居尔典路大343A弄大昌别墅三号,冷热水电、生产车间、卫生设备齐全。别墅特点是,总弄堂有二十尺(约6.7米)宽阔,全弄仅有四家房屋。这么幽静高档、住家兼带生产功能的别墅,久久租不出去。②

　　有整座大厦出租的。例如,坐落于四川路、北京路口的整座大厦出租,可作为堆栈及写字间之用,另外位于长阳路640弄109号的大楼,整楼出租。③ 这种整座大厦出租类型,对于承租人的经济实力要求更高,经济危机时期很难觅得合适的承租人,空置期更长。

　　所有这些地理位置优越、房屋条件好的商铺、店面、写字间都闲置,房东都采取优惠措施,但房屋依然难以出租出去。

　　经济萧条,前景黯淡,各行业勉强维持经营。为降低成本,都尽力减少房租支出,与人合租、分租成为常态。如有诊所找人分租:北京西路690号张某,找人分租热闹中心区花园洋房小型诊所,其诊所内有候诊室、诊室、手术室,电话、卫生设备俱全,还不收顶费、租金,以挂号看病费用抽成作为付款。④

　　旧上海繁荣一百多年的租地造屋走向了没落,即使是闹市区的空地,亦无人问津。上海市区有空地一方出租,大小计五分多,坐落在虹口溧阳路中虹桥下塃崇德里,空地内有大煤栈,隔壁建造住房,或者造五金堆栈等,极为相宜。这个广告刊登很久,没有租出去,原因可想而知。大量现成的房屋尚且空置,何况空地呢?⑤

　　不单单是上海,在南京政府统治区内,房地产市场全部低迷。例如,上海的周某,出租杭州市中心区荐桥街民生路附近的一所楼房,共计二十多间,最适合作为大公司的办事处以及厂商批发处,虽然价格相宜,但出

　　① 申报馆.招租[N].申报上海版,1948-2-25,25151(9/10).
　　② 申报馆.招租[N].申报上海版,1948-9-26,25364(7/8).
　　③ 申报馆.写字间及堆栈出租[N].申报上海版,1948-3-7,25162(9/10).
　　④ 申报馆.招租诊所[N].申报上海版,1948-4-7,25193(6/8).
　　⑤ 申报馆.招租[N].申报上海版,1948-8-14,25364(5/8).

租困难。[①]

1948 年全年,房地产招租广告统计约有 60 条,刊登广告后,房屋很久都租不出去。从后面的出售广告可以看出,出售的房屋许多,可见时局不稳,房地产市场低迷。在 1948 年,人们不愿持有房屋,许多房屋空置,房地产租赁业市场更加低迷。

表 5.1 为 1948 年房地产招租统计表。

表 5.1　　　　　　　　　　1948 年房地产招租统计表[②]

时　间	标　题	内　容
1948－1－1	招租	勤园女子宿舍,尚有空床位数只,有意者,请至威海路 320 号,电话三六七三五。
1948－1－5	新屋招租	坐落顺昌路小菜场内新建阔大二层楼市房数幢,内有亭子楼及水电一应俱全,接洽贝勒路梅兰坊十九号,电话八零六九三号。
1948－1－9	洋房转租	静安寺路,交通便利、地点适中,计有住房五间,前面有小花园,有热水汀及卫生设备,所有房中家具一概全备。如有意租赁者,请先用电话洽商,电话三一六四二。
1948－1－9	招租	中正东路近成都路,统楼出租,油漆全新,有水电、卫生设备,电话 39458 候洽。
1948－1－9	招租	太原路永嘉路 416 弄内,新建单间,真三层花园洋房,卫生设备,水电全,售价特廉,本工场洽,叶顺泰营造厂。
1948－1－9	招租	虹口小型厂房,卌英尺方,水泥地,附物料间、工人宿舍、厨房、厕所、办公室俱全,租地造屋无年限,适合小工厂或堆栈。随时迁让,价三亿元,电 62797 陈洽。
1948－1－9	招租	写字间两间,廉让,请与金隆街四十八号新昌公洽。三楼新屋一大间,朝南,让六千余,马当路新民邨 38 洽。
1948－1－10	招租	三楼新屋一大间,朝南,让六千余,马当路新民邨 38 洽。
1948－1－10	招租	新式大楼,新式装潢,设备完善,代办伙食。地址:浙江中路三七弄一号皇宫大楼 319 室洽。
1948－1－10	招租	好机会,莫错过。中心区写字间,面积宽大,光线充足,有电话,新型生财,特价廉让,捷足先得。电 98440,俞洽。

---

① 申报馆.杭州吉屋招租[N].申报上海版,1948－1－8,25106(9/10).
② 申报馆.申报[N].申报上海版,1948 年全年.

续表

时　间	标　题	内　容
1948—1—13	招租	北京路河南路附近,客堂楼统厢房二间,电卫全,电三七三一一,王洽。
1948—1—13	招租	江西路近南京路,三楼写字间,二大二小,卫生设备、水电全。有意请拨四零二七九殷洽。
1948—1—14	招租	北京路河南路之东弄内,楼下统厢房,连客堂二大间,电话俱全,最合庄号之用。电 94645,陈洽。捐谢绝。
1948—1—14	招租	山阴路,真三层一幢,北四川路底千爱里六号,领看。欢迎委托顶租、买卖房地产,卡德路 1 号。
1948—1—20	招租	南市斜桥,徐家汇路二号,有市房店面出让,分租或出售均可。接洽时间:上午九至十二时,下午二至四时。十八路无轨电车到底便是,朱启。
1948—1—20	房屋出租	坐落静安寺路成都路东,双开间住宅一所,电话、卫生设备俱全,里面宽大清洁,住家、行号均宜。合意者请电话80320,赵家接洽。
1948—1—20	招租	机器厂出租,电 51585,千洽。
1948—1—24	招租	江西路南京路口,三楼二大二小,分租、全租均可。宜字号、住家。卫生设备、水电全。合意者,电一九九八九,朱洽。
1948—1—25	招租	招租瑞丰子间,东嘉兴路里廿号双亭,萧洽。
1948—1—27	花园洋房	花园洋房余屋分租。兹有住房三楼全部出租,水电俱全。公用地址:四川北路底相近。如有意者,请电话四零六五二,接洽领看。
1948—1—30	招租	洋房连厂房廉租,地点近百老汇路,交通便利,水、电、话、煤气、卫生设备俱全。洋房大小六七间,可作写字间或住宅用。厂房共两层,每层面积 30 尺阔、54 尺长。有意者,请函邮箱 1979 号,或电话 15597 洽。
1948—2—1	厂房堆栈出租	地点适中,交通便利,沿马路有大门,不取顶费、小费。云南中路 221 号,鸿兴房地产。
1948—2—25	招租	兹有福建中路、南京路南某弄,内有朝南两层楼房屋三幢出租,内石库门房屋两幢,合并为三厢房五开间,每层面积两千六百余方尺。又一幢每屋面积一千三四百方尺,极合开设商行字号之用。承租人或三幢合租或分租均可。愿承租者,请开明姓名、职业、地址、电话号码及做何用途,于三月十日前投函本投第 44 号信箱。合则函约面洽、领看并议定租约,不合则不答复。

时　间	标　题	内　容
1948－2－25	招租	南京大戏院相近有市房一幢,愿意分租。接洽处:宁海西路89号,徐君。
1948－3－1	出租	小型工厂及堆栈出租:兹有坐落南市十六铺内基地一亩余,近临浦江,交通便利、环境繁盛,可供小型工厂以及堆栈之用,有意承租者,请投函本报五十一号信箱约谈。
1948－3－7	写字间及堆栈出租	兹有坐落四川路、北京路口大厦,可作堆栈及写字间之用。如有意承租者,请电一四三一七,洽看。长阳路640弄109号,统楼出租,合意者面谈。
1948－3－13	招租	南京东路、中央路大小写字间数间,有电话,廉价出租。电一零九零四,洽宿。
1948－3－13	招租	徐家汇工厂区空地三亩,余出租,薛家浜路150米洽。楼上全厢房出租,电话公用。地点:九江路山西路西。请拨41515,何洽。
1948－3－20	工厂区房屋招租	徐家汇潘家宅39号,高平房八间,屋前空地五分,水电俱全。徐家汇浦东路慈云坊八号,黄君洽,电话七四五九九。
1948－3－20	招租	友人离沪,卧房出租,南市倒川弄长寿里三号,姚洽看。
1948－4－1	招租	小型厂房堆栈招租,电42569,王洽。
1948－4－7	招租诊所	分租热闹中心区花园洋房小型诊所,内候诊室、诊室、手术室,电话、卫生设备俱全,不收顶费、租金,以号金抽成作付。二至五时,至北京西路,六九零号,张洽。
1948－4－7	招租	半西式三层楼房,水电、卫、煤俱备。原幢或分租均可。合向四川北路永安里一四三号,陈洽。
1948－4－29	招租	楼厢房一大间,连家具七件,水电俱全,光线充足,返乡廉让,价一亿五千万元。合意者,驾梵皇渡路、长宁路宏兴里21号,楼上,王洽。
1948－4－29	出租	中国大戏院正对面,店面一大间,请驾牛庄路707号。
1948－5－7	招租	莫干山大洋房两宅出租,有意者,请电本市三三四零二,接洽。
1948－5－13	招租	写字间廉租,大小十余间廉价分租。有电话、水电全。请每日下午二至五时,莅复兴中路辣斐坊四九号,或电四零七一洽。
1948－6－22	店面分租	高尚文具钢笔书籍,在南京太平路热闹区,向林森中路六七一号江君洽谈。

时　间	标　题	内　容
1948-6-22	招租	菜市路底石库门流客堂,请至华周路园坊二号,电话80307。
1948-6-22	招租	统楼面大亭子间,有电话,马礼路31号。
1948-6-26	样子间分租	坐落繁盛商业区域,面积约二千五百方尺,极合样子间、办事处、写字间之用,生财电话均备,请函上海邮政信箱八六零号。
1948-6-30	招租	招租徐家汇路新桥路七七弄新建住宅廿幢,水电俱全,有意本弄领洽。
1948-8-2	招租	闹市双开间店面,分部或全部,出租三年,装修全新,不收房租,取佣金5%,并供给玻璃柜台与壁橱。请速至东长治路817号。
1948-8-8	招租	南市复兴东路,新建假三层住宅店面,市房一幢,水电俱全。请向方浜路二三五号,北区二楼,吴洽。电话:70690。
1948-8-14	空地招租	兹有空地一方,计五分余。坐落虹口溧阳路中虹桥下塊崇德里,内立大煤栈,隔壁建造住屋或造五金堆栈等,极为相宜。有意者,请驾临南京东路、慈淑大楼五楼五二五室接洽可也。电话:九四二九零号。
1948-8-26	招租	兹有热闹地区近八仙桥,双间三层门面房屋一幢,生财齐全,最宜开设绸布、纱号、百货洋酒等店。有意承顶者,请于上午九至四时,拨电话95862,接洽。
1948-8-26	招租	戈登路、静安寺路公寓三间,电、卫全,南京西路一八一弄九号,方洽。
1948-8-26	招租	重庆路三开间店面,真三层,话、卫,无房客,向林森中路613弄57号,杰洽。
1948-8-31	招租	新造花园二层住宅,设备全、交通便利,直达北站,各路车辆通行,虬江路会文路80弄一号,永兴小学隔壁。
1948-9-26	招租	大昌别墅,三层双间洋房连花园长期出租。地点:湖南路旧名居尔典路三四三A弄大昌别墅三号。设备:冷热水、电、车间、卫生设备全。特点:总弄廿尺阔,全弄房屋仅有四宅,接洽:本宅蔡君。
1948-9-26	招租	新建会幕新邨二层,花园住宅,水电设备俱全,交通便利,直达北站,各路车辆通行,每月金圆券四五百元。虬江路、育深堂路、新民路国元营造厂内,陆洽。
1948-12-31	招租	拉都路、雷米路南首,306弄30号,大亭子一间,出租,沈洽。

政府对于房地产业的管理很混乱,基本是放任自流的态度。无政府执照就私自动工的房屋建造工程,政府部门不执法,是民间自行想办法,如刊登广告声明等,告诫众人不要租赁购买无照房屋。如 1948 年 10 月 2 日凝德堂发的一则声明说,南市万豫码头的房屋,无照动工,不要顶租,免起纠纷。[1]

旧上海二房东现象严重,南京政府没有治理措施,放任自流。有人承租房屋后当起了二房东,把房屋转租出去。但是从广告内容来看,房东在期满办理续租时,依然要给二房东优先权。如 1948 年 1 月 1 日,金瑞生承租崇德路益寿里一号(旧七十七号)房屋,已经期满一年,房东托人催告金瑞生办理续租手续,但是金瑞生置之不理。房东再次委托事务所刊登广告,限期五日内去事务所内办理;如果逾期不办,房东就直接和现住人办理承租手续了,金瑞生不得再有异议,等等。[2]

二、金圆券膨胀时的房地产出售拍卖

1948 年全年,共有 200 多条出售房地产的广告,远超租赁广告的数量。经济低迷,通货膨胀厉害,人们对蒋介石领导下的南京政府前景不看好,纷纷抛售自己持有的房产。上海开埠以来房地产业一百多年的发展历史中,从未出现过这种大规模的房地产抛售潮。这个时期的房地产业发展呈现以下几个特点。

特征一:房地产交易纠纷多,房地产交易程序中引入"报纸公告期"。

由于连年战火、日本人强占等种种原因,房地产契证丢失或混乱,房地产主人逃离上海,战后返回讨要原有房地产,导致房地产交易中很容易出现纠纷。房地产交易程序中引入了"报纸公告期",利用报纸的公众媒体效用达到公告目的,免除不必要的纠纷,加快交易速度,增强房地产交易程序的合法性。

公告期内没有别的人主张权利,或者声明土地纠葛、欺骗捏造等事项,期限过后会正式交割。例如,虞洽卿向朱声远买受黄浦区七图署字圩

---

① 申报馆.声明[N].申报上海版,1948－10－2,25370(7/8).
② 申报馆.金瑞生启事[N].申报上海版,1948－1－1,25102(8/22).

五号六圻的土地一块,洪律师代表买主登报发表发明:无论何人对上列房地产的处分及移转,如有权利主张,三日内附同证据提出书面异议,逾期后,交易则继续后面的程序,办理交割,不再处理争议等。①

再如,住在华山路 1461 弄 2 号陈冠英,向吴延荣买受上海大西路土地一方,坐落在法华区二图宙字圻九号三十五圻,面积七分五厘七毫,已向地政局申请过户,过户手续正式办理之前,在报纸上发表声明公告:请对上述产权有异议者,见报纸后,立刻提出;否则,公告期后,异议一律视为无效。②

明远堂沈委由中人说合并作证,向蒋琮德受买其黄浦区五图辰字圻十八号六圻土地一方,面积计一亩零分六厘五毫,土地所有权状黄字第 482 号,已经支付清楚土地价款,立有资据,特登报公告,征询是否有人对于这件交易有异议,以便交易双方办理过户移转产权手续。如果有人对上述不动产声明异议,或者是主张权利,限期六月十日前提出证件,以凭审核。③

特征二:大量高档住宅被抛售,远远超过出租数量。

大量住宅房地产业被抛售,其中最明显的是高档住宅。可分为几类:第一类,各种类型高档住宅及新建住宅小区抛售;第二类,政府拍卖没收的汪伪政府及汉奸地产;第三类,社会名流的花园洋房别墅等高档住宅抛售。

报纸上比比皆是廉价出售房屋的广告,出售的房地产质优价廉,但接盘者寥寥。

愚园路愚园新邨对面,四开间,三层花园洋房,电话、卫生间、车间一应俱全,最宜做公家宿舍或公馆,廉价出售。④ 愚园路是有名的社会名流住宅聚集区,这里的房屋照样滞销。

有的新建高档住宅小区,久久不能卖出去。1948 年 2 月 25 日,坐落于赵主教路的大华新邨建成出售,房间样式是独立真三层,立体式双开间

---

①　申报馆.买受声明[N].申报上海版,1948-1-11,25109(3/10).

②　申报馆.买受地产声明[N].申报上海版,1948-1-9,25107(7/8).

③　申报馆.圻土地事征询公告[N].申报上海版,1948-6-4,25251(3/8).

④　申报馆.洋房廉售[N].申报上海版,1948-1-10,25108(9/10).

半,及西班牙式双开间大花园洋房,各二幢,占地四分至七分多,全部柳安打蜡地板、柳安装修钢窗、美式卫生浴间,房间宽大,环境幽美,第一流的高尚住宅区,价格低廉。直到 7 月 25 日,还在打广告售卖,半年多都没有卖出去。[①] 坐落于肇嘉路[②]、阜民路[③] 60 号的新建造市区楼房,接连三幢楼,廉价出售。如果三幢全部购买,每幢四亿元,分幢购买亦可以。[④] 该广告刊登很久,楼盘明显销售不畅。

特征三:未到期租赁权转让大增。

许多房屋承租期限长,到期还早,租客急于出让租赁权。例如,江西路 451 号协丰事务所倪光祖律师,受托办理出让房屋租赁权事务,该房屋坐落于蒲石路,是一所双开间假三层楼洋房,电灯电话、卫生设备、煤气齐全,租期还有十一年,出让租赁权。[⑤] 后来关于该房屋的广告中,又增加了出让费用十八亿元。[⑥]

特征四:大量工厂停工出售。

有大量工厂经营不下去,出售转让。例如,1948 年 1 月 1 日,近提篮桥一家小型电厂停止经营,厂房石库门房屋八幢廉价出售,水、电话、电力热俱全,立刻就可以开工。全部出售。[⑦]

马当路 417 弄 5 号宜立建筑师事务所的唐某,出售自己所拥有的房地产业。产业一是陆家浜高大厂房五间,连同独用的弄堂,适合小型工厂和堆栈使用。另外,还有新建二层市房,车丫路国货路公共汽车直达,热闹便利。[⑧]

1948 年 10 月 20 日,茂名南路 129 号国泰大戏院旁的古林地产公司,发布一则出售工厂广告。工厂位于亚尔培路,空厂房连地,摩登公寓一所

　　① 申报馆.新建独立高尚花园洋房出售[N].申报上海版,1948-2-25,25151(9/10);1948-7-25,25302(5/8).
　　② 旧路名斜徐路、徐家汇路,现路名肇嘉浜路,位于徐汇区天平陆街道肇嘉浜社区境内,东西向,东起瑞金二路与徐家汇路口,西端与漕溪北路、衡山路、华山路交汇。——作者注
　　③ 旧路名县桥南街、阜民坊、太卿坊、阜民路,现路名光启南路,位于黄浦区小东门街道乔家栅居委会境内,南北向,南起中华路,北端与复兴东路、光启南端南端交汇。——作者注
　　④ 申报馆.出售[N].申报上海版,1948-4-25,25211(7/8).
　　⑤ 申报馆.标售敌产空地[N].申报上海版,1948-1-9,25107(4/10).
　　⑥ 申报馆.高尚洋房出售[N].申报上海版,1948-1-21,251197(8/10).
　　⑦ 申报馆.小型电厂房廉售[N].申报上海版,1948-1-1,25102(3/22).
　　⑧ 申报馆.厂房[N].申报上海版,1948-1-25,25123(9/10).

包括四大间,煤气、电话、水汀、卫生设备俱全,二层楼,钢骨水泥建筑,占地共计一亩三分七厘。厂房占地面积 842 平方米,拥有酿酒执照,专制各种饮料水酒、精酒及俄国白酒,全部生财机器、大量原料及运货卡车三辆,全部自流井,共售金圆券三十五万元。①

特征五:抛售囤积的空地及外地房地产。

人们纷纷处理自己在外地置办的房地产业。虹口东汉阳路 246 弄 6 号的某人,拥有宁波东乡良田十亩,以售价八千万出售。② 某人在苏州乡下拥有农场一座,占地一百多亩,全部出售。③ 住在上海金陵东路 389 衖 16 号的某人,在苏州拥有高等住宅,坐落于苏州城中区,朝南楼平房十八间,计三进,建筑坚固,环境幽静,水电全,该住宅房主全部出售。④ 杭州近玉泉寺、沿大路风景区空地,三十六亩,全部地产皆廉价出让。⑤

上海市区有许多囤积的空土地出售。例如,南市空地一方,坐落于制造局路,土地面积约一亩,廉价出售。⑥ 霞飞路高恩路一亩、杜美路海格路贝当路各三分、五分,辣斐德路九分,祈齐路二分,上述优良空地出售。⑦ 中山路、虹桥路南(近桥)空地,十四亩余,交通便利,宜于设厂或宿舍。华德路、马玉山路,地十一亩,廉售。⑧ 通州路二亩,水电路九分,以上两块空地出售。⑨ 三门湾沙田,每百亩二千,水电路空地四分,皆出让。⑩ 坐落闸北,出恒丰路汉中路北首,计土地面积十亩余,良好土地出售。⑪ 南市区厂区空地出售,龙华路、打浦新桥路、肇周路等处,大小数块空地出售。⑫

政府亦加入抛售地产的行列。1948 年 1 月 9 日下午三点钟,在广东

① 申报馆.良产出售[N].申报上海版,1948-10-20,25387(5/6).
② 申报馆.房地产[N].申报上海版,1948-1-7,25105(8/10).
③ 申报馆.农场出让[N].申报上海版,1948-3-1,25156(5/8).
④ 申报馆.苏州高等住宅出售[N].申报上海版,1948-9-8,25346(7/8).
⑤ 申报馆.空地廉让[N].申报上海版,1948-3-13,25168(9/10).
⑥ 申报馆.南市空地出售[N].申报上海版,1948-1-18,25116(8/10).
⑦ 申报馆.优良空地[N].申报上海版,1948-3-1,25156(5/8).
⑧ 申报馆.房地产[N].申报上海版,1948-4-13,25199(8/8).
⑨ 申报馆.空地廉让[N].申报上海版,1948-9-8,25346(7/8).
⑩ 申报馆.出让[N].申报上海版,1948-10-8,25376(5/6).
⑪ 申报馆.良地出售[N].申报上海版,1948-10-8,25376(5/6).
⑫ 申报馆.空地出售[N].申报上海版,1948-12-24,25442(1/6).

路八十六处,上海市中央信托局房屋地产处标售敌产空地。开标出售的空地共有十处,其中以西达路 83 号山阴路口一处占地 2.904 8 亩、长乐路华山路东 6.192 亩,这两块土地底价最高,为一百二十亿元。[①]

特征六:大量经营性商业房地产被抛售。

大量写字楼、商业大厦、商业中心地段的商铺、交易所等商业房地产被抛售。

四马路店面一间,住宅字号二层楼、三层楼二大间,又中正路店面一间,又梦花街店面二间,这些店面全部廉价转让。[②] 闹市区中心双开间屋四层,电话卫生设备、水电俱全,适宜设棉布杂粮字号,房屋廉价转让。[③]

云南路热闹市区,弄内有两大间高档写字间出让。光线充足,设备完善,装修全新,装有电话两部,生财器物俱备,适宜办商庄行栈、商号、写字间等。前承租者是北海路 226 弄 10 号万利商号的冯某,全部出顶。亦是广告刊登了很多次,很久都没有转让出去。[④]

交易所亦因经营不下去转让办公室。静安寺路西摩路公寓三大交易所办公间出让,煤气灶、电话、水汀、热水俱备,并有新柚木家具同时出让。[⑤]

表 5.2 为 1948 年房地产出售广告统计表。

表 5.2　　　　　　　　　1948 年房地产出售广告统计表[⑥]

时　间	标　题	内　容
1948—1—1	出售	卡德路 154 弄 9 号,三层楼一宅出售,粗细电、卫、话、油漆全新、空屋又新、桥路空地一亩余,新闸路 1050 弄 37 号,或电 60233 洽。
1948—1—1	小型电厂房廉售	近提篮桥厂房石库门八幢,水、电话、电力热全,立可开工,捐谢,电 31199。

---

① 申报馆. 甲等住宅区租赁权出让[N]. 申报上海版,1948—1—7,25105(8/10).
② 申报馆. 店面廉让[N]. 申报上海版,1948—3—13,25168(9/10).
③ 申报馆. 店面廉让[N]. 申报上海版,1948—3—1,25156(5/8).
④ 申报馆. 高尚写字间出让[N]. 申报上海版,1948—8—2,25310(5/8);1948—8—26,25334(7/8).
⑤ 申报馆. 花园洋房出让[N]. 申报上海版,1948—1—16,25114(8/10).
⑥ 申报馆. 申报[N]. 申报上海版,1948 年全年.

续表

时　间	标　题	内　容
1948－1－5	厂基廉让	南市闸区楼房二幢后连平屋二间,交通便利,光线充足,水电俱全,小型工厂住家均宜,合意者向西藏南路三七四号洽。
1948－1－7	房地产出售	宁波东乡良田十亩,售八千万元,置乡产最妥,虹口东汉阳路 246 弄六号。
1948－1－7	住宅廉售	福履理路六一九弄丁九号,三层花园洋房,油漆全新,水电卫生设备均全,立可迁入,连地廉售,另有善钟路大住宅一所,合意者,请电 14410。
1948－1－9	标售敌产空地	本市中央信托局房屋地产处标售空地,定于今日下午三时,开标出售空地共有十处,其中以西达路八三号山阴路口一处最大占地 2.904 8 亩、长乐路华山路东 6.192 亩底价最高,为一百二十亿元。投标手续:先向广东路八十六号该处索阅投标须知,再依规定底价缴付保证金百分之二十,领取标单,于九日上午先行投入该处标箱,以便午后开标。
1948－1－10	交易所出让	静安寺路西摩路公寓三大交易所,煤气灶、电话、水汀、热水俱备,并有新柚木家具同时出让。电话三八五三八。
1948－1－10	洋房廉售	洋房廉售。愚园路愚园新邨对过,四开间,三层花园洋房,廉价售,电话、卫生、车间一应俱全,最宜做公家宿舍或公馆。合意者请电一九八八二,楼君面洽。
1948－1－14	廉让	江西路三洋泾桥,双间全幢,分单间亦可。临紫来街 42 弄七号,或电八二六零八,张洽。
1948－1－16	急让	油漆全新,花园洋房一幢,水电卫全,电 77927,林洽。
1948－1－16	花园洋房出让	愚园路 608 弄,田庄租地造屋,假三层,11 年期,卫、话、水汀全。电 20566 洽。
1948－1－16	出售	太原路永嘉路 416 弄内,新建单间,真三层花园洋房,卫生设备,水电全,售价特廉,本工场洽,叶顺泰营造厂。
1948－1－17	高等住宅出让	兹有蒲石路双开间假三层楼洋房一所,电、卫、煤、话全,尚有十一年可住。如愿受者,至江西路四五一号倪光祖律师处接洽,电话 18454。
1948－1－17	急让	急让愚园路三开间,独立洋房,另楼下全层。电话 20276,萧洽。
1948－1－18	南市空地廉售	坐落制造局路,空地约一亩。请电八二五四零洽。
1948－1－21	高尚洋房出售	蒲石路花园,双开间三层洋房一幢。电、卫、煤修全新,立可出空,十八亿元出让,电 13301 洽,谢捐。

续表

时　间	标　题	内　容
1948—1—25	厂房	陆家浜高大五间,连独用弄堂。合小型工厂或堆栈。又新二层市房,车丫路国货路公共汽车直达,热闹便利。尚余二幢,马当路417弄5号,宜立建筑师,唐洽,电话87370。
1948—1—26	廉价出让	装修新,立可信,全幢空屋,一宅三大二小间,价二亿八千元。临金神父路65号洽。
1948—1—27	廉价出让	二大间写字间。电话二只,装修连生财全部。电话:八三四九四,蒋洽。
1948—2—19	华贵花园大住宅出让	坐落本市绍兴路,占地三亩余,一切最新式,设备齐全。有诚意者,请驾临天津路二四四号,与陆君面洽。电话九二七八。捎客谢绝。
1948—2—19	出售	双开间,真三层花园洋房六幢,分宅出售。坐落幽静住宅区麦阳路,水电、卫生设备全。有意者,请拨电话九四七四四,与邱君接洽。捎客谢绝。
1948—2—19	房地产出售	太原路永嘉路四百十六弄,真三层花园洋房出售,水电、卫生设备全。接洽处:业顺泰营造厂。
1948—2—25	新建独立高尚花园洋房出售	坐落赵主教路大华新邨内,独立真三层,立体式、双开间半,及西班牙式双开单及单开间大花园,洋房各二幢,占地四分至一分余。全部柳安打蜡地板、柳安装修钢窗、美式卫生浴间,房间宽大,环境幽美,诚第一流高尚住宅区,定价廉。捷足先得,接洽处电话97141,刘洽。
1948—2—29	空地廉售	大连路飞虹路口,空地二亩余。有意者,拨电五二七三二,谭洽。
1948—2—29	闹区市屋出让	宜设棉布杂粮字号,地处闹市中心,双开间四层,电话、卫生设备、水电俱全之房屋廉让。有意者,请电八一二一二,李洽。转吕班路二楼双亭子间,卫生设备,电88214,施洽。
1948—2—29	廉让	百乐商场愚园路口,新市房两间廉让。请电三八七四五,刘洽。
1948—2—29	廉让	开店良机,提篮桥热闹区,双层店面三间出让。请向金陵东路92,姜洽,电话86549。
1948—2—29	廉让	近北火车站,新建店面五幢,堆栈一间,分宅廉让。请电0262142。
1948—3—1	农场出让	兹有苏州乡下农场,占地百余亩,因无法兼顾,愿全部出售,有意者请投函本报第五十号信箱约谈。
1948—3—1	优良空地	霞飞路高恩路1亩,杜美路、海格路、贝当路各3分、5分,辣斐德路9分,祈齐路2分。电85151(下午)。

续表

时　间	标　题	内　容
1948-3-1	新建假四层花园洋房出售	福开森路居尔典路新建假四层花园洋房一宅出售,卫生设备、全部柚木装修,居尔典路二八零弄,电 39414,崔洽。
1948-3-7	房屋招售	新造统楼面统客堂,灶间阔大,亭子楼,或开店铺,水电俱全。吕洽。电 80693。
1948-3-7	出售	大东门花园,衙地七分,九江路 150 通汇信托公司地产部洽,电 10781。
1948-3-7	出售	小沙渡路大自鸣钟靠近,厂房三层楼,马达、电力、机器生财一切完备,廉价出售。有意者,请电 82743,周洽。
1948-3-7	房地产出售	近霞飞路大花园住宅,话、卫全,连地亩余,售二百亿元,厂住均宜。电 135474,顾洽。
1948-3-13	空地廉让	中山路、虹桥路南(近桥)空地,十四亩余,交通便利,宜于设厂或宿舍。杭州近玉泉寺,沿大路风景区空地,卅六亩,欲购者,请向申报馆,谢宏接洽,电话:九三二二四八。
1948-3-13	店面廉让	四马路店面一间,及住宅字号二层楼、三层楼二大间,中正路店面一间,梦花街店面二间,四马路 387,陆洽。
1948-4-1	新屋出售	房屋数幢,内有亭子间、厨房、统楼、店、客堂,共售五亿八千万元。掮客谢绝。电 80693。南市空地、住市房租买,电 62396。
1948-4-1	出售	虹桥路空地,2 亩至 35 亩,出售。又花园房屋出让,向虹桥路 1257 号,陈洽。
1948-4-7	出售	古神父路新双间花园洋房,环境第一。16092,李。
1948-4-7	置产良机	A 住宅区,白赛仲路、永福路新建独立式三开间,真三层楼,花园大洋房一宅,设备俱全,环境幽静,式样新型,连地五分,廉价出售。电 17819,张洽。
1948-4-13	房地产廉售	华德路、马玉山路,地十一亩,廉售。电一二三六八,杨洽。欢迎委托房地产,面洽,金神父路 65 号。
1948-4-19	让售	河南路、北京路向近弄内,楼上统厢房一间,合字号、申庄用,水、电、话全,九六九八八,王洽。瑾记路中段中式平房二间半让售,如有意者请电 74405,王洽。
1948-4-25	出售	虹桥路大小空地、花园及花园洋房十余处,每天九至五,虹桥路 1257 号。
1948-4-25	出售	永福路七十八弄七号,新双间花园洋房,第一流住宅区,水、电、卫全。

续表

时　间	标　题	内　容
1948—4—25	出售	新造市楼房,廉价出售,比顶便宜。接连三幢,每幢四亿元,分幢亦可。地址:肇嘉路、阜民路 60 号,接洽,电话 16102,中营,胡君。
1948—4—29	空屋廉售	善钟路荣康别墅,卫全新漆,12—4。电 94323,杨。
1948—5—13	吉屋廉售	宝山路单间三层洋房,水、电、卫全,新油漆,连地廉售。电话:80417。
1948—5—13	市房廉售	静安寺百乐门附近,双开间市房廉售,梵皇渡路四号,或拨电话 95967 洽。
1948—5—13	市房基地出售	公平路近塘山路,阔十二尺、深廿六尺市房基地,三间一块、四间一块,请电九四五三一洽。
1948—5—19	连地出售	近北站,新建单间三楼洋房一幢,连地出售,有水、电、卫生设备,价廉,仅合顶费。请电 80417。欢迎委托房地产,面洽,金神父路 65。
1948—5—31	诊所廉让	四川北路近海宁路,交通极便,诊所连住宅,电、卫全,分租亦可。上午 8—10 时,电四四六四四。
1948—5—31	高尚写字间出让	圆明园路,风景优美写字间二间出顶。电话二只,卫生、水电俱全。电话:二二五五六,周洽。
1948—6—4	高等花园大洋房廉售	坐落复兴公园左近花园大住宅一所,计地二亩半,环境幽雅,电卫俱全,有意者电八七四五七零,绝客。
1948—6—4	花园洋房廉售	A 住宅区永福路即古神父路 147 弄 24 号,新建独立式真三层楼三开间花园大住宅一座,卫生设备、柳安打蜡地板、钢窗,大小房间计十余间,浴室二间,及汽车间,连地五分,立可居住,特廉价出售,电话 17819,张洽。
1948—6—4	空地租售	空地出售或出租,虹口飞虹路沿马路方正空地四亩,电三七八六四,费洽。
1948—6—4	热闹地区店屋出让	兹有商业中心区双开间街面市房全座,极合公司钱庄行号之用,电话、水电、装修俱全,有意者,请于下午三至五时,电 90417,蒋洽。
1948—6—9	空三层双间花园洋房出售	坐落西门中华路 880 号地二分 0,交通便利、环境清高、建筑巩固、卫生设备俱全,售价低廉,欲购请速向南京路 119 号,同发公司电话 10687 或 11993 洽。
1948—6—9	廉售	大西路甲种义屋双间二层 14(号),电 51184。
1948—6—9	廉售	真如花园洋房,连地四亩余廉售,电 79496,徐。

续表

时　间	标　题	内　容
1948—6—16	楼房廉价出售	兹有新建造广式楼房二幢,及过街楼一间,租地造屋期限以六年期满后,尚可续租,坐落南市顾家弄凝和路口,顶卖均可,价格便宜,如有意购进者,请每日上午十时至下午六时,至中正二路九六零号二楼,与陈君接洽,或电话九三五七七。
1948—6—16	洋房廉售	复兴公园附近单开间真三层洋房一幢,水电卫话瓦一应俱全,电八七四三八洽。
1948—6—16	房地产代售	上海商业储蓄银行信托部代售花园洋房,坐落杜美路,真三层双开间,花园洋房二宅,每宅计地五分余,各有大小房间九间,浴室二间,汽车间、仆人厕所俱全,建筑考究,环境幽静,交通便利,兹受托廉让,如有意购置良产者,请临敝行接洽,掮客谢绝。行址宁波路五十号,电话一二五六零、一九零五六。
1948—6—22	房地产出售	斜桥南制造局路八十号,近鑫都浴堂弄内,即斜桥南弄理发公所对面,新建楼房三幢,即将完工分幢出售或出租,适宜小型工厂或居家用,电八一一六五、陈洽。
1948—6—26	花园洋房出售	双间二楼,电卫电话全,电 71129 洽。
1948—6—30	房地产出售	花园洋房出售,双间二楼,电卫电话全,电 71129 洽。
1948—6—30	门面市房廉让	贵州路北京路角,生财装修,电话连分机,廉让,下午一至五时,电话四二九四九、邓洽。
1948—6—30	店面廉顶	提篮桥二层店面三间,电 86549,姜洽。
1948—7—19	房地产出售	热闹市房,连地出售。天潼路、福建路角,新建双间市房两幢,连基地出售,邻近菜场。如合意者,请驾山东路、宁波路口 244 弄五号,陈洽。
1948—7—25	住屋出让	旧法界金神父路左近,近有住房共大小五间,卫生设备俱全,电话一具,廉价出让,下午四至六时,电八一四七一,潘洽。掮客谢绝!
1948—8—2	房地产出售	龙华路江境庙旁,基地亩余,廉售,会稽路四四号,张洽。
1948—8—2	住屋出让	四川北路、北海宁路 83 号,二层市房一幢,煤气、卫生、电话全,廉让。有意,请电四七二五八或一五九三八,许洽。

续表

时　间	标　题	内　容
1948—8—8	廉价出售	杨树浦区租地、造屋,市楼房住宅十余幢。水电全,交通便,八路电车直达,廉价出售。法币 30 亿元,合意请至杨树浦路 1867 号,东盛油号接洽,电 5181。
1948—8—8	出售	新闸路、麦特赫司脱路口附近,高尚 3 层楼,朝南小洋房一幢,话、卫、水、电全,负责过户,立可迁入。办公时间,电 31365,李洽。
1948—8—8	出让	坐落沪南区空洋房数幢出让,钢骨水泥、卫生设备,交通便利,环境适宜。有意者,请向永兴街 23 号,陈洽,电话 83670。捐客谢绝!
1948—8—8	出让	南市方浜路城隍庙相近,市楼房二幢,本路四七七洽。
1948—8—8	出让	西区公寓二间,煤、卫、话、家具全。电七四七四零。捐免!
1948—8—14	出售	蒲石路(麦阳路)南华新邨,双开间三层花园洋房出售,电话 23820,吴。
1948—8—26	廉售	新造新式三层住宅一幢,水电、油漆全,连基地,廉价出售。南市唐家湾路 108 弄 11 号。
1948—8—26	廉售	廉售楼房一幢,水电全,民国路大生弄廿七号,洽看。
1948—8—26	廉让	廉让,单间真三层一幢,三大三小,开间特大,电话、卫生俱全,静安寺愚园路口 259 弄 15 号。
1948—8—26	房屋出让	兹建就楼房数幢,水电俱全。有意者,请驾南市斜土路 252 局门路口,薛君,面洽。
1948—8—31	良产出让	良产出让。兹有花园洋房一幢,设备齐全,廉价出售。请函黄河路 41 弄 2 号,郑君洽。
1948—8—31	廉让	朝南双开间二层楼花园洋房一所,最合小家庭居住。水、电、卫全,漆新,立可迁入,衔宽交通便,电 86343。
1948—8—31	高尚住宅出让	新闸路、长沙路附近,全统楼及三层楼高尚住宅两大间,光线充足,油漆全新,生财家具俱备。合意者,请至北海路二二六弄十号,或电 92621,周洽。
1948—9—8	苏州高等住宅出售	城中区,朝南楼平房十八间,计三进。建筑坚固,环境幽静,水电全,房主即可迁让。接洽处:金陵东路 389 衔 16 号,话 82505。
1948—9—8	空地出售	通州路二亩,水电路,九分,电 84297,冯。
1948—9—14	急让店面	厨窗、房间装潢全新,水电供用低价,2 800 元,戈登路 1374 洽。

续表

时　间	标　题	内　容
1948－9－14	急让店面	公寓近复兴公园,大小十余间,电话、煤气、卫备全,四万元金圆券,无让,电 85749。
1948－9－14	置产良机	坐落华德路、辽阳路口,交通便利。钢骨建筑,真三层,三开间洋房,独宅连市楼房七宅,卫生设备、电话全。基地一亩七分。另一并廉售,欲知详细图样,临重庆南路幸福坊二号,利记账房,面洽,电 88087。
1948－9－14	廉让	新大沽路近同孚路,空三间三层大住宅一所,连地五分余,廉让。再征求武夷路一至四亩空地,希开明价格,坐落至白克路二二八弄十二号,张树记,函或面洽。
1948－9－20	空地出售	南市薛弄底近陈士安桥,空地六分七厘九毫,廉售。民国路 585 号,电话:70911,陈洽。
1948－9－20	小空地出售	水电路出,公路近,持地四分零,三千(元),电 84729,冯。
1948－9－20	出售	楼房三幢,五千元卖。昆明路三三六,杜美路公寓,两大间,另有车间,卫、电全。电:七九四六一。
1948－9－26	房地产出售	麦尼路、爱棠路东,新建西式,卫生设备、钢窗、柳安地板、空屋单双开间,三层花园洋房各一幢,廉价出售,捷足先登。电:九四九三五,唐洽。
1948－9－26	廉售	虹桥路最佳地段,环境优美,花园住宅,空地:(一)约一亩,(二)一亩余,(三)十四亩,廉售。虹桥路 1257 号,陈洽。
1948－10－2	空地廉售	空地廉售。南市新桥路,空地一亩余。电八七九一四。
1948－10－2	出让	药房诊所出让,闹市,生财全,周家桥长宁路 1729 号。
1948－10－8	房地产出售	南市方浜路新造三层住宅,水电全,租买均可。接洽处:南市唐家湾路 108 弄 11 号。
1948－10－8	空地出售	三门湾沙田,每百亩二千,水电路,空地四分,电 84729,冯。
1948－10－8	良地出售	兹坐落闸北出恒丰路汉中路北首,计土地面积十亩余。如有意承购者,请至江西路四零六号三楼三零九号室,许君洽。
1948－10－20	良产出售	出售亚尔培路空厂房连地,包括四大间摩登公寓一所,煤气、电话、水汀、卫生设备俱全,二层楼,钢骨水泥建筑,占地共计一亩三分七厘。厂房占地 842 立方米,有酿酒执照,专制各种饮料水酒、精酒及俄国白酒,全部生财机器、大量原料及连货卡车三辆,自流井全部,共售金圆券三十五万元。请洽古林地产公司。地址:茂名南路 129 号,国泰大戏院旁,电话:70007,71413。

时　间	标　题	内　容
1948－11－8	公寓廉让	四大二小,卫、煤全。返乡廉让。四川路 1926 号一室(长春路口),面洽。
1948－11－8	房地产出售	公寓洋房出售。愚园路两厅两房,浴室、电话、电灶、家具等,请电 20203。
1948－11－8	空地廉售	沪西中山路大夏大学斜对面,空地四亩余。请驾外滩汇丰大楼一四二室,胡洽,电一四二六零。
1948－11－8	花园洋房出售	兹有坐落眉州路花园洋房,电话、汽车间、卫生设备齐全,立可迁入。如有意者,请至河南路四六号,华君接洽。
1948－11－14	吉屋廉售	花园洋房坐落广元路一五八弄,水、电、卫全,有意者,请移玉泗泾路廿七号,朱洽,或电 13219。捐谢绝!
1948－12－2	空地出售	兹有坐落闸北区空地五亩余,连同新建筑房屋出售,最适宜堆栈之用,如需要者,请电话九零九八三号,或至白克路一五六号接洽。
1948－12－2	连地出售廉卖	小西门新筑三层洋房,油漆全新,前后空地,价 11 万元。电洽 68213。
1948－12－2	最佳地段空地廉售	虹桥路三亩半三分六,大西路八分,热闹店面。电话:16062,11953。
1948－12－2	吉屋廉让	三层洋房,卫、电、家具全,漆新,即空。北四川路、东宝兴路 173 弄七号,洽。
1948－12－8	廉让	赫德路 195 号内,三号高尚公寓,卧室二间、箱子间、浴室各二间,客厅、饭厅,有精美家具、仆室、厨房、电话总分机,水、电、电灶全,电话三四六三九,洽。
1948－12－8	住宅廉让	林森中路九六七弄十八号,下层五大间、一小间,浴室、电话均有。电话七零五八四或一二四三零,凌君接洽。
1948－12－8	住宅廉让	兹有武进路附近,花园住宅数间,出让。水电全。可电话 61176,代洽。
1948－12－8	住宅廉让	福煦路、哈同路兹厚南里 162 号,石库门房一幢,水电全。电 77476,转张。
1948－12－8	住宅廉让	海防路、江宁路相近,两层楼,双开间店面,连过街楼房一宅。有意者请打电话 30053,朱洽。
1948－12－8	住宅廉让	梅白格路小菜场,双间店面,连电话及分机,有房间三间,浴间、厨房、晒台独用。39201,捐免!

续表

时 间	标 题	内 容
1948—12—8	廉让	沪西高尚洋屋,双开间三层,水、电、煤、卫、话、车间。及狄斯威路整二三两层,水、电、煤、车间,廉让,电二三五八九,洽。二层花园洋房一幢,昆明路、近辽阳路,水、卫、粗电均全,连新式家具,特别廉让。立可迁入。请电七零六零九,洽。
1948—12—14	空地出售	南市厂区空地出售,龙华路、打浦新桥路、肇周路等处,大小数块。电话 12031。
1948—12—14	市房出售	热闹新市房出售,南市车站路、陆家浜路小菜场附近,单间店面一幢。合意者,电话一二零三一。
1948—12—20	廉让	兹有福建南路、金陵路口,朝南统楼一间,电话公用,最宜写字间、字号。合意,以电 84683,王洽。
1948—12—25	廉让	真三层花园洋房,廉让。小西门尚文路,新建双间,真三层花园洋房,水、电、卫俱全,连地出让。西藏中路 46 号。
1948—12—25	洋楼出卖	石库楼一间,在香港九龙,适中地点,共大房十间,浴室、水厕五个,有工人房、花园等,约八千方尺地,全间交易。如合意者,请函香港邮箱九十一号,陈君可也。
1948—12—25	出售	士庆路、广东路 63 弄内,建楼房一幢,出售。水电全,漆新,价九万元,面洽。
1948—12—25	出让	宁海东路店面一幢,连生财出让。电话八八四零八,洽。
1948—12—25	急让	西人离沪,近中山公园,公寓四大三小,另有浴室、厨房,廉让,电 22553 洽。
1948—12—31	出让	房产连地,广西南路 82,郑多。
1948—12—31	地产出售	西式房三幢,话、卫、煤全,地三分,分售。建国西路五九九。
1948—12—31	廉让	大统厢房一间,连新式红木家具,出让。立空。蒲石路三三四号,电七九三七二,郭洽。时间:上午九至十二点、下午一至五点。

三、金圆券膨胀时的房屋商铺招顶招盘

1948 年全年,房地产招顶招盘广告业务非常多,有 170 多件,仅次于销售广告,远超过租赁广告。典型特征是以商铺、店面、写字间等商业性房产招顶广告为主,其次是公寓洋房住宅顶让广告。而且越接近年底,招顶越多,呈现如下几个特点。

特点一:大量商铺店面等商业性房地产招顶招盘。

大量商铺店面因经营困难招顶招盘,包括地理位置优越的商铺。供给者多,盘顶者少,可见商业贸易萧条。各行各业有许多店面停止经营,把店面招顶出去。例如,有茶栈、食铺、杂货店、纸店、药店、诊所、照相馆、旅馆、商行商号、写字楼、交易所等。这些招顶招盘的商铺、店面、写字楼,大多地理位置非常优越,处于热闹市区。

1948 年 4 月 1 日,曲阜路北长康里三十九号保昌茶栈,生财器物及房屋租赁权,全部出盘与万向拉练厂承受。[①] 邑庙中心食品店面一幢,冷饮、食品、生财器物齐全,出顶出租均可。[②] 坐落于热闹市区弄口小型纸店,属于上海圆明园路 133 号 625 室霍浦行所有,其店面、生财全部出盘。[③] 某牙医急欲离开上海,将自己位于静安寺路 1157 号公寓 6 号的诊所出顶。[④] 上海西藏南路敏村十四号的李某,有照相馆廉价招盘,馆址在嘉定城内中心,店基及生财器物全部盘租,或者是合作均可。[⑤] 坐落提篮桥中心区最热闹地段,在电车站附近一座乙等旅馆,设备完善,月收入一亿元左右,三年内无须添置生财器物,因为业主要离开上海,全部招盘出顶。[⑥] 该旅馆先后发布广告四次,从 1948 年 1 月 14 日开始,一直到 3 月 1日,还在发布广告招顶,虽然旅馆收入条件很诱人,但长达两个多月都没有出顶出去,原因是什么,不得而知。

有许多写字间招顶。例如,位于公共租界中区、浙江中路 137 弄 1 号皇宫大楼的写字间招顶,新大楼、新装修,交通便利,能兼办伙食。[⑦] 王德法拥有上海市区四马路、浙江路热闹地区某大楼写字间三间,安装有电话,极适合呢绒、棉布字号之用,全部招顶。[⑧] 三马路闹市区有写字间二大间,电话二部,分机二部,油漆全新,因为业主急于离沪,全部廉价出

① 申报馆.推受盘声明[N].申报上海版,1948－4－1,25187(6/8).
② 申报馆.顶租[N].申报上海版,1948－4－25,25211(7/8).
③ 申报馆.出盘[N].申报上海版,1948－4－25,25211(7/8).
④ 申报馆.诊所招顶[N].申报上海版,1948－12－25,25453(6/8).
⑤ 申报馆.照相馆廉盘[N].申报上海版,1948－10－8,25376(5/6).
⑥ 申报馆.旅馆招盘[N].申报上海版,1948－1－20,25118(8/10).
⑦ 申报馆.写字间招顶[N].申报上海版,1948－1－19,25109(6/10).
⑧ 申报馆.招顶[N].申报上海版,1948－5－7,25223(9/10).

让。① 三马路 429 号顺昌祥刘某，在三马路临近交易所有写字间一间，电、卫生设备齐全，招顶。②

特点二：各式住宅房屋招顶多，以高档住宅为主。

招顶更多的，是各种各样的住宅房屋。1948 年 3 月 13 日，在最高档住宅区，延庆路即旧格罗希路有花园洋房双间，全幢装修、全新园地、宽畅电话，卫生设备、汽车间俱全，全部招顶。③ 沪西白利南路、圣玛丽亚女校隔壁新建二层市房，中心区大双开间四楼市房，地位极其佳，交通便利，适宜开店住家。电话、三煤、水电卫、电话、电冰箱、风扇俱全，全部生财器物、装修新，全部廉价出顶。④ 华龙路兴安路 139 号某商号处理房地产，一处是一幢假三层一单间，另一处是二层石库门三幢，一大一小，位于亚尔培路 350 弄 A2 中心区，大双开间四楼市房，地位极佳，交通便利，开店、住家均宜。电话、三煤、水电卫齐全，电冰箱、风扇、厨房全部生财，装修新，全部廉价出顶。⑤ 北海路 226 弄 10 号周某，在新闸路长沙路附近，有全统楼及高三层楼高档住宅，两大间，光线充足，油漆全新，生财家具俱备，全部招顶。⑥ 1948 年 12 月 20 日，法租界有一幢花园公寓招顶，该公寓坐落于法租界最高尚住宅区，有大房间五间，外加灶间、仆役、住室、汽车间，花园面积有半亩多，卫生设备、电话、煤气炉灶一应俱全，上述住宅一切招顶。⑦

特点三：工厂、堆栈招顶招盘数量低于出售数量。

1948 年，工厂、堆栈招顶招盘数量少，远低于出售的工厂堆栈数量，接盘者亦寥寥无几。经营工厂需要的资金更多，经营难度更大，直接廉价出售卖断，应该更符合当时业主的心理期望。

如 1948 年 1 月 12 日，吴某针织厂招盘，该厂坐落于中正西路一四三

---

① 申报馆.招顶写字间[N].申报上海版,1948－6－26,25273(7/8).
② 申报馆.招顶[N].申报上海版,1948－6－30,25277(7/8).
③ 申报馆.招顶[N].申报上海版,1948－3－13,25168(9/10).
④ 申报馆.招顶[N].申报上海版,1948－5－19,25235(7/8).
⑤ 申报馆.招顶[N].申报上海版,1948－5－19,25235(7/8).
⑥ 申报馆.招顶[N].申报上海版,1948－8－20,25328(5/8).
⑦ 申报馆.招顶[N].申报上海版,1948－5－25,25241(7/8).

一弄廿三号,自建厂房,横机、包缝车、平车,生财器具装修,全部招盘。[①] 1948 年 2 月 25 日,沈缙禄将自置沪西高家宅天工喷漆厂全部资产及负债出盘,由陆乃馠受盘,双方联合发表声明。[②] 1948 年 2 月 29 日,居住于海门路 560 号(周家嘴路口)的房主,招盘一座轧铁厂,有虹口区宽大厂房,马达机器、水电俱全,可立即营业,合资或租用均可。[③] 1948 年 7 月 13 日,武进路罗浮路 105 号的祥泰商号任某,出盘某电池厂,该厂有自建楼房三间,生财原料齐全,立可出品。生财、厂房分盘均可。[④] 10 月 2 日,昆明路 336 号有电池厂楼房三幢出盘,材料齐全,价格七千元,分盘亦可以,立即就能生产出货。[⑤]

　　唐某有优良商号住宅、堆栈,忍痛廉价出让。地理位置近黄浦分局大楼,适宜商号住宅并用,计写字间、卧室等七间房,电话、水电、煤气、卫生设备俱全,业主负责过户。另外还有外滩堆栈一所,3 000 平方尺(约 280 平方米)出租或转让。[⑥]

　　表 5.3 为 1948 年招顶招盘房地产统计表。

表 5.3　　　　　　　　　　　**1948 年招顶招盘房地产统计表**[⑦]

时　　间	标　　题	内　　容
1948－1－1	招顶	公寓三大一小,有电话煤气,七亿五千万元,电八四八九一洽,亭子间廉顶或租,邢家桥路 172 号。
1948－1－5	招顶	勤园女子宿舍尚有空床位数只,有意者,请至威海路 320 号,电话三六七三五。
1948－1－8	招顶	兹有新式大楼,房间宽大、装潢新颖,水电、电话及卫生设备一应俱全,且地段适中,交通便利,适于开设申庄行号之用,并能代办伙食,各路口味一应齐备,惟房间无多,如有意租借者,请速向浙江中路一三七弄一号,富川商行账房间接洽可也。Tel:90837,95951。

　　① 申报馆.招盘针织厂[N].申报上海版,1948－1－12,25110(9/10).
　　② 申报馆.出盘声明[N].申报上海版,1948－2－25,25151(9/10).
　　③ 申报馆.轧铁厂招盘[N].申报上海版,1948－2－29,25155(5/8).
　　④ 申报馆.出盘[N].申报上海版,1948－7－13,25290(5/8).
　　⑤ 申报馆.出盘[N].申报上海版,1948－10－2,25370(7/8).
　　⑥ 申报馆.招顶[N].申报上海版,1948－7－1,25278(7/8).
　　⑦ 申报馆.申报[N].申报上海版,1948 年全年.

时　间	标　题	内　容
1948—1—8	店房	一间商店或写字间,长期、短借、租顶均可,问四马路云南中路 208 号,女灰背女大衣廉让,电话 93448,沈姓房地产。
1948—1—9	顶费特廉	新式大楼、新式装潢、设备完善、代办伙食。地址:浙江中路一三七弄一号,皇宫大楼 319 室洽。
1948—1—10	招顶	太原路永嘉路 416 弄内,新建单间,真三层花园洋房,卫生设备,水电全,售价特廉,本工场洽,叶顺泰营造厂。
1948—1—11	写字间招顶	中区地段,交通便利,写字间招顶。水电、电话一切齐备,新大楼、新装潢、兼办伙食,好机会莫错过。Tel:95951,96112,93094,90837。地址:浙江中路 137 弄 1 号,皇宫大楼 319 室洽。
1948—1—12	招盘针织厂	自建厂房、横机、包缝车、平车,全部生财器具装修,领见下午一时至四时,中正西路一四三一弄廿三号,吴洽。
1948—1—13	花园洋房长期招顶	拉都路西爱咸斯路西首 384B 衖内,新建假三层洋房数幢,业将完工,年内即可交屋,余屋无几,欲租从速。接洽处:宁波路浙江路渭水坊七号,震兴木行傅,电话九三八二九。
1948—1—14	招顶,致富捷径	兹有坐落提篮桥电车站附近最热闹地区之旅馆一座招顶,每月营业可净得一亿余元。有意者请拨电话四一九九一,徐君洽(或请驾临吴淞路一三九号)。
1948—1—14	招顶	北京路河南路附近,客堂楼统厢房二间,电卫全,电三七三一一,王洽。
1948—1—16	招顶	北京路河南路之东弄内,楼下统厢房,连客堂二大间,电话俱全,最合庄号之用。电 94645,陈洽。捐谢绝。
1948—1—16	招顶	今有新闸大通路小菜场相近,店面一幢,全无房客,如合意者,请至成都路七八四号,向薛君接洽可也。
1948—1—17	招顶	兹有重庆中路(近林森中路)二层楼店面一幢,交通便利,水电装修俱全,愿连同生财一并出顶。如有意在八区中心区经营商业者,请函本报信箱 13 号以便接洽,谢绝捐客。
1948—1—17	招顶	近菜场麦琪路 86 号,店面一幢,连生财出让。九路公共汽车站边,交通便,住宅对换可。
1948—1—17	招顶	江西路南京路口,大楼、写字间,二大二小,卫生设备,水电全。有意者请拨四零二七九,股洽。
1948—1—17	出盘	玩具店出让,吕宋路邑庙市场内,地点适中,营业发达,店主离沪,廉价出让,麦根路 754,孙宅洽。

续表

时　间	标　题	内　　容
1948—1—20	旅馆招盘	坐落提篮桥中心区热地段,乙等旅馆一座,设备完善,月入一亿元左右,三年内无须添置生财。业主离沪廉让,良机难再。有意请电话九二六六八号,李君洽(下午四时至八时)。
1948—1—20	闸区市屋招顶	位于宁海东路闹市中心,双开间四层,电话、卫生设备、水电俱全之房屋廉让。有意者,请电九二六六八(下午四至八时),李洽。
1948—1—20	出顶	老北门近民国路,单开店面,一间出顶,电84837洽。
1948—1—22	招顶	小亭子间,二千万元,邢家桥路172号,花园洋房出让。愚路608弄,田庄租地造屋,假三层,11年期,卫、话、水汀全。Tel:20566洽。
1948—1—23	招顶	愚园路近兆丰公园,双开间,半两层洋房。水、电、煤、话、汀、卫、油漆新,花园面积二千方尺。电:24070洽。
1948—1—24	招顶	亭子间廉顶。宽大清洁亭子间,双窗9×12,粗细电。司家子桥狄斯威路637弄35号,下午1—7时,高。
1948—1—24	招顶	虹口热闹地区,二层石库门。电、卫全装修全新。交通便利。唐山路舟山路东725弄3号,洽看。
1948—1—25	招顶	廉价出让。装修新,立可住,全幢空屋,一宅三大二小间。价二亿八千万元,临金神父路65号洽。
1948—1—27	招顶	威海卫路、福煦路路口,林邨三层,住屋招顶,地点适中,电47004,林洽。捷足先登。
1948—1—28	招顶	急让三大二小间,金神父路65号,良机莫失。
1948—1—28	招顶	离沪在即,住宅一所,立可迁入,粉刷全新,地适中,交通便,向金神父路65洽,拨76352。
1948—1—28	招顶	兹有虹口公寓三间,卫生设备、电话、煤气俱全。有意者,请电二二八七五。
1948—1—28	招顶	河南路、天潼路,二大一小全顶,话、水、电全,请电四六八一三,钱洽。
1948—1—31	招顶	静安寺路、西摩路口,公寓三大间,凉台、煤气灶、水汀、电话、热水俱备,并有新式柚木家具同时出让。电话:三八五三八。
1948—2—7	招顶	近兆丰公园,公寓四大间,设备全,二四零九一。
1948—2—19	招顶	三楼一层大小三间,卫生设备、油漆新,立即空,吕班路鸿安坊二号,陈洽。

续表

时间	标题	内容
1948—2—19	廉顶	老西门沿民国路,店面三开间,全幢转角房屋。请驾临柳林路杀牛公司后面宁福里弄内 E 号木栈,范洽。
1948—2—19	出盘	华兴池浴室,全部生财廉价出盘。南市土路古阴桥斜塘村14 号,薛洽。
1948—2—25	招顶	开店良机。提篮桥热闹区,双层店面三间出让。请向金陵东路 92 号,姜洽。电话:86549。
1948—2—29	轧铁厂招盘	兹有虹口区宽大厂房,马达机器、水电俱全,即可营业。如合意者,请至海门路 560 号(周家嘴路口),合资或租用均可,面洽。
1948—3—7	招顶	近北火车站,新建店面四幢,堆栈一间,分宅廉让。请电62142。
1948—3—7	招顶	国药号连同店基、生财出顶。请驾海宁路、乍浦路口,保安堂洽。
1948—3—13	招顶	最高尚住宅区,延庆路(旧格罗希路)花园洋房双间,全幢装修,全新园地,宽畅电话,卫生设备、汽车间俱全,请电14127,温洽。
1948—3—13	招顶	坐落天潼路、近河南北路店面一间,有电话、水电全。天潼路 630 号,李洽。
1948—3—13	招顶	中区坐落中正东路大世界附近,光大油漆全二楼一间,宜写字间、申庄。洽处:中正东路宝裕里 71 号二楼,萧。南京路慈淑大楼四楼写字间出顶,电 93127 洽。
1948—3—31	招顶	重庆北路咸益里下统厢房二大间,电、厨公用。电话三三零一八,重庆。
1948—3—31	招顶	高尚公寓四间,电、卫、煤俱全。霞飞路、天平路一零三弄一号 C 字,陈洽。
1948—4—1	招顶	写字间让,中心区某大楼,朝南三大间。上午九至十一时,电 90529,陈君接洽。
1948—4—1	店面招顶	二马路中区单间门面,连生财廉顶。有意者,请驾临汉口路四六五号,沈君洽。
1948—4—1	出顶	高尚公寓四间,电、卫、煤俱全,霞飞路、天平路一零三弄一号 C 字,陈洽。
1948—4—7	招顶	杨树浦路工厂,热闹区,新建三大间,最宜开设大百货商场、大绸布庄或工厂堆栈均宜,有电话。下午二时至五时,请电14641,天津路七弄十六号,张洽。

时　间	标　题	内　容
1948－4－7	极贱价廉顶	急让霞飞路市区大店面,62838。
1948－4－7	招顶	公寓房子,内计四室,家具设备全,附二浴间,电话、煤气、电冰箱、热气装置、仆室及车间齐备,廉顶。南京路88号一号室,洽。
1948－4－7	出顶	公寓大小十间,浴二,电话租,粗电水汀。电话:75502,周洽。
1948－4－13	招顶	高尚公寓三大四小,水电、卫、话、煤气、车间俱全,带精美家具一并出让。亚尔培路492号G3室,电话:七四五四九,捐免洽。
1948－4－13	招顶	静安寺双开间店面,廉顶。有意者,每日午电95967,叶洽营业。
1948－4－19	招顶	近金门饭店,共五间。新漆装修,卫独,话公、分均可。新世界三楼高乐歌场账房,小何洽,十时至七时,95955。
1948－4－25	招顶	四马路马乐里房转让,宜写字间或行号等。九三三三零,大华周君洽。
1948－4－25	顶租	邑庙中心原幢,冷饮、食品、生财齐全,顶租均可。有意电87924,韩洽。
1948－4－25	出盘	兹有坐落热闹市区弄口小型纸店、生财全部出盘,有意请至中正中路470号鸿间,杨洽。营业地址:上海圆明园路一三三号六二五室,霍浦行。
1948－4－29	招顶	顶屋者注意:热河路卅七号楼下统厢二间,与现住房客订有合同,规定不准转顶。如有上项情形,一概无效。深恐外界不明,特此声明。房东白。
1948－5－7	写字间廉顶	本市四马路、浙江路热闹地区某大楼,写字间三间,有电话,极合呢绒、棉布字号之用。请电九一三六九,王德法君接。
1948－5－13	招顶	西区高尚住宅,真三层小洋房一幢,钢窗,水电、卫生设备、电话俱全。每日下午四至六,请电九二二三三,周洽。
1948－5－13	招顶	近十六铺市房一间、水电全。合意者,驾临王家码头街一二八号,盛君接洽。
1948－5－13	招顶	百乐门附近三层全幢,车间、浴间全。双方直接电34071洽。
1948－5－13	招顶	高尚住宅区店面,进深,前后楼近大学、中学,宜住家、开店,卫全。有意,施高塔路一五九号洽。

续表

时　间	标　题	内　　容
1948—5—13	招顶	霞飞路、贝勒路西楼下长厢房一统搁一，水电卫全漆新，宜字号、诊所、住家。掮谢绝，18915。
1948—5—13	招顶	近静安寺楼下一大间、阁楼一层，水电全。静安寺路1699弄八号，顾。
1948—5—13	廉顶从速	①单间假三层，连电话。②二层石库门。③一大一小。亚尔培路350弄A2中心区，大双开间四楼市房，地位极佳，交通便利，开店、住家均宜。电话、煤、电、水、卫全、电冰箱、风扇、厨房全部生财，装修新。华龙路、兴安路一三九号洽，马泳记。
1948—5—19	招顶	沪西白利南路、圣玛丽亚女校隔壁，新建二层市房，廉顶，电18251，程洽。中心区大双开间四楼市房，地位极佳，交通便利，开店、住家均宜。电话、煤、电、水、卫全，电冰箱、风扇全部生财，装修新。华龙路、兴安路一三九号洽。
1948—5—25	招顶	店面楼房七间，水、话、电全，经商、居家两宜。顶费极廉，杨树浦路1587号洽。宁海西路113号二层市房乙幢，地点中心，交通便利。
1948—5—25	招顶	有老西门中华路口热闹地段市房出顶，建筑坚固，面积九亩地余。欲顶者，至露香园路荣大当，吴君面洽。
1948—5—31	出顶	北京东路、河南路附近，二楼二底，连生财，适合开设字号。有意者，请拨电话九七六六七，沈君接洽，上午十时至下午五时。
1948—6—4	分顶	客堂统楼下一大间，地点适中，有电话欲顶或分租均可，掮客谢绝，电话八六五三二。
1948—6—9	招顶	三层楼大亭子惜出让，有意者，请至桃源路秉安里32号，徐洽。
1948—6—9	招顶	厢房一大间，水电、电话全有，交通便利，有意承顶者，请电62143，薛洽。
1948—6—9	招顶	兹有沪西二上二下住宅一幢，廉售或顶，或以近西藏路房屋交换，有意者，驾白克路102号，或电话90503，顾君接洽。
1948—6—9	招顶	环龙路350号迈丘西爱路，西三层楼高尚洋房廉让一二层，计大小九间，大卫俱全，有意者请驾本宅洽，电78184。
1948—6—9	招顶	大小房间十余间，写字间办庄最宜，坐落四马路，适中地点，水电、电话。接洽时间：上午十时至下午四时。电96044，孙洽。

续表

时　间	标　题	内　　容
1948—6—22	招顶	林森中路统楼下一大二小间,家卫全,油漆新,交通便,电86671洽。
1948—6—22	高尚公寓招顶	邻近公园、冬暖夏凉五大五小,电、二浴、煤、家具全,电八六五六七,谢。
1948—6—22	招顶	兹有近证券交易所写字间一间,电卫全,另有四川北路以间二楼店面一幢,有意请电41717李转。
1948—6—22	写字间出顶	高尚写字间出顶,近外滩,电话、卫生、水电全,请电2255,周洽。
1948—6—26	写字间招顶	三马路闹市写字间二大间,电话二只,分机一只,油漆全新,因业主急欲离沪,廉让,有意电洽15881顾。
1948—6—26	招顶	北四川路海宁大厦五大一小,话卫全,分顶全顶均可,电40211,王洽。
1948—6—26	招顶	中心区前楼油漆柚木房间,家具全新,亦适写字间,福州路283号,吴洽。
1948—6—26	写字间招顶	江西路、北京路写字间四间,电话连分机,光线充足,交通便利,有意电94433,掮客谢绝。
1948—6—30	招顶	机厂出让,单间,沿马路谨记桥北首,水电、电话全,电12124或70484洽。
1948—6—30	招顶	大楼写字间,二间兼可住家,山西路、南京路三五三号六一三室陈洽。
1948—6—30	招顶	三马路近交易所写字间一间,电卫全,三马路429顺昌祥刘洽。
1948—6—30	招顶	近龙门戏院,统楼连红木家具石库门三幢,电话漆新,电16114,陆洽。
1948—6—30	店面廉顶	提篮桥二层店面三间,电86549,姜洽。
1948—7—1	招顶	优良号宅、堆栈,忍痛廉让。近黄浦分局大楼,宜号、宅并用,计写字间、卧室、厨房等七间,电话、水、电、瓦斯、卫生设备俱全,负责过户。另有外滩堆栈一所,3 000方尺,租让,电话91723,下午一至四时,中华转唐洽。
1948—7—1	招顶	山海关路一二二号,楼上后厢房,三层楼石库门一幢,水、电、话俱全,地点适中,油漆新,独住、立空、分全均可。兴业路203号,沈洽。掮客休问!

续表

时　间	标　题	内　容
1948—7—1	招顶	最优公馆区,半独立双幢三层花园洋房。全幢车间,水汀、煤气、浴室、电话、花木俱全,交通极便通,钢琴、冰箱、地毯、家具等,廉让。请电七九四九五转洽。掮客谢绝!
1948—7—7	廉顶	静安寺路公寓,房间双套卫生设备,电话、煤气全。请电82976,刘洽。
1948—7—13	出盘	某电池厂自建楼房三间,生财原料齐全。愿出盘成交,立可出品。倘生财、厂房分盘均可。武进路、罗浮路105号,祥泰,任君洽。
1948—7—19	廉价出让	沿北四川路(近虹江路口)店面一幢,水电、卫生设备俱全。如有意者,请至北四川路北四川里内,烟纸店方君领看可也。
1948—7—19	招顶	兹有坐落市区单间假三层楼店面,全幢电话、水电俱全,诚意出让。如有意者,请拨三一三四五,接洽。
1948—7—19	写字间廉价急顶	中区写字间两间,廉顶。宜申庄、字号,电卫全。浙江路137弄1号,电话90837。
1948—7—25	高尚写字楼出让	高尚写字间出让。云南路热闹市区,弄内厢房一大间,光线充足,设备完善,装修全新,有电话两台,生财俱备,适宜办庄、行号、写字间等。因本人无暇兼顾,拟将全部出顶。有意者,请电95494,徐洽。掮客谢绝!
1948—8—2	招顶	虹江路49弄9号,二层石库门一幢,廉让,电12100,屠洽。
1948—8—8	招租	南市复兴东路,新建假三层住宅店面市房一幢,水电俱全。请向方浜路二三五号北区二楼,吴洽。电话:70690。
1948—8—8	招顶	江西路写字间二间,话、卫、生财过户。近大世界,三层三开间店面,电话生财空。祁齐路双进三层花园洋房,话、煤、车。康定路西二层小洋房,卫全,有车间,租一间过户40亿元,环龙路205,萝村。
1948—8—14	招顶	近南京大戏院市房一幢,适合公司。宁海西路89号,虞洽。
1948—8—14	招顶	单间二层楼住宅一幢。空气充足,水电俱全。有意者,请驾北四川路、横浜桥东横浜路,大陆里五号接洽。
1948—8—14	招顶	金陵路、山东南路口,二上二下,立可出清。电话:78497。
1948—8—14	招顶	昌平路小菜场,双间二楼市房,北京路850弄七号,许洽。

时　间	标　题	内　容
1948—8—20	招顶	南市方浜路城隍庙相近,市楼房二幢,本路四七七,或派克路三二九洽。新闸路、长沙路附近,全统楼及高三层楼高尚住宅,两大间,光线充足,油漆全新,生财家具俱备。合意者,请至北让海路二二六弄十号,或电 92621,周洽。
1948—8—31	招顶	兹有热闹地区近八仙桥,双间三层门面房屋一幢,生财齐全,最宜开设绸布、纱号、百货洋酒等店。有意承顶者,请拨电话 88393 接洽。
1948—9—8	招顶	朝南双开间单幢法式花园洋房,环龙路、马斯南路,大小八间合五六人家,卫、电、漆新,立迁入。衖宽路,86343。成都路、静安寺路南,朝南单间三层洋房全幢,连家具,漆新、卫话全,电 30595 洽。捐免!
1948—9—8	招顶	高尚公寓廉顶,地点适中,交通便利,电、卫、车、煤俱全,大小房间七个,油漆全新。需要者,请电二二六零三,黄洽。捐免!
1948—9—14	写字间招顶	六马路相近中央大戏院,粉刷全新,电话生财俱备,适宜行号、写字间。因主人返乡即要离沪,愿牺牲割让,客谢绝,合请电 92621。
1948—9—20	招顶	急让店面一间,厨窗、房间装潢全新,水电供用低价,2 800元,戈登路 1374 号,洽。
1948—9—20	招顶	招顶住房。静安寺路热闹商场店面一间,电 62582。
1948—9—26	招顶	空身夫妇注意!吴淞路、海山路内松柏里 43 号,二楼一小,连统衖一长条及家具应用物件合并出顶,保过户,合意请来,汪洽。前后厢房水电全,露香园路 77,李洽。
1948—9—30	招顶	三万元内征顶间半式洋房一幢,函南京西路 754 号 A1 室,顾收。Tel:35474。
1948—9—30	招顶	成都路、威海卫路口,二楼一间,家具全,金圆券 4 500 元,林森路 613 弄 67 号。
1948—10—2	招顶	广西路、南京路口,单间店面,连大亭子间,一万八千元。Tel:90130 转 344,姚洽。
1948—10—2	出盘	电池厂楼房三幢,材料全,七千元让,分盘亦可,立能出货。昆明路三三六号。
1948—10—8	照相馆廉盘	馆址在嘉定城内中心,店基生财盘租,或合作均可,上海西藏南路敏村十四号李君洽。
1948—10—8	招顶	吴淞路、海山路松柏里 43 号,二楼一连统衖,家缝俱全,日光灯、火、表,刷新。顶 2 100 元,汪洽。

续表

时　间	标　题	内　容
1948－11－8	招顶	后厢房两间割爱，永嘉路 371 号，陶洽。
1948－12－2	良产让顶	①迈尔西爱路双开间店房，12 万元。②环龙路附近高尚公寓，卫、话设备一应俱全，18 万元。③迈尔西爱路沿马路方正空地，计五分六厘，44 万元。电 91719，钱洽。
1948－12－2	公寓房子廉顶	赫德路 41 号公寓内 195 号，西式住房，装修新，家具全，房间两间，煤气、电力、电话、浴室、箱件间、厨房齐备，房租便宜，廉顶。电 60900，洽。
1948－12－2	廉顶	优美公寓三大间，外厨、浴、储各一间，煤、话、卫、水俱全。地址：杜美路口，立可出让。请电 74950，领看。谢绝掮客！
1948－12－2	招顶	三层洋房，话、卫、煤，顶售或交换市房。函汶林路 203 号，雷洽。
1948－12－8	招顶	公寓房间四间，连家具，坐落亚尔培路最佳住宅区，水汀、热水暨一切新式设备全。上午 6－12 时及下午 2－4 时，电 14047，洽。请用英语。
1948－12－8	洋房招顶	亚尔培路花园洋房，大小十间，卫生设备、电话、煤气俱全。交通便利。连同家具，廉顶。请电七二九一五，洽。蒲石路 169 弄 26 号（近 13 楼，一大一小，话、卫、家具全，上午 9－12 时）。
1948－12－20	招顶	北四川路，横浜桥洋房，楼上大小四间，水、电、话、卫、家具全。62125。
1948－12－20	招顶	兹有福建南路、金陵路口，朝南统楼一间，电话公用，最宜写字间、字号。合意，以电 84683，王洽。
1948－12－20	花园公寓招顶	坐落法租界，最高尚住宅区，大房间五间，外加仆间、仆役、住室、汽车间，连同花园半亩余，卫生设备、电话、煤气炉灶一应俱全。有意者，请拨电话七二三八八，接洽。
1948－12－25	招顶、廉顶	亚尔培路、近巨籁达路，三楼合部，三大一小，卫、电、厨、晒、家具全。电一一八五一洽。
1948－12－25	出顶出售	市房三幢，出顶出售皆可。话、煤、卫全。建国西路五九九号。
1948－12－25	诊所招顶	某牙医急需离申，愿即将其诊所出顶。静安寺路 1157 号，公寓六号，电话 34546 接洽。
1948－12－31	廉顶	十六铺内里马路，新建三层楼住宅，电话 85720，朱洽。时间：上午十时至下午二时。
1948－12－31	廉顶	公寓二大间，各有厨卫，连家具出顶。在林森中路，请电 70127 洽。

四、金圆券膨胀时的房地产业需求

从全年的形势来看,1948 年的确房地产需求很小。全年征求购地、购房、购商铺和写字间等各种房地产需求广告仅有四十来条,而与之相比的,是大量的出售与出顶广告,这是近代上海房地产业发展史上少见的现象。房地产需求呈现以下特点:

特点一:需求以空地或地基、厂房为主,工厂使用或租地造屋。

征求工厂基地、厂房或空地者最多。如 1948 年 2 月 13 日,上海中正中路 1053 号的吴西铭征求厂房地基,要求坐落位置从兰路码头起,至高昌庙止的沿江两岸,购买厂房一所或地基一块,面积需在四亩以上、十五亩以内,并需紧接江边、临近黄浦。① 7 月 1 日,民生公司征购空地,位置要求在虹口近郊,空地数块,五至十亩左右,须地点适中,交通方便。② 10 月 14 日,江西路 316 号生利货栈叶某,想顶买一座现成的织布厂,在报纸刊登广告征求。③ 同日,林森中路 927 弄 79 号沈律师,代人征求优良基地,要求面积二至三亩,地点在住宅区。④

有用来租地造屋者。如 1948 年 3 月 1 日,某人征租空地面积一亩余,要求必须在高档住宅区,适宜建造高尚住宅,定二十年期,期满愿意将建筑物归地主所有,适合者请开明每年租金(或物资计算)。⑤ 10 月 2 日的一则征询异议启事,冯思国向长风企业有限公司租下基地一块,为期十四年,坐落上海余庆路 179 弄内基地上,即黄浦区十五图水字圩十三号十甲坵一部分基地,兴工建造双开间二层住宅一幢,及宅后平房三间,房屋下之基地一并转租。⑥ 10 月 14 日,有人征求优良住宅及基地,要求基地一至三亩,建筑双间或三间,真三层。要求卖主报出最低价格及附图。⑦

---

① 申报馆.征求厂房地基[N].申报上海版,1948－2－13,25139(8/10).
② 申报馆.征购空地[N].申报上海版,1948－7－1,25278(7/8).
③ 申报馆.出售[N].申报上海版,1948－10－14,25381(7/8).
④ 申报馆.征求优良基地[N].申报上海版,1948－10－14,25381(7/8).
⑤ 申报馆.征租[N].申报上海版,1948－3－1,25156(7/8).
⑥ 申报馆.征询异议启事[N].申报上海版,1948－10－2,25370(7/8).
⑦ 申报馆.征求优良住宅[N].申报上海版,1948－10－14,25381(7/8).

特点二:住宅需求以经济适用型为主,租金多用实物结算。

征求住房的广告,对于住房的要求比较简单,要求费用省,亦有提出可以用实物抵房租结算的。例如,1948 年 3 月 1 日,天潼路 626 号戴某征求住房,地段须在苏州河北、四川北路西、天目路南、西藏北路东之间,二年期交还。① 4 月 25 日,中正中路 504 弄 15 号林某征求房屋,要求公寓房二间、下房一间,无顶费,租费从丰。② 7 月 25 日,顺昌路七八号陈燦夫妇俩人,征求房屋一间,愿意以食米折合房租。③ 10 月 25 日,有夫妇二人,征求杨树浦区高尚住房二间,希望能月付四十。④ 12 月 25 日,薛华立路 119 号宋晚成,征求房屋二间,希望月租能够是食米一石计,再以一年租价作交换。⑤

特点三:出现以房易房需求。

另外一种比较少的需求是以房易房,很显然,这是以实物易实物,用来抵御金圆券急剧通货膨胀的一种方法。如 1948 年 11 月 2 日,坐落于南京机关住宅区三牌楼附近三层花园洋房一幢,上下房三十多间,基地一亩半,水电、卫生间、电话俱全,想和沪西区的住宅区房屋对调,房屋一幢,进出条件面谈。⑥

表 5.4 为 1948 年招买房地产广告统计表。

表 5.4　　　　　　　　　**1948 年招买房地产广告统计表**⑦

时　间	标　题	内　容
1948－2－7	征屋	征求房间一间,或二间,夫妻二人居住。如愿分租或出让,请电洽 10861 号,田君,约期面议。
1948－2－13	征求厂房地基	兹欲于兰路码头起至高昌庙止沿江两岸,购买厂房一所或地基一块,面积需在四亩以上、十五亩以内,并须紧接江边而临黄浦。有出让者,请绘简明地书,附告接洽电话号码,函寄上海中正中路 1053 号,吴西铭收,合则约期面洽。

---

① 　申报馆.诚征住房[N].申报上海版,1948－3－1,25156(5/8).
② 　申报馆.征屋[N].申报上海版,1948－4－25,25211(7/8).
③ 　申报馆.征屋[N].申报上海版,1948－7－25,25302(5/8).
④ 　申报馆.征求高尚住房[N].申报上海版,1948－10－20,25387(5/6).
⑤ 　申报馆.征屋[N].申报上海版,1948－12－25,25453(6/8).
⑥ 　申报馆.房地产[N].申报上海版,1948－11－2,25400(5/6).
⑦ 　申报馆.申报[N].申报上海版,1948 年全年.

时　间	标　题	内　容
1948—2—25	征购空地	兹需坐落虹口公园或山阴路底附近空地数块,每块廿亩。如有出售,希绘寄草图,投函中山东一九号发总务课,合则约谈。
1948—2—29	征求空地	本厂近需空地二亩左右,如有坐落闸北沿苏州河附近及虹口者,请函闸北大统路廿二号,刘君接洽。
1948—3—1	征屋	小家庭诚征市区楼下房屋二三间,有意者,请函天潼路七二七弄二十号,恕不面洽。
1948—3—1	诚征住房	地段须在苏州河北、四川北路西、天目路南、西藏北路东之间,二年期交还亦可,如能让者,请莅天潼路 626 号或电四四三一二,戴洽。
1948—3—1	征租	适宜建造高尚住宅空地面积一亩余,限高尚住宅区,定其廿年,期满愿将建筑物归地主所有。合意者请开明每年租金,或物资计亦可,函本报信箱第四十九号。
1948—4—7	高价征购西区	造住宅空地数分至一两亩,请向新闸路 1116 号,鼎川洽。
1948—4—13	征求虹桥平屋	兹需租虹桥区平屋一间,要连有花园,以备夏季应用。如有意出租者,请拨电话 16765 洽。
1948—4—25	征屋	征求公寓房二间,下房一间,无顶费,租费从丰,愿洽者,函中正中路 504 弄 15 号,林洽。
1948—4—25	征顶	诚征公寓二三间,须设备全。诚让者,请详函邮政信箱 683蔡洽,捐免。
1948—4—25	征求校舍	地段及建筑不拘,十间以上,前有空地者,电 79496,徐洽。
1948—6—9	征屋	夫妇二人均在外办公,征清洁房间一大一小,不出顶费,月租 1 000 万元,按月调整,有意者请电 12525,秦洽。
1948—7—1	征购空地	兹需征购虹口近郊空地数块,五至十亩,须地点适中、交通方便。请备草图,书明价格,函东大名路 378 号,民生公司总务课。合则面约商谈。
1948—7—13	征顶	征求南市斜桥附近三层住房一幢(二楼双间亦可),愿出顶者,请开明价格,函三马路申报馆,季志中君转。
1948—7—19	征屋	征东昌路至洋泾附近住房两大间,函洽南京东路鸿仁里六号,孙光天。
1948—7—25	征租	海防路、康脑脱路、戈登路、赫德路之间空屋,四五间,为堆货及手工艺工场之用,租期约一年。愿出相当租金,不付顶费。请投函本报信箱第二零七号。

续表

时　间	标　题	内　容
1948－7－25	征屋	夫妇俩愿以食米折合房租,征屋一间,函顺昌路七八号,陈灿。
1948－7－25	征屋	征平房店面一间,本报信箱 204 收。
1948－7－25	征购西区近郊土地	兹拟征购西区近郊交通便利之土地,约十亩。愿让者,希详开坐落地点、价格,函寄本报第 206 号信箱,再洽。
1948－8－14	征求厂基	如有坐落沿苏州河空地,五至十亩,愿出让者,请电话 12210,杨君接。
1948－9－8	征屋	留美青年,职业高尚,征租统厢房或一大一小,函示顶费,福州路四百号建国书店,余转。
1948－9－8	征求空地	如有空地二亩左右,不论南市、沪西、闸北均可,欲长期出租或出售者,请开明地点、价格,投函本报信箱第 232 号,王洽。合则函约面谈,不合原件退还。
1948－9－8	征屋	征住房一二间,出月租金二百元左右,无顶费。有意者,请电 37507,吴洽。
1948－9－20	征屋	夫妇二人,无孩,征屋二间(顶好有卫)。愿出月租 100－150 元,备妥,保请电一九一九五,或函九江路 113 号 702 室,黄君洽。二万元内征洋房一幢。捐免。Tel:35474。
1948－9－26	征求空地	如有工厂区六亩至十亩,愿出租者,请至顺昌路信陵屯 24 号,谢洽。教员夫妇高中儿女征房一二间,租 20 至 30 元,免顶订期亦可。Tel:82927,夏。
1948－9－30	征屋	征往房一二间,有卫,愿出月租 50 至 100 元金圆券,备保,有意电 37507,吴洽。
1948－10－8	征屋	中西区一二间,夫妇二人爱洁好静,历任大中学教职,可兼家庭英文教师,邮箱 5009,谢。
1948－10－14	征屋	医师征屋。夫妇二人一小孩,征整洁房屋一二间,除按月照付租金外,愿为贵房东义务医药顾问,有意者,请函南京路三五三号,432 室,胡洽。
1948－10－14	征求优良住宅	基地一亩至三亩,建筑双间或三间,真三层。请速开示最低价额,附图,函林森中路九二七弄七九号,沈律师。又屋主直接来函,更为欢迎。
1948－10－14	征求优良基地	面积二亩至三亩,地点住宅区。请速开示最低价额,附图,函林森中路九二七弄七九号,沈律师。又地主直接来函,更为欢迎。

续表

时　间	标　题	内　容
1948—10—14	征求空地	征求工厂区空地,五至埂亩。请开明价格、地点并附简图,投函兴业路160弄7号,王洽。
1948—10—14	征求	北京路、江西路口附近,大小写字间一间或二间,电话须独用。详至江西路421号311室,程洽。一九六二零—二零分机。
1948—10—14	织布厂注意	兹拟征现成织布厂。如愿出让者,请向江西路316生利货栈,叶洽。电12757。
1948—10—20	征求高尚住房	夫妇二人,杨树浦区二间,月付四十元。有意,则信示河间路河间里33号,王。三万元内征顶半式洋房一幢,函南京西路754号,顾医师收,电35474。
1948—11—2	房地产对调	兹有坐落南京机关住宅区三牌楼附近、三层花园洋房一幢,正下房卅余间,基地一亩半,水、电、卫、话俱全,现欲就沪西住宅区对调,房屋一幢,进出条件,面谈接洽。虹口岳州路一二九弄三号,周君,电话五二四一三号,掮拒。
1948—11—8	征屋	征购花园洋房一宅,请详函申报馆267号。
1948—11—8	征屋	征求大楼写字间,让者详函邮政信箱1936。
1948—12—8	征求工厂基地	兹征求工厂基地一方,需地七亩至十亩,有厂房者亦可。接洽时间:下午一至四时。电话九零六九四,九四五五二,九四七二八,徐洽。
1948—12—25	征屋	征屋二间,有保月租,食米一石计,再以一年租价作交换。愿者,函薛华立路一一九号,宋晚成。
1948—12—31	征屋	证券大楼房间,九五七六八,张洽。

　　1948年,房地产业发展的另外一个特点,就是商业性公墓地产的出现。

　　除了一般房地产业外,公墓殡葬地产行业有一定的发展。主要是以商业性公墓地产形式代替慈善性质义庄。在过去,沿袭土葬的风俗。上海本地人去世后,一般在自家的坟地安葬。外乡人去世后,一般会在同乡会馆组织的义庄停放,由家属扶柩回乡安葬,或在同乡会馆购买的义庄坟地安葬。例如,上海开埠初期,大量广东和福建人聚居于法租界南区,旅沪广东人成立广肇会馆,会馆开设有义庄,并且有公共坟地,安葬因各种原因无法被运回原籍的广东籍人。同乡会馆设立义庄的这种习俗在上海沿袭很长时期,是慈善性质的,不以营利为目的,资金来源主要是同乡富商士绅捐赠。例如,广肇公所是由前上海知县叶顾之、观察潘爵臣、大地产商徐润、买办唐廷枢发起创办,广东商人纷纷踊跃捐助。① 1849 年 1 月 8 日,法商雷米购买法租界二号地,那块地皮与法旧领事馆附近相连,分属十二个业主,有四十六间房屋与一百具棺材,是一些年代很久的坟地,因日久天长已经开裂坍塌。这块地皮上的坟地,原是华人业主自有的坟葬地产,房屋地基带坟地总计 2.385 亩地,被雷米以四百五十七元银洋强行购买。②

　　1948 年,商业性质的公墓地产业已经发展起来,已经没有公益性质,而是以营利为目的,成为一种新型的房地产业务。比较有名的有国泰公墓与万安公墓。有一些公墓广告。如 1948 年 1 月 1 日刊登的江湾场中路家庭公墓广告:墓地高燥、交通便利,特等一千万元、甲等四百五十万元、乙等二百五十万元、喜字八十万元,包括寿穴水泥砖、矿石碑、石盖墓穴、营葬车费。公顺包办殡殓,甲八百万元、乙六百五十万元、丙四百万元、丁二百五十万元,包括寿材寿衣、公墓寄柩、礼堂殡殓,办事处在石路东宁波路 383 号。③ 国泰公墓同时在苏州灵岩山麓有墓园出售,办事处在上海苏州北京路 360 弄 3 号。④ 万安公墓出售双石库门空五间,连客堂红木及盈余过户廉让。联系人:马当路 301 弄 7 号,戴某。⑤

---

① 【清】徐润撰,梁文生校注.徐愚斋自叙年谱[M].南京:江苏人民出版社,2012:23.
② 【法】梅朋,傅立德著.上海法租借史[M].上海:上海译文出版社,1983:39—41.
③ 申报馆.家庭公墓[N].申报上海版,1948-1-1,25102(3/22).
④ 申报馆.国泰公墓[N].申报上海版,1948-1-14,25112(9/10).
⑤ 申报馆.万安公墓[N].申报上海版,1948-1-5,25103(8/10).

第六章

地产货币

——经济危机的根源

　　金融危机与房地产危机联动,是近代上海自开埠以来经济危机的典型特征。经济危机的根源与贸易、商业、房地产、金融各产业的高杠杆化融资体系有直接的原因。做贸易者,以微额本金想方设法押进巨额的货物,一旦市场情况发生变化,商品价格低落,市场疲软,所囤货物不能及时按预期价格出清,必然出现亏损,回款难以抵偿各种成本,尤其是金融机构押款本息,造成倒账风波。而金融机构做空盘,亦以三五万两本钱,就敢做几十万两的放款生意,期望能坐享高额的拆息收益。一旦倒账,牵连无数。

　　房地产在整个经济体系中,所占地位太重,各行各业的融资都离不开它。第一,它是各行业包括金融业本身,向金融机构融资的最主要抵押物;第二,房地产投资本身亦是靠房地契抵押取得放款,再去购买新的房地产;第三,洋行聘请买办的保证物主要是房地契,旧上海洋行林立,买办多是房地产大亨,如徐润、程谨轩等;第四,日常生活及商业经营中缺乏资金,房地契是取得周转性资金的主要质押品;第五,它是投机者进行投机的主要抵押物。房地契在整个经济流通体系中,起到了类似有价证券的作用,具有"准货币"的性质,流通于经济中。然而,房地产毕竟是固定资产,缺乏流动性。当市场银根紧缺时,房地产缺乏流动性的特点加剧了市场流动性短缺的窘境,而流动性短缺,使银根进一步紧缩,促使经济更加恶化,就这样恶性循环,直至走向经济危机深渊。近代上海的经济危机犹如发引千钧、一触即发,带来狂风恶浪、灾难重重,社会动荡不安、祸乱横生。经济复苏要经历相当漫长的时间,往往需要五年以上,甚至数十年,经济才能慢慢起色。下文将对形成经济危机的根源进行详细分析。

一、钱庄做空盘,利息过重,贸易押款以小博大,高风险

众行业的资本都从钱庄输入,故开张铺号者,用本银一千两就可以获得价值一万两的货物用以经营。而商号本身的存银并不多,是因为商号店东财力殷实、店伙经营有诚信,可以依靠钱庄信用取信市场,从而在市场上流通。虽然无抵押、无契据,但可以快速获得放款,从而在市场上流通周转,生意亦因而阔绰。然而,其他行业的本钱不必很大,钱庄业的本钱却必须丰沛充足。钱庄业的经营与其他行业的商铺经营一样,同样需要获利。钱庄大宗的生意有汇划各省的财政款项、官款存放、官员的款项,及经理繁盛之地个人商户的款项汇划及存放款。偏远落后省份、偏僻之地的小城镇、乡镇地方,则利小得多。然而在这些地方,钱庄资本只用数百或数千,往往以经营兑换业为主,收取市场流通的小摊小贩的铜钱,兑换银洋,现款出入,不与其他地方相通。往来零星客户的收付纷繁杂乱,稍有风吹草动,即刻可以收拾铺面转移,比较灵活。这样的微小钱庄,不能与从事汇划的大庄号相比。然而,亦有小店贪图重利,从事放款生息,这些小店大抵都是借着总店的招牌和声誉。小店原本三五百两的金额资本,经营放款生息业务,就必须各处通融二千两的金额才能周转,每年收取的放款利息用于钱庄的缴费和运营,如果有剩余,就继续放款生息。像在上海这样的大城市,钱庄日常经营没有金额的限制,几千几万两的资金,靠一纸信件就可以进行汇划数千数万里的距离,只看出具的"钱票"是否通用,而不计较银两的多寡。[①] 这样钱庄信用无限扩张,倒账的风险放大到了极点。

为什么从光绪年后丝茶生意大多折亏,从事该行业的商家大多退出

---

① 申报馆.论钱业败坏之由[N].申报上海版,1883—11—7,3788(1/12).

市场呢？比较起同治初年期间,从事丝茶业的商号只存半数。因为钱庄的性质发生了改变。后来开设所谓的"通庄",其性质与经营理念已经与原来的钱庄发生了巨大的改变。中国的传统金融机构是自发形成的分业经营模式,由各行业自发形成的行业商会管理,以中国传统文化为核心价值体系,各产业经营业务自发形成产业界限,相互合作、相互协调。传统的钱庄从事本埠的存放款业务,资本及经营规模有限,埠际间的汇划依赖票号,票号资本雄厚且经营规模大,以埠际间汇兑业务为主营业务,银号以银钱兑换为主营业务,典当铺主营抵押放款业务,满足临时性的资金需求。票号、钱庄、银号及典当为主组成的金融体系,是外资银行进入中国市场前,维持中国社会经济运行的信用体系,这个信用体系以中国传统文化为核心价值理念,是比较稳健的、在国内国际市场上是信誉卓著的。外国资本进入后,这个信用体系遭到严重破坏,金融机构之间的业务界限被打破,开始混业经营。自由市场经济时代,以中国传统文化为核心的诚信礼义商业价值体系受到蹂躏践踏,行业自律被抛弃,政府管理缺失,中国社会经济整体处于失序环境。

　　传统信用体系中,在新茶新丝上市之际,所需的资本犹达百十万两之多,皆依赖钱庄的通挪,且从事丝茶业的商人向钱庄融通资金,无非是暂时支应客户临时性的资金需求,以及缴纳水脚费和税饷等,钱庄救济其急需,为商业贸易服务,促进商业贸易的运转。

　　而后来开设的名义上是"通庄"的庄号,开始混业经营,大量从事汇划业务,以取利为主,并不是为商业贸易服务,而是变成了单纯的放高利贷取利,实际是借钱庄的本银放款于市场上。这些庄号数量众多,有增无减,岂不是使市场上各商号之间的牵连更重、更深？上海南北两市的风气稍微有不同,但放款生息的情形大致相同。统计南北市的汇划字号共六七十家,而资本实银达到五万两的并不多。这其中的原因就是钱庄业的重利。倘若以二万两的本银做二十万两的生息放款生意,已经是岌岌可危,何况一些钱庄经营者贪图厚利又势利看人,以衣帽穿着和排场体面视作身家殷实富裕的依据,所以就被一些骗子钻了空子,使用鬼蜮伎俩欺骗放款,而款一旦放出去,就无法追回,想要善了根本不可能。更有做放款五六十万两而没有限量的,这种生意风险牵连更是巨大。钱庄业惯例,放款的利息是采用利滚利的方式计息,每月结账,譬如欠银一千两,利息是月息五厘(5%)的话,则下一个月即以一千零五十两起息。所以,商场上善于经营者不到逼不得已不会使用庄银,不肯用利上滚利的资本来置办盈绌不定的货物,去作为商号经营的方式。然而,这种精明缜密、擅于计算的人才,财东们争相聘请,全市不过寥寥数人,其他的皆未必有如此的算计和远见卓识。以不充足的资本而贪做生意,往往终年被高利息盘剥重重,劳碌终年只是为钱庄效劳而已。钱庄的拆息生息之法,是各行各业中盈利极为省事、极为容易的方法,假如现有本金二万两,是吸收的官款,官方利息是年息七厘(7%)的话,一年下来资金成本不过一千四百两,而钱庄业常年放款拆息,通常每月二十万两,极轻的放款利息也有月息一分(10%),年终可以得到二万四千两的利息,还有二十万两的本金,这样一年下来利息丰厚而本金安然不动,还有这么好的事情吗? 钱庄业既然有如此的厚利,是百业中第一流的生意,人们交相羡慕。至于倒账亏空、赌空失败等后果,早就置之脑后,不予考虑了。倒账的弊端是由于贪婪大宗生意往来,被空装排场的投机分子所愚弄。人心不同,千人千面,有的是勉强支持不得已倒闭,有的是伪装折本亏损而倒闭,都是咎由自取而情有可原。例如,1882年的金嘉记案,就有一些不知根底、没受到任何影响而忽然坍塌的,则可以说是存心不良、存心骗钱了。至于投机分子赌空盘的危害,只能是自己吞下苦果,戚戚然自省而已。天下之事仰覆相持,得失参半,有赌空赢了的人,就有赌空输了的人。那些在钱业公所门口纷纷扰扰的人们,无非是一些庄伙。大凡财东虽然贪躁,但顾念自己的本银,怕血本无归,断断不愿意自己的庄伙去赌空盘。然而,钱业的经营规矩为:经营归庄伙(掌柜等人)所为,财东只有权看年初庄伙送过来的年中红账,对于钱庄平时的经营不得干预。这就给庄伙可乘之机。庄伙事权在手,声势场面弄得极其大,名震同行业,至做赌空业务时,无不以多为贵。试想一下,它们薪俸有多少? 红股有多少? 就敢赌这数十万两数目的输赢而不累及财东? 谁能相信呢? 盈利了则归庄伙他们自己,亏损了则归店里。钱庄一方面要承受众庄伙放出去的账款拖欠不还,又加上一些呆账及开店成本,每年累万金额的抛掷,时间久了,无处腾挪资金,除非财东爱惜声名倾尽家财弥补,否则必定倒闭。所以因为做空盘而倒闭的钱庄,皆是人祸导致的。1882 年倒账风潮后,宪法严禁垄断,让人们指认捉拿试图垄断操纵市场之徒,令出惟行,市场颓败之势才稍有收敛。不料赌空盘之外,又有橡皮股票买卖之事,危害来得很快,都等不及年终,曾经赫赫有名的钜庄居然一连串的倒闭,牵连许多循规蹈矩做生意的商号,虽然费尽心思经营,亦感叹挽回无术。①

后来又有投机家设立小钱行名目,暗地里勾结洋商,形成隐形垄断,操弄市场,胜则日入巨利,负则找各种借口托词狡赖,身居闹市却做诓骗人钱财的事情,明目张胆,肆无忌惮,真是鬼蜮其谋、蛇虺其心! 然而,害人者最终必害己! 钱庄业作为天下第一流的生意,从业人投机如此,必定会导致整个行业的崩溃!②

贸易押款不来取赎货物的事,常有发生。例如,1882 年亿丰通事戴蓉江经手白翎丝抵款一事。1883 年春,该栈主唐竹生到商会说明,除销售出去的货物,在行栈典当有四包,连息抵银九百五十两,屡次催赎竟置之不理,因此登报公告,暂且缓期一礼拜,如不来取赎,准择于十八日拍卖。③

福新东行栈曾经发公告催客户提取存放多年的货物:民国八年(1919年)三月,有陈兴九户、福字第三号栈单,堆存鸭毛五十九件、鸡毛二十六件。当年鸭毛出清,鸡毛出过五件。尚有鸡毛二十一件,堆至九年(1920)十月。因福新东行栈开设车栈房,房不敷应用,故将该客货转入浙江兴业银行货栈又已二年。1922 年 12 月 18 日,福新东栈登报声明,该栈接到浙江兴业银行货栈来信催提,殊难再延,故登报通告,限货主两星期内前来出清,逾限即将该货拍卖,除抵还栈租等费外,如不敷,仍向该户追缴。④

1921 年,隆泰信仁记花号因经营不善倒闭,亏欠十二家钱庄款项,经

①　申报馆.论钱业败坏之由[N].申报上海版,1883－11－7,3788(1/12).
②　申报馆.论钱业败坏之由[N].申报上海版,1883－11－7,3788(1/12).
③　申报馆.催赎押款[N].申报上海版,1883－7－15,3683(5/10).
④　申报馆.催出客货[N].申报上海版,1922－12－18,17897(5/20).

理潜逃,股东们不露面,十二家钱庄无奈在报纸发公告各股东,处理抵押货物,抵偿欠款。公告内容大意如下:隆泰信仁记花号经理荣梅清、协理严仲繁,于本月十四日忽而避匿,致庄家被欠往来银两及押款,用去之银无从处理。往来银两年内必须结束,受押之货,其价因有涨落,曾于十七日登申新两报通告各股东,务必于一星期内处理清楚,现在限期已过,各股东并不来债权人处料理,经协理调停,仍然避而不出面,只有受押之货不得不售出,从今日起,将受押之货随时照市价售卖,假如有亏少,并入往来账目中,再向各东追偿。特再登申新两报声明。鼎盛庄、华大银行、瑞泰庄、德昶庄、庆祥庄、慎益庄、大德庄、志丰庄、信孚庄、兆丰庄、庆成庄、长源庄同启。[①]

二、市场无序,政府管理无力

晚清及北洋政府时期,对于金融市场的政府管理很弱,市场处于混乱无序状态,没有设定市场准入制度,亦没有市场退出机制,整个市场全凭自发的调节。投机充斥,政府亦没有有效措施引领投资、驱动市场。投机风气盛行,市场赌博心理严重,不事实业生产,人们皆希望能快速发财致富,因而引起一场又一场金融危机,蔓延到实业部门,成为全面的经济危机。

不仅政府管理无力,相关法律制度更是空缺。以致拥有三五万两白银或更少,就敢开设钱庄,破产后顶多赔偿四五折,有的四五折都达不到。而钱庄放款取利甚重,月息达10%至20%,甚至更高,投机家看中这坐地生钱的好方法,纷纷开设钱庄。政府竟然放任自流,毫无限制管理。虽然倒账风潮后,清政府设立开设票号登记制度,但形同虚设,根本起不到什么作用。后来"通庄"的开设,更是没有进行管理,加剧无序市场的投机,做空盘的风气愈加严重。

破产倒账后,肇事者没有任何实质性的惩罚,一切取决于民间自决,造成的损失亦无法追偿。即使诉讼,不但讼期漫长,其间被欠各家应付官

---

① 申报馆.隆泰信仁记花号杜马周薛荣各股东再鉴[N].申报上海版,1921-2-1,17226(1/16).

司的各种费用负担亦很沉重,且结果未必能获得抵偿。有些投机家利用这些漏洞,侵吞别人财产。

　　上海钱庄与外国银行大相径庭。外国银行集股而成,其所有股东资本,皆是行中资本,虽然有外部存款可以让银行用于周转,但经营起初并不凭存款。中国钱庄则不然。东家的资本银仅三五万两,而进出汇划一年三四十万两不止,资金周转全部依赖各处的汇兑银两及各家的存款。假如有人存银于钱庄,给的存款利息是月息五六厘,而该庄出借给人的利息必定是月息一二分不等。这样,存款利息给的少,借款利息收的多,钱庄依然可以赚钱。若是市场上一有什么风吹草动,则各家的存银必立刻提取,钱庄没有可以应付挤兑的银两储备,则迅速倒闭。山西票号的资金则完全依赖存款。一家钱庄初开设时,倘若其东家一向声名卓著、家资殷实,则票号就会愿意向钱庄放款,并且除大宗生意之外,更做一些小宗的生意。大宗生意放款利息稍轻,小宗生意放款利息则必定略重。庄上迫于情面不得已同意,而一旦其生意偶尔支绌,票号则立刻催索,把大宗小宗欠款立即索要而去。又有官宦的存银累十百千万两的存入庄内,该庄得到这个存项立即又辗转放出,以觅高利。假如庄中偶有拮据,会把各存项一时都提到庄上救急,如果应接不上,则没有不被逼倒的。1882 年金嘉记倒账案,听闻是因某官宦提去存项二十多万两,导致资金不能周转支持所致。1883 年泰来庄亦因为票号诉讼立案,立刻索要欠款以致倒闭。1883 年 12 月底阜康号倒闭案,听闻又是因为有某处提银,一时周转不及,东家命令经理人预先想方设法筹谋,而经理人无计可施,一去不返,逃之夭夭,闹得满市皆知,不能补救。有人说是因其做丝货亏折引起,然而丝货一经出售,即使是有折损,也不至于倒得这样迅速。有人说是因为做股票投机的人在做股票空盘,所以市面银根为此搁起而不能流通,这种说法固然有些道理。但是,股份公司召集股本创业,其所集的股本是公司资本金构成部分,即使动用亦属合理。然而,那些因为做股票投机而造成银根抽紧者,依然是由于贪多的弊病,并非股票本身有危害。又有人认为是外资银行操纵市场的原因,政府应该禁止外国银行作放款拆息业务。但在清政府当局看来,禁止外国银行拆资放款是为了禁止作股票空盘,堵住资金的源头,不可特别地只说空盘应当禁止、西人银行放款不用禁止。上海市面至于如此衰败,是由于经营之人皆无实有资本,拿辗转腾挪之资放款给他人,以致如此境地。要想市面复盛,必须吸取前车之鉴,若重复老路,则市面必然如江河日下,只会越来越衰败。[①]

光绪八年(1882年),冯守之在上海咸瓜街泰昌糖果号司总账,当时有生意往来的各客帮从钱庄转移款项,请求存在泰昌号,不要利息。冯很好奇,询问原因,说是因为金嘉记丝栈倒账五十三万两,自开埠以来各钱庄没有受过如此大的破产,所以相互提醒,引以为戒,不敢放到各钱庄过年关。待明年春天需要用资金时,再来领取,希望代他们保管资金过年关,等等。当时泰昌糖果号因为交情,推却不了,就接受了这些无利息的存款。正好赶上年关将近,银根奇紧,糖价大跌,所以泰昌号就用这些存款低价购进糖果,赚了一大笔。这是因为泰昌号有信用而得利,而不是因为有现资而得利。当时信用卓著的商号不仅仅是泰昌而已,所以居留上海的富人,就纷纷把钱托管在这些商号,不必把存款转移到外国银行。查大清律例,金嘉记倒欠金额之巨,本应该严加惩处,岂知一年以后,毫无所闻,随后胡雪岩的阜康票号又倒千万两,而左宗棠反而袒护他。有识之士都知道,市面后来的财源枯竭,正是此时埋下的祸根。[②]

法越战事后,招股开矿兴起,既无民商矿法,又无公司规则,以致百数十家招股开矿,一无成绩,从此只能在美法招股。股份公司办法,在我国一实行,就发生了变化,就好像是我国经济的毒药。随后,开平煤矿幸亏有唐景星倾家荡产地支持才得以成功,漠河金矿幸亏有黑龙江的库款支撑才成功,但是移交官府管理后,在庚子事变时,都没能保存下来。[③]

钱庄破产,债权人所得抵偿有限。例如,信交风潮中倒闭的同茂钱庄清算账目告示:同茂钱庄停业,揭欠各存户银两十万二千二百八十二两九钱八分七,郭慎记为该庄十二股之四股东份子,对于上列欠款承垫三分之一,计三万四千九十四两三钱二分九,并以后收回人欠款项,亦按总额提

---

① 申报馆.论沪市衰象[N].申报上海版,1883－12－6,3827(1/10).
② 申报馆.读组织债务专律有感[N].申报上海版,1913－7－11,14521(1/14).
③ 申报馆.读组织债务专律有感[N].申报上海版,1913－7－11,14521(1/14).

三分之一归还垫款等情况,函经上海县商会于二月初五日,集合债权宣布,公认在案。据郭慎记将前项垫款,用二月二十期庄票支付,请由钱业公会转请总商会,移送上海县商会核收。特地登申新两报通告本案各债权人,自阴历二月二十五日起,各持同茂存证并携带印戳来会核明原存银数,即于郭慎记垫款项下每百两收回银三十三两三钱三分三多少类推,再同茂停止已及两月,所有欠同茂款项的各户,亦望速来本会对账缴款,以资结束合并通告。[①]

三、房地产投机、金融投机盛行

房地产投资者五花八门,涉及全社会。市场门槛太低,没有市场准入限制,投机盛行,捏造伪造房地契,捐客勾结地保强买强卖事件时有发生。垄断严重,大的房地产商操纵市场,大量囤地,抬高房地产价格,贫富差距极其巨大。大的地产商有教会、洋行、大官僚、买办、青帮大亨等。银行工厂、公司商号、行栈、商人、政府人员、公司职员等,均热衷于投资房地产。各种房地产公司、经租公司、房地产中介机构纷纷开设,形成一个社会大潮流。房地产成为人们最重要的固定投资资产。

例如,基督教会购买房地产。基督教圣公会诸圣堂始于1915年,由西牧师美国人麦甘霖组织成立,在法租界霞飞路(即宝昌路)租赁房屋讲道,已经数年。因教友渐渐增多,原租赁房屋不敷应用,经该堂牧师禀商郭主教,设法拨出教会公款若干,并经牧师会同该堂诸董事募捐若干,凑得万余金,遂在辣斐德路买定空地一方,三亩多,建造房屋两所。一为礼拜堂,一为住宅。[②]

鲍士罗营造工程公司华总经理方嘉瑜在报纸上发布广告,鲍士罗营造工程公司所做业务除了建筑工程、房地产,也做押款业务。方嘉瑜就任鲍士罗营造工程公司华总经理职务,该公司在上海九江路十八号惠工银行四层楼上,业务范围包括:凡关于房屋、铁路公路、桥梁涵洞水利、海港

---

① 申报馆.上海县商会为同茂庄案派领催缴通告[N].申报上海版,1921－3－31,172774(1/16).

② 申报馆.基督教礼拜堂新屋落成记[N].申报上海版,1920－7－23,17034(10/16).

码头、炮台堤闸，及制糖厂、纸厂、油厂、自来水厂冷热水管、啤酒厂、肥皂厂、丝厂、纱厂、石灰厂、洋灰厂、砖厂、蜡厂、玻璃厂、锯木厂、钢铁厂、机器厂各项厂屋等工程测绘估算、包工建筑、代办机器材料、买卖地产房产、经租房屋货仓、代收租金、物产抵押现款，以及大小中外建筑打样装设各事业。[①]

信托公司金融投机与地产投机兼做的风气盛行。如几个外国洋行大班发起的橡皮种植业信托公司，从其招股广告内容可以看出其投机性。大意如下：本埠安利大班阿拿君、汇通大班维尔切君、祥茂大班勃葛尔君、美伦费安大班美伦君等，现发起组织一公司，名为上海橡皮种植业信托有限公司，因现在英国先令奇缩，各业不振，橡皮一业尤甚。现市场售价较血本低廉，故各公司皆有经济困难局面，乃银行方面不愿再放款于各该众公司，而其公司股东亦不愿再添加股本。现阿拿君等所组织之公司，议定由汇通公司为总经理，资本定一百万两，分十万股，每股十两，现先发行五万股，内一万股已经由发起人等认定，余四万股改为公开募捐，已于二月二十八号起开始招募，至三月十二号号为止，由汇丰银行代收。认股者于公募期内先付半数，即每股先付五两余，半数在招股期满后三个月内付清。如公募之数超过定额，即按照股份摊派所余之银，余银摊派选择宗旨，是能够专门帮助各橡皮公司渡过经济困难，是一种押款性质。除橡皮押款外，如有余款，亦做各种房产押款，及各种房产买卖。如橡皮业复原后，或不再需外款，则当改为地产公司。[②]

上海中国股票公司的广告：本公司集合巨资，买卖国内公债、各种股票、印花储蓄等票，并作押款，利息公道，附设储蓄处经理存款，定期面议，活期按月七厘，特别优待零存趸取储蓄。[③]

各商号、钱庄亦购买股票，从事股票投机。营口厚发合、志发合等号倒闭后，营口总商会法号清理部债权团清理账目，厚发合、志发合等号交出所持股票变抵债款。计有：营口自来水公司股票三千零八十三股，开滦

---

①　申报馆.方嘉瑜启事[N].申报上海版,1922－11－29,17878(1/22).

②　申报馆.上海中国股票公司广告[N].申报上海版,1921－3－8,17254(11/16).

③　申报馆.上海中国股票公司广告[N].申报上海版,1921－2－1,17226(1/16).

股票一千八百五十股,北京电灯公司股票一千一百八十二股。商会在《申报》发表公告,公开售卖这些股票。[①]

中华信托公司的广告,业务五花八门。既做代买代卖,又做工程营造、房地产投机,做抵押放款、吸收存款等。广告所列业务如下:仿照美国信托办法,代中外绅商采办华洋货物,收买各省土产、手工品、矿产品,往来旅客偏僻州县有货待沽,或需办货品代买代卖(市场罕见之物设法代觅、市场难销之物可以代售),诚信无欺。买卖地产,凡欲置产与让产者,公司力图使供求适合,房产和价格买卖双方都满意。包收房租,免去客户零零碎碎收取的繁琐;代客收租,免除房客拖欠宕延房租的弊端;绘图测量建筑工程;出借款项,以金饰珠翠和有价证券作抵押;往来存款、定期储蓄、零存整取、利息优厚。又陈列中外古物、瓷铜竹石、古书古画、时钟油画、缂丝绣货,一切寿礼兼华洋货样。[②]

四、地产押款过重,地契的"准货币"性质

地产押款在整个经济体系中占比过重,使经济失掉了流动性。因为利息高,大有利可图,引来各种投机家做地产押款。

高易账房的押款广告:如有房产地基欲作押款者,其息格外公道,请至高易账房面议可也。[③] 普益银公司做长期押款:本公司有现银出借,期限可以五年至十年,数目为规元五万两至十万两,惟须由上海之地产作为担保品。如欲押款者,请随时驾临面议可也,上海南京路十五号普益银公司。[④]

中国营业公司劝人们做地产押款的广告可谓蛊惑人心:请诸君阅读此篇之广告加以研究,即有金钱以饷诸君。足下须知以千两的现金为押款,取息一分(10%),七年之后合利息计算,可得二千两。故有现金不可以使之闲置,因为闲置则利息日见亏耗。必然要使这金钱能代我们工作,无稍休息才是道理。而后我等第一决心要做的事情,必定是观察其中十分稳固的担保品,不至于或有遗失,以安稳为最先。最安稳可靠的担保

---

①　申报馆.售产广告[N].申报上海版,1921-3-15,17261(1/16).
②　申报馆.中华信托公司[N].申报上海版,1921-3-31,17277(1/16).
③　申报馆.招客押款[N].申报上海版,1880-6-30,2573(8/8).
④　申报馆.长期押款[N].申报上海版,1922-8-22,17779(9/20).

品,惟有房产,既不致遗失,亦不用担心被盗窃,纵然有火灾的风险,但可以投保火险而免去后患。本公司有最新式洋房,坐落法租界及公共租界,适中地点,其屋内悉系最新式装修,每屋均与租户订约包租,定长久期限,其租金依照买价计算,都有一分(10%)的利息。足下如愿意与专门地产人员合力经营,则每年所得利益,除应得租金外,其担保物的价格逐年增加,每五年本利计算,可以增加一倍。本公司在上海经营地产营业达二十多年,对于地产的种种详情,皆洞悉无疑。本公司历年营业发达的成绩,及各铺户所得厚利,足以证明本公司精于地产营业。本公司在上海租界内,建筑房屋不下数千幢,本公司自己及代各铺户买卖地产房屋,及放款数达数千万两。本公司开设上海江西路二十四号,专营房屋地产押款,诸君欲放款,要稳固担保品,或欲向最可靠大公司投保水火险,请向本公司接洽。①

押款多,自然会发生取得押款后,因经营不善无力取赎,或者是其他种种原因无法取赎的事情。最终抵押品房地产会被拍卖抵偿押款。如果经济繁荣时期,房地产价格高涨、需求旺盛、变现快,拍卖价格自然能抵偿欠款。但往往押款不赎是发生在经济萧条时期,房地产价格普遍下跌,而且房地产市场低迷,需求不旺,变现需要的时间很长,甚或房地产无人问津,这就把现金这种流动性最强的资产转变成了流动性很差的房地产。做押款的公司或金融机构,会因缺乏流动性资金周转,经营不下去,因而停业,牵连到其他商家。整个市场流动性变差时,经济危机随时会被引发。下面是一些押款不赎的例子。

1921年,万康蛋厂朱总监理虞仲宜,将属于自己名下两处制蛋厂地产,以及厂东张承德堂名下一处地产,共三处完全房屋基础兼生财家具、厂契券,向庆康钱庄抵押,载明押据抵押银二万两,但制蛋厂经营不善,久停营业,庆康庄屡催取赎,虞仲宜匿迹不见。庆康钱庄于信交风潮中倒闭后,庆康清理处特登报公告,展限两星期,请其取赎,虞仲宜没有取赎。②

1920年12月,刘相宸将坐落上邑二十七保七图维字圩五百三十三号,业户牛德元则田一亩二分,向英商丰茂洋行抵去巨款,逾期已久,延不

---

① 申报馆. 中国营业公司押款[N]. 申报上海版,1922-8-22,17779(9/20).
② 申报馆. 催赎押款[N]. 申报上海版,1922-9-16,17804(5/26).

取赎,兼之踪迹杳然,为此丰茂洋行特登报通告,限刘相宸自登报之日起,务必于七天内携款来行赎取,否则立即禀请公堂,将田单拍卖,备偿抵款,然而,刘相宸无力取赎。[①]

　　1921年信交风潮中,兴仁里润昶庄倒闭清算账目,在报纸发表声明通告杨秋荪,1919年杨秋荪押在润昶庄徐家汇二十八保七图传字圩土地一方,计地三十九亩五分八厘六毫,限期两个星期,请他速来取赎,杨秋荪无力取赎。[②]

五、金融创新管理缺位,私人机构分走货币职能业务,享受铸币税好处

　　票号、贴票、股票发行、发行可兑换纸币、创办银行、交易所、信托公司,这些都属于金融创新。

　　票号是金融机构创新以及贸易结算创新。埠际间异地长距离汇兑机构、汇兑业务及承担汇兑功能的汇票,在国内全部属于创新。汇票结算实质是货币职能中流通和支付功能的一种延伸,在中央政府控制货币发行权的货币制度中,政府享受铸币税好处,货币职能业务应是政府完全控制的。票号创新的新式结算工具汇票,代替现银结算流通,分走了政府专属的部分货币职能业务。这部分被私人部门分走的货币职能业务,不受政府控制,很容易形成结算工具超发滥发,信用规模无限扩张,市场混乱无序,利率无限上升,投机成风,造成经济失控的后果。

　　票号的诞生,本身是适应市场需求的。国内贸易发展,贸易规模增长,长距离运送白银不能适应贸易经济发展需求,从而对新的贸易结算方式有强烈的需求,票号于是顺应时势而产生。票号产生后,由于市场需求巨大,促进了票号的发展壮大。但是,由于政府对于票号管理缺位,市场准入没有设置门槛,许多人看到票号的巨大利益,纷纷开设票庄,导致票号林立,相互竞争,为了拉存款、拉客户,使用各种手段。钱庄早期发行庄票,票号汇兑业务产生后,大钱庄亦加入这个创新市场,开始从事汇划业务,出具期票,再后来大小钱庄林立,盲目发行庄票、期票。票号钱庄倒闭

---

　　① 申报馆.协源庄倒欠案之和解[N].申报上海版,1922—10—26,17844(15/18).
　　② 申报馆.刘相宸鉴[N].申报上海版,1921—1—4,17198(1/16).

潮屡屡发生,引发金融危机。倒账风潮过后,清政府对开设票号实行了登记制度,须得资本股实之商人才能开设票号。但是管理并不严格。对于钱庄的管理,亦没有严格的制度,基本类似于无。钱庄倒账事件频发,牵连票号。钱庄、票号倒闭引发金融危机,进而引发贸易危机、商业危机、房地产危机,一步步恶化,进入经济危机的深渊。

贴票的发明,其实类似于现代的汇票贴现,如果政府能够及时跟踪这种金融创新,规范化业务程序,限制流通范围,贴现业务必定如同现代一样,成为金融机构的一项新业务。可惜清政府无知无能,对于金融市场管理漠不关心,导致贴票最后成为一种骗局,广大社会基层人民的投资血本无归,破家荡产,金融大危机触机便发,上海钱庄倒闭数十家,无数工商业关门倒闭,经济分崩离析。

合股开设商号对于中国人来说,并不是稀罕事,但公开发行股票、召集股本的股份公司,对于中国人来说,就是新鲜事。政府对于发行股票,亦没有专门的管理制度。所以,当股票投资成为一种新的投资事业,整个社会掀起一种股票狂热,比如交易所、信托公司亦是这种情形。人们沉浸于一夜暴富的喜悦中,觉得这是发财致富的捷径,纷纷东挪西借,千方百计腾挪资金,致力于股票、交易所、信托公司等新的投资事业,当泡沫破裂、致富美梦破碎,他们绞尽脑汁亦难以挽回损失,甚至债务压身,倾家荡产也无法还清。

银行是一种金融机构创新,发行纸钞亦是金融创新。1920—1922年,开设过多数量的银行,发行超规模的纸钞,库存现银不足,不能兑现,引起挤兑风潮,迫使银行停兑。北京中国银行与交通银行多次发生停兑风潮。其间因为直奉战争吸引了注意力,又因为1921年信交风潮事件太大,转移了人们的注意力。实际上,中交风潮是中国金融危机史上不可忽略的金融危机。

中交风潮是货币创新引起的金融危机。中国银行与交通银行发行的是可兑换的信用货币,它是现代纸币的雏形。因为当时中国的货币制度,依然是白银本位币制度,中交两行发行的纸币,是可以兑换白银的。可兑换纸币的发行,属于货币制度的创新。可兑换信用货币,是现代不可兑换信用货币——纸币的前身,有其历史性。西方在最初实行可兑换信用货币制度时,也发生过很多次类似的金融危机,与中国的中交风潮有很多相似的特征,过程基本相同:即中央没有集中货币发行权,各地的银行可以自行发行货币,可以兑换白银或黄金。但白银储量有限,当库存白银不足时,就会发生因无法兑换而停兑,进而发生挤兑风波,引起恐慌。恐慌传播到整个社会,风潮越来越大,银行和政府难以维持,直至银行倒闭、银根抽紧,流动性缺乏,工商企业倒闭,经济危机发生。

六、纸币超发,国际汇率变动

北洋政府财政拮据,授予中国银行和交通银行纸币发行特许权,发行大量纸钞,为政府垫款。因为现银准备不足,故纸钞无法完全兑现,不得已多次停兑,引起几次中交停兑风潮,危机遍及全国。各地军阀势力纷纷开设银行,取得纸钞发行特许权,滥发纸钞,为自己揽财。1922 年,仅上海的中外银行就多达八十多家。导致货币超发,不能兑换现银,发生挤兑风潮。

纸币超量发行,引起特别恶性的通货膨胀,触发金融危机、房地产危机及商业贸易危机,使得整个经济体系崩溃。1948 年 8 月 18 日,蒋介石南京政府实行金圆券货币制度改革,是历史上最荒唐的货币改革。大量平民在这次改革中破产,商铺大量倒闭,生活物资涨到了天价。金圆券直接失去了公信力,蒋介石政府民心尽失。这种自杀式的货币制度改革与货币超发,已经不能用经济危机来形容了。

国际汇率的变化,也给贸易商业带来危机,进而影响市场状况。1920年,英国货币先令汇率涨落无常,以致经营洋货、五金呢绒匹头等货物者大受直接影响,而经营这些行业的捎客亦受间接亏耗。据该行业中的人说,1921 年阴历年关收支不能弥补的,实在有不少。一些商家不得潜逃。报纸刊登,有住居上海城九亩地的郭某,潜逃避匿,计亏欠一万多两,居住在北火车站的冯某,亦因亏欠逃遁,居住南市陆家浜的张某,携眷逃逸。至阴历年底不能支持者,不知道又有多少。[1]

---

① 　申报馆.洋货捎客亏款潜避[N].申报上海版,1921－1－3,17556(10/16).

第七章

❖❖❖

百年镜鉴

——结 论 与 启 示

以史为鉴,可以知成败、明得失,可以吸取宝贵的历史经验。五口通商后,中国从封建君主所有制逐渐走向完全私有化的道路。西方列强利用武力,迫使中国开放地区越来越多,由口岸城市逐步向内地蔓延。无关税自主权使中国市场变得一马平川,西方商团终于在中国实现了他们宣扬的自由市场与自由贸易,中国资源被廉价掠夺到国外,洋货充斥中国市场。华商在与洋商竞争的过程中,履险蹈难、进退触藩,民族产业百业凋敝,经济衰退、危机频发,国家积贫积弱,社会百孔千疮、动荡不安,百姓荜门蓬户、鹑衣鷇食、颠连无告。半殖民地化的近代上海,房地产业的风云变幻浓缩了旧上海经济经历的风雨雷霆,亦是近代中国经济风谲云诡的缩影。看过往成败,总结经验教训,可为我们当今的经济发展提供有力的历史经验支撑。纵观 1843 年上海开埠以来一百多年房地产业发展历史,有以下几点镜鉴:

一、完全私有化与自由市场化的灾难性后果

两次鸦片战争后中国口岸被迫开放,关税失去自主权,资本账户完全开放,国际投机资本随意流出流入,中国被完全卷入世界纷争。西方商团打着自由贸易的口号,用杀戮和抢劫强行在中国推行他们所谓的自由贸易主义与自由市场化。辛亥革命后,中国彻底走向了完全私有化及完全

市场化道路。近代上海自由市场化与自由贸易的后果,就是经济危机和垄断。

（一）自由贸易口号外皮下的海盗逻辑

大航海时代开启后,欧洲贵族与商人组成武装商团,沿着新航线进行征伐,打着自由贸易的口号,对所到之地进行血腥屠杀和镇压,以开辟他们的殖民地。自由贸易口号起源于海盗文化思维,它的逻辑是以西方武装商团为最上层统治者,是规则制定者,在全球范围内,以他们的利益为中心标准,顺从他们的意志和目的,建立一个为他们服务的殖民地贸易体系。1820年以后自由贸易主义理论盛行时期,西方列强借此对中国发动战争,取消中国对进出口及关税的限制,意图使中国成为它们的殖民地。现代自由贸易主义的本质目的是为西方列强服务的,意图使欧美强国成为全世界的贸易规则制定者,所有发展中国家应顺从欧美强国的意志,在世界市场中按照他们建立的秩序来进行交易,并开放本国市场成为欧美原材料提供地及工业产品倾销地,如果有反抗,就用武力和战争强行征服。所谓的自由贸易主义外皮下,是海盗文化逻辑。

（二）外国资本把控经济,民族产业萎缩,市场混乱无序,经济危机频发

上海被迫对外开放后,骤然成为一个开放经济体,在猝不及防的情况下直接面对国外资本冲击,失去关税自主权,市场全面对外开放,国外工业品大量倾销,加上战争破坏,原有市场体系迅速解体,向所谓的自由市场化方向发展。自由市场化的后果,就是政府管制无效,市场处于混乱无序状态。西方列强利用鸦片这种成瘾性消费品使中国民众上瘾,在租界大量开设烟馆,强行在中国制造出巨大的鸦片消费需求,使得中国大量财富流出国外,军队及国民身体素质整体下降,中国国弱民孱。外国资本把控市场,利用积累的巨额鸦片资本侵入房地产业、金融业、贸易、工业、交通、通信、矿产业,中国在世界市场占有优势的丝茶贸易,先是被英国人控制,后又被日本人控制,英、法、美、日向中国大量倾销棉布等工业制品,外国资本入侵越深,民族产业越萧条,市场混乱无序,投机成风,国民经济结构严重失衡,经济危机频发。

（三）房地产业形成垄断，贫富两极分化

房地产业完全私有化及自由市场化的结果就是垄断，以及贫富两极分化。市场上资本逐利，鸦片资本、军阀资本、官僚资本相继成为上海房地产业发展的垄断势力，房地产业极度垄断。社会贫富分化严重，财富分配极其不均衡。大量土地房屋被少数人掌握，房价高昂，普通平民居住条件恶劣，根本买不起房。房地产财富集中在顶层少部分人手里，而这些垄断资本所取得的房地产财富，只用来自己享受。洋人房地产积累的财富，都套现带到了国外，供他们及其家族奢靡的生活。例如"跷脚沙逊"的家族，大地产商史密斯、汉璧礼等。

二、产业寄生与固化

产业发展的过程中，两个不同的产业之间打破产业界限，产生融合。产业融合能借助其他产业新技术或平台，解决产业发展中遇到的资金、原材料、销售渠道、结算、运输、技术等方面问题，拓展市场范围，提高生产效率，增强产业驱动力，深挖产业潜能，延长产业生命周期，促进产业发展。某些产业自带高融合属性，例如金融业。金融业通过融资、支付、结算等业务，与其他产业紧密联系在一起。金融业与其他产业适度融合产生积极效应，过度融合尤其是过度依赖于某一产业，则会带来巨大危害。

旧上海的各种产业融资高度依赖票号钱庄银行等金融机构，金融业高度依赖房地产业，形成一种产业寄生现象，纠缠过深，难以分割独立，生成产业寄生链。寄生链具有单向性，依靠商业信用，风险极大。旧上海这种产业寄生链如图 7.1 所示。

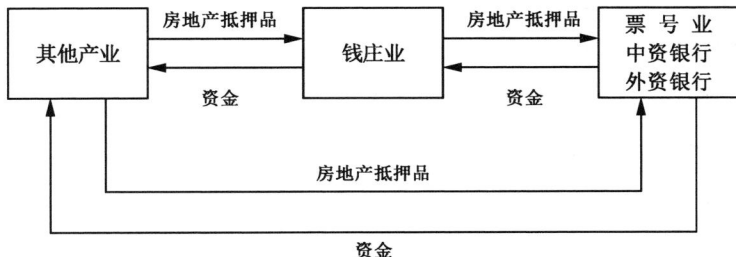

图 7.1　旧上海产业寄生链

产业寄生度有多高呢?抵押放款中,房地产抵押品估算占到 60％以上,另外两种常用的抵押品是货物与股票。房地契作为一种有价证券,在流通中具备"准货币"性质,成为最为重要的资产,人们最乐于持有。

正因为房地产资产如此受欢迎,带动了房地产业的兴旺发达,所以大量房地产被建设。通常利用房地产重复抵押取得资金,进行扩大规模建设。模式如下:

租地造屋合同→抵押融资→第 1 处房地产建成出租或出售→第 2 次购买房地产→第 1 处房地产抵押融资→第 3 次购买房地产→第 2 处房地产抵押融资……此过程循环往复,直至债务链条断裂。

在不断扩大生产规模的过程中,杠杆倍数持续放大,负债越来越重。以低于 20％的自有资本就可以撬动剩余的贷款资金,第 1 次融资杠杆倍数至少是 4 倍;第 2 次融资 16 倍,第 3 次融资 64 倍,如此重复下去,杠杆倍数越来越高,风险越来越大。融资借款采用分期归还方式,房屋建成后出租或出售的收入,只用部分归还借款,剩余部分继续购买新的土地。在重复融资的过程中,累积的债务越来越重。

这里有个疑问产生:为什么会有如此高的负债率和杠杆倍数?因为房地产价格的飞速上涨,足以弥补高额的融资成本。在一百多年的旧上海房地产发展历程中,房地产价格的长期趋势是一直在涨,价格翻番几百、几千甚至几万倍。例如,公共租界中区地皮,1846 年按均价每亩 30 两白银买入,后来中区地皮划块卖出时,卖出了不同的高价。1875 年价格达到每亩 4 875 两白银,1888 年价格达到每亩 12 000 两白银,1890 年价格为每亩 118 483 两白银,1937 年价格为每亩 120 万两白银。这种地产价格上涨速度,吸引各路资本疯狂投资房地产。

房地产成为融资最主要的抵押品,使金融业流动性大大降低,产业固化,产业链条极其脆弱,无任何修复渠道,任何一环出现问题,都会导致债务链条断裂,引发连锁效应,形成经济危机。

三、幼生市场

幼生市场是指处于初生阶段的市场。幼生市场是指产业刚刚产生不久,需要长时间培育发展成为初级阶段市场,是最为脆弱的阶段。在这个阶段,如果被外力强行催熟,就会形成畸形市场形态。畸形幼生市场表现如下:

（一）产业初生,有外力强行介入,拔苗助长

产业刚刚从其他产业中分离出来,成为一个独立的行业,在此之前从事此行业的企业及从业人员都是兼营性质。幼生市场产品简单单一,规模极小,专营此行业的只有极少数几家小型企业,专门从事此行业为生的从业人员亦少。市场制度、政府管理制度都没有制定,这个状态的市场需要政府政策扶持,制定良好的管理制度以及产业发展规划,有足够长的发展时间,有计划地培育市场,才能健康发展起来,成为国民经济新的增长点。如果有外力蛮横介入,没有任何管理和规划,任其自由生长,必定会发展畸形。旧上海的近代房地产市场及金融市场都属于幼生市场,被外国势力蛮横介入,强行催熟,交易不适合市场发育状态的产品,投机资本肆意作为,没有规则和伦理地自由生长,政府无力管理,从本质上看,是属于发展畸形的幼生市场。因为没有足够的发展时间去有规则、有计划地逐步生长,而是被强行拔苗助长,不符合发展阶段的强迫型催熟,导致市场发展畸形、混乱无序,地保洋人相互勾结、强迫买卖土地,非自愿的恶性交易得不到管制惩处,投机行为充斥整个市场,市场风险无限放大,危机频发。

（二）强行照搬国外金融模式

票号、钱庄、银号、典当铺等联合构成的传统金融体系,在鸦片战争后受到外资银行的冲击,纷纷倒闭。模仿西方成立银行时不限制数量,导致银行泛滥。国外银行模式、股票模式、信托交易所这些西方市场产品模式,生搬硬套到中国幼生市场上,市场消化不良,导致市场混乱无序,勾结串连,创新产品无管制,盲目跟风,盲目扩大信贷规模,交易中道德约束大于制度约束,引起金融危机。

例如,1921年,引入美国的信托交易所后,因为没有股票产品可以进行买卖,各交易所就炒自己的股票以及各交易所相互炒,引起信交风潮。

例如,房地产市场产生于小刀会起义时期的租界,租地造屋是房地产

业最初的萌芽,用来出租的房屋亦是简陋搭建的木棚屋,由此引发洋人的租地造屋出租潮流,最早一批洋行与洋商大量占有土地。洋商占有土地并非公平交易,而是利用武力或政治特权压迫上海道官员,强行占有农民的土地,成本是每亩每年 1 500 文,只有洋人有退租权利,土地业主不准退租。所以最初一批洋商拥有的房地产财富,是利用西方武力打开中国大门后强占的,没有什么成本。之后,利用租界估价机制,一次次推高地价,整个机制并不符合自由市场经济的原则。

四、政府转型困境——弱态非独立政府

近代世界在工业化、市场化、城镇化的浪潮中开始了国家和政府转型,由封建君主专政制国家向民主国家转型,由统治型政府向管理型政府转型。近代中国在该浪潮裹挟下开始政府转型。然而,无论是晚清的维新运动所主张的改革,还是北洋政府及南京政府,都处于政府转型困境中,阻碍重重,无法有效实施政府职能。

（一）弱态的非独立政府状态

在西方列强的压制下,近代中国政府呈现一种弱态、一种缺乏独立性的状态。对外不能维护国家主权,对内不能治理国家、管理市场、发展社会经济、给人民带来好生活。

政府没有独立性,不能按照独立意志运行,仰人鼻息,看洋人眼色行事。没有按照大多数民众需求及社会经济发展状况制定政策的能力,政府受少数强势势力支配和影响。非独立型政府,统治力弱,决策更多地为拥有最多资源和财富的少数人服务,市场发展的结果必然是这些少数人垄断。

近代上海房地产业经历了封建君主制度的专制政府、军阀政府与官僚资本政府,这三种类型的政府是代表少数人利益和意志的政府,都属于非独立型政府。社会处于半殖民地社会,西方列强强行介入中国市场发展,市场是畸形的。市场经济发展的结果就是垄断资本占据社会的顶端,控制政治决策及社会经济市场规则,控制社会资源。

（二）市场管理缺位,市场发展畸形

政府被动转型,认识不到市场,不培育发展市场,无法维持市场秩序。

市场经济中,政府转型的初级阶段,需要政府认识到市场的存在,并且有计划地培育和发展市场,维护市场秩序。近代上海长期处在各种势力争夺中,战争不断,烽火连天,统治者只想着争权夺利,根本不去想如何管理的问题。市场混乱,发展畸形。

(三)政策传导机制渠道短浅窄,路径断裂,触动不到经济基层面

政策传导机制根本发育不起来,决策层和经济基层完全割裂。决策取决于少数人的利益代表者,产业层被少数大资本及大势力垄断,与经济基层面割裂开来,辐射面小,惠及的只是一小片中间层面,到达基层面的路径断裂,广大劳苦大众所在的经济基层政策惠及不到,没有能力和势力享受政策照顾。

五、中国传统文化自信丧失

近代中国饱受西方强国的侵略蹂躏,当政统治者孱弱无力、卖国求荣,导致国力衰弱、产业萧条、民不聊生。西方军事力量上的强势在近代中国营造了一种假象,就是西方文化的优越性,包括日本,都是中国学习的对象,从国外留学回来的学者,推行宣传西方文化,掀起了一股学习西方文化的风气。在西学东渐的浪潮中,中国社会对中国传统文化产生了严重质疑,开始采取批驳一切、否定一切的态度,认为中国传统文化中的一切都是不好的,中国人对延续传承了几千年的中国传统文化丧失自信。最令人痛心的,就是以中国传统文化精神为核心所构建的社会价值体系的崩溃。中国传统文化中的人文精神、和谐意识、整体思维、实践品格、道德意识、宽容品格、理想主义等,所体现出的以人为本、注意人与自然的和谐、把国家利益置于个人利益之上、诚实守信、宽厚包容、严格自律、追求个人道德完美等,构成了传承几千年的中国社会传统价值观,对维系中国社会秩序起着至关重要的作用。但是,西学东渐,亦使西方的功利主义价值观、个人利益至上的价值观风行于市场,冲击中国传统社会价值观体系,社会开始变得功利。尤其是在上海,学习英语成风,因为操一口流利的英语能在洋商洋行找到好的工作,或者能与洋人打交道做生意。因而随着洋泾浜英语的流行,西方文化传播开来,伴随而来的是社会生活各方

面的改变,衣食住行都深深打上了西方文化的烙印。最可怕的是,伴随着西方文化的传播,西方国家利用屠杀和征伐占领殖民地后,掠夺资源发展本国经济优势,以胜利者姿态高高在上,营造出西方文化是优越高等文化的外包装,压制中国传统文化,使许多人对中国传统文化失去信心,中国传统文化开始走向没落。

六、中国社会信用体系崩塌,传统商业核心价值观遗失

中国传统文化的没落,造成了中国信用体系的崩塌及传统商业核心价值观的遗失。以中国传统文化精神为魂,以行会为主所构建的中国社会信用体系崩塌,对中国社会造成的损失无法估量,直接影响到市场秩序。中国传统文化精神塑造下的中国社会,奉行诚信义利的道德标准,整个社会在诚信的信用体系下有效运转,社会及个人按照传统道德体系标准严格要求自己,力求完美。对于不讲道德者,亦有完善的惩罚制度。然而,鸦片战争后,西方商业势力入侵,中国的信用体系崩塌,原来井然有序的社会信用体系被好利、欺诈等投机主义所代替,社会不再讲诚信,中国社会秩序从此处于混乱不堪之中。

西方的商业价值观是以"功利"为核心的。是纯粹的利己主义。中国的商业价值观是以"诚信义利,经世济民"为核心的,讲究"天""地""人"的和谐统一,强调"道"法自然,顺势而为,是和谐统一、是整体主义,亦是"双赢"。在中国的传统商业价值体系中,"利"并不是第一位的,是受道义和诚信约束的,是把"人"与"道义"摆在第一位的。明清时期,中国商人的诚信深受世界市场外国贸易伙伴的赞誉。广州十三行时代,行商之首伍秉鉴(浩官)曾经免掉美国贸易伙伴 W 先生大额债务,这位美国商人欠浩官7.2万元,因经营亏损无力偿还。晋商在经营中会与选定的供货商结成"相与"的关系,当"相与"欠商号债务无力偿还时,商号号东亦会顾念情分,免去债务。中国古代商人对于社会责任有深切的认识,对于家国民族有深厚的情怀,赈灾救难、修路筑桥,盖善堂、办义学,造福乡民。明清各商帮商人都崇尚文化,徽商就是其中的典型代表。徽商在经商致富后,喜欢著书立说、钻研学问。粤商在广东积极传播科学技术知识,有的收集大

量图书,建立私人藏书馆。粤商和晋商每每在国家危难中,都慷慨解囊、大力捐款。然而,西方商团入侵后,功利主义侵蚀中国商界,中国的传统商业核心价值观被抛弃,市场开始巧取豪夺、欺诈成风。

七、传统行业制度约束与行业道德约束体系消亡

中国传统的商业贸易经营,被约束在行会制度和行业道德约束的轨道里,有序运转。以行会为首制定的行业制度非常严格。行业制度包括行业从业规则、交易规则、价格制定、商家诚信评定、商业纷争解决、代表行业与政府打交道、不同行业之间的沟通协调、从业人员管理、承担社会责任等,行会还负责商业街上店铺的排列顺序。行业制度管理与道德约束非常有效,对于从业人员的管理非常严格,惩处亦非常严厉。如果因不守规矩被商号开除,行会将知会整个行业,其他行业也很容易打听到此人底细,该人在行业内的信誉毁坏,基本一生都很难被别的商号雇佣。从业人员实行担保制度,学徒入行,须得有可信之人担保,择优选用。基本从同乡中招取,知根知底,学徒有事,即可追寻至其父母家人。这样,除了容易约束伙计外,还容易形成同乡势力,逐渐垄断某个行业。明清各个行业基本是由某个地方的人所垄断,比如淮扬的盐商、山西的票号、广东的外贸商人。其中,山西票号就是行会制度的典型代表,不但有行规,各号还有号规,选拔培养人才都有严格系统的规则。广东商人培养人才的体系亦很杰出。严格的行业制度下,违规风险非常大,极少有人敢去冒违规的风险。另外,传统文化伦理道德教育下的中国百姓,以及从业后的职业道德培养,形成特别强烈的道德感,会自觉地进行自我道德约束,整个行业和社会亦会对遵守道德的给予嘉奖性的反馈,激励更多的人去学习道德楷模。这样就形成一个长期稳固的良好道德体系,促进经济良好运行。鸦片战争后,西方列强的入侵,破坏了中国原有的行会制度与道德约束体系,使整个社会经济处于失序的状态。英国人威廉·R.葛骆于1859年来到中国,担任上海租界消防机构重要负责人,在中国待了几十年,到处旅行,在游历到川沙县商业街时,看到街上的店铺均按照一定的顺序排列,与经过的其他城郊无甚区别,在他的游记里记载道:"这种排列可能是

行会的安排,中国的行会在商人中颇具影响,他们规定相邻的十家店铺内不能有相同行业。当然这个规则在上海不可能奏效,因为这样的规则没有得到工部局的认可……"[①]中国行会对行业的约束力变弱直至消失。房地产业发源于租界,租界是主导力量,一直野蛮生长了半个世纪,缺乏行会的监管和约束。后来华商成立的房地产公会对上海的房地产业并未起到约束作用,亦无力约束,旧上海房地产业在外力介入下发展畸形。

八、财富积累逻辑扭曲

旧上海整个社会处于一种浮躁状态,鸦片贸易的巨额利润、房地产的价格飞涨、金融市场的不劳而获、洋商引导的投机盛行等,种种原因使社会的价值观发生了扭曲。人们不再注重沉稳积累,急于快速致富,最好一夜暴富;热衷于从钱庄、股票、交易所、信托机构这样的轻资产行业里敛财,不注重实业生产;偏好风险,赌博心理严重,很容易被报纸的虚假宣传带动,形成羊群效应,盲目跟风,掀起整个社会投资热潮,并且奇异地把这种投资行为与时尚时髦联系起来,争先恐后,惟恐落于人后吃亏,从而导致一次次的经济危机。

社会财富积累机制扭曲带来巨大危害。鸦片贸易的巨额利润不仅使鸦片走私大量增加,还使得中国许多地区的农民不再种植粮食及其他农作物,而是用大量良田种植大烟。房地产业的巨大利益显现后,大量的农田河道被占用,用来盖房建屋,洋人与地保勾结,强行侵占农民土地的事情司空见惯。房地产业无限扩张,吸收了大部分的社会资本,使得整个社会的流动性缺乏,金融产业固化。银行、股票、信托交易所等金融新事物出现后,不事生产、渴望一夜暴富的社会心态更是登峰造极,这样扭曲的赌徒般的心态,增加了投机行为的发生率,非常不利于工矿业等实业发展。中国近代民族工业迟迟发展不起来,与社会资本的投机性有极大关系,而这源于社会财富积累机制的扭曲。

中国近代二百年被压迫的屈辱历史,充满血与泪。近代房地产业起

①　【英】威廉·R.葛骆(William R. Kahler).环沪漫记[M].北京:三联书店,2018:12.

源于上海租界，初期有大量鸦片资本注入，发展过程中充满投机与巧取豪夺，上海等地的房地产资产高额收益吸引全球资本涌入，使人心浮躁，奢望投机取巧、一夜暴富。战争及天灾人祸产生了大规模的人口流动，上海属于高数量人口流入城市，形成了庞大的住房需求。完全私有化背景下，个人房地产交易不受约束，处在社会上层的少数人垄断了上海的房地产业，贫富分化极其严重。在鸦片战争后，中国处于半封建半殖民地社会背景下，中国原有的信用体系、商业价值伦理体系崩溃，中国传统文化没落，西方文化及价值观日渐盛行于市，政府没有独立的意志，代表少数人利益，房地产业与金融业交缠深重，为国外资本家、军阀、官僚等少数人创造了巨额财富，却给社会带来一次次经济危机，产生重重灾难。

九、启示

纵观近代上海房地产业百年风云，我们可以得出如下启示：

土地作为自然界的稀缺资源，是有限的，非常宝贵。土地不可能走完全私有化的道路，否则势必将造成垄断。当国家处于不发达状态时，不可能实行自由市场化，必须有强有力的政府管制市场。自由市场化的后果，是本国市场受到巨大冲击，产业发展畸形，混乱无序。房地产业发展必须在政府计划和管控下发展，不能任由资本无限扩张，否则会形成房价无限上涨、最终房地产被少数人垄断、大量平民居无定所的问题。金融创新要严格监管，在市场幼生阶段，政府必须严格保护，有计划培育、引导、发展，不能从国外生搬硬套不适合本国市场发展状况的产品。金融业和房地产业及其他产业的产业界线要分割清晰，不要融合过度，以免产业寄生固化，从而使流动性缺乏，引发金融危机与经济危机。要理顺财富积累机制，培养正确的财富积累逻辑，稳健发展实体经济，使国民财富稳定增长。找回中国传统文化自信，以中国传统文化精神为基础，创建我们的社会信用体系及商业价值体系，利用法律制度、行会制度和道德约束，重建我们商业贸易约束机制，推动商业贸易的繁荣鼎盛。

参考文献

1. 萧国亮. 皇权与中国社会经济[M]. 北京:新华出版社,1991:67.

2. 贾秀玲. 上海房地产业发展史(1843—1937)[M]. 上海:上海财经大学出版社,2001:208.

3. 孔祥毅. 金融贸易史论[M]. 北京:中国金融出版社,1998:110.

4. 张正明,邓泉. 平遥票号商[M]. 太原:山西教育出版社,1997:46—47.

5. 中国人民银行,山西财经学院山西票号史料编写组编. 山西票号史料[M]. 太原:山西人民出版社,1990:453—470.

6. 徐寄庼. 最近上海金融史[M]. 上海:上海书馆,1936:296.

7. 燕红忠. 中日货币战争史(1906—1945)[M]. 北京:社会科学文献出版社,2021.

8. 贺力平. 世界金融史[M]. 北京:中国金融出版社,2022.

9. 孔祥贤. 大清银行史[M]. 南京:南京大学出版社,1991.

10. 王庆成. 稀见清世史料并考释[M]. 武汉:武汉出版社,1998.

11. 上海通社编. 上海研究资料[M]. 上海:上海书店,1984.

12. 上海档案馆. 工部局董事会会议录(1—28 册)[M]. 上海:上海古籍出版社,2001.

13. 申报馆. 申报[N]. 上海:申报上海版,1882—1883 年全年.

14. 申报馆. 申报[N]. 上海:申报上海版,1897—1898 年全年.

15. 申报馆. 申报[N]. 上海:申报上海版,1910—1911 年全年.

16. 申报馆. 申报[N]. 上海:申报上海版,1920—1922 年全年.

17. 申报馆. 申报[N]. 上海:申报上海版,1932—1933 年全年.

18. 申报馆. 申报[N]. 上海：申报上海版，1948—1949 年全年.

19.【清】徐润撰，梁文生校注. 徐愚斋自叙年谱[M]. 南京：江苏人民出版社，2012.

20. 中国人民政治协商会议上海市委员会文史资料工作委员会. 旧上海的外商与买办[M]. 上海：上海人民出版社，1987.